W0051606

Aninka Gräfin Bellavitis
Wir haben das Korn geschnitten

Aninka Gräfin Bellavitis

Wir haben das Korn geschnitten

Unvergessenes Ostpreußen

Langen Müller

2. Auflage

© 1990 by Langen Müller in der
F. A. Herbig Verlagsbuchhandlung GmbH, München
Alle Rechte vorbehalten
Schutzumschlaggestaltung: Werner Rebhuhn, Cuxhaven
Satz: Fotosatz-Service Weihrauch, Würzburg
Gesetzt aus: 10/12 Punkt Walbaum Standard
Druck und Binden: Wiener Verlag, Himberg
Printed in Austria 1991
ISBN: 3-7844-2281-0

Für meinen Mann und meine Kinder

Vorwort

Noch ein Buch der Erinnerungen an den verlorenen deutschen Osten. Gibt es nicht zu viele, wichtige und weniger wichtige, historisch fundierte und anspruchslose Memoiren? Wer das denkt, vergaß, daß über zwölf Millionen Flüchtlinge im größten Exodus der Geschichte ihre Heimat Schlesien, Pommern und Ostpreußen verlassen mußten. Wer seinen Kindern nicht sagt, wo er herkam, nimmt sich und ihnen die Wurzeln und lebt ohne Geschichte, wie ein Blatt im Wind.

Wo stand der Baum, an dem es wuchs? Aus welchen Säften nährte es sich? Wir brauchen Vergangenheit, um in die Zukunft zu gehen. Die Letzten, die noch lebendige Erinnerungen an das Land östlich der Oder haben, sollen sie weitergeben.

Dieses Buch hat weder literarische noch historische Ambitionen. Eine Mutter hat es für ihre Kinder und Enkel geschrieben, nicht für die Öffentlichkeit. Darum ist es so persönlich, daß der Leser sich zuweilen wie ein Voyeur am Schlüsselloch fühlt, der Herztöne des Heimwehs und intimer Gefühle belauscht. Es ist gut, daß sie nicht gestrichen wurden. Falsches Pathos ist unerträglich. Das echte Pathos, mit dem hier Glück und Leid, die Liebe zu einem verlorenen Land und verlorenen Menschen geschildert wird, ist bewegend.

Aninka Bellavitis beginnt mit einem Genre-Bild aus alter Zeit: ihrer behüteten Kindheit im Westen. Sie erzählt von der glücklichen ersten Ehe, die sie nach dem Fliegertod ihres Mannes versteinert vor Schmerz mit einer kleinen Tochter zurückläßt. Die zweite Heirat

führt die verwöhnte junge Städterin auf ein Gut in Ostpreußen. Sie meint, in ein primitives Land verschlagen
zu werden und findet ein Paradies. Ostpreußen wird
zum Kernstück ihrer Erinnerungen.

Das Staunen über all das Ungewohnte, das Glück ihrer
Ehe und neuer Mutterschaft, das Land, die Felder, die
Tiere und der Alltag werden bis ins kleinste Detail in so
leuchtenden Farben beschrieben, daß man sich als Gast
einer strahlenden jungen Frau im ostpreußischen Gutshaus fühlt. Wie Menetekel an der Wand eines randvoll
erfüllten Daseins wetterleuchtet die Geschichte von
Hoffart und Untergang des Dritten Reiches im Hintergrund.

Der Leser mag schmunzeln über das Leben einer »gnädigen Frau« zwischen Mamsell und Stubenmädchen,
Kutscher, Gärtner und Hofleuten. Das wird hier nicht
vorsichtig umschrieben, sondern ausgebreitet, wie es
war. Nämlich fast unvorstellbar für unsere Tage.

Die Menschen im Gutshaus, auf dem Hof und im Dorf
werden so plastisch und liebevoll geschildert, wie der
Gang der Jahreszeiten. Die eisigen Winter und ihre
Wildjagden. Der zögernd beginnende, dann überwältigend blühende Frühling, die Ernte in Sommerglut, die
Früchte des Herbstes. So war das Leben auf den öst-
lichen Gütern, so dufteten die Linden in den Juni-
nächten, so starben unsere Liebsten und unser Land.

Zum zweiten Mal wurde das Leben der Autorin dunkel
und leer. Ihr Mann fiel im Krieg. Sie übernahm die
Wirtschaft. Die Russen rückten immer näher. Sie brachte ihre Kinder in den Westen und kehrte zurück auf verlorenen Posten.

Man darf oft herzlich lachen bei der Lektüre, und oft
schnürt sie uns die Kehle zusammen. Es gibt Stellen, die
so leise und poetisch, so voll gläubigen Mutes sind, wie
Matthias Claudius' Lied vom Mond.

»Wir haben das Korn geschnitten« ist eine Liebeserklärung an Ostpreußen, die nicht nur heimwehkranke alte Flüchtlinge angeht. Es ist ein Zeitdokument, und es ist noch mehr. Seine Wärme und Zärtlichkeit macht es zum zeitlosen Zeugnis eines tapferen Frauenlebens.

Monika von Zitzewitz

Amalaswintha

»Amalaswintha ist angekommen«, telegrafierte mein
Vater nach meiner Geburt an meine Großmutter. Die
Mutter meiner Mutter hatte scheinbar kein sehr inniges
Verhältnis zu meinem Vater: Seine großzügige und frei-
denkende Art, die sich auf dem Fundament seiner hu-
manistischen Bildung entwickelt hatte, erschien ihr ex-
zentrisch und unzeitgemäß.
So wollte er sie mit dem Namen der Goten-Königin in
Aufregung versetzen. Der Scherz war restlos gelungen,
aber an mir blieb der Name »Swintha« hängen.
Als ich vierzehn Jahre alt war, bekam ich ein Tagebuch,
das mit einem kleinen goldenen Schlüssel versehen und
in braunes Leder gebunden war. Es war für mich ein
feierlicher Moment, als mein Vater – immer etwas
unnahbar, trotz seiner großen Güte – zu mir sagte:
»Wenn du Gedanken hast, die dich bewegen und die du
keinem anvertrauen kannst, so schreibe sie in dieses
Buch.«
Ich hütete meinen Schatz froh und unbeschwert. Ich war
überzeugt, daß, sofern man sein Nachtgebet gesprochen
hatte, der nächste Morgen voller Fröhlichkeit auf einen
wartete. Ich ahnte damals nicht, daß meine behütete,
sorglose und idyllische Jugendzeit einmal meine größte
Kraftquelle sein sollte, um alles durchzustehen, was das
Schicksal für mich bereithielt.
Mein Vater war Ruhe, Weisheit und Güte; aber keines
von uns Kinder hätte je gewagt, seinen Schreibtisch zu
berühren, geschweige denn, sich den verlorenen Ra-
diergummi durch den des Vaters zu ersetzen.

Als ehemaliger Seeoffizier und Arzt der kaiserlichen Kriegsmarine war der Vater geprägt von dieser Zeit. Ehrbegriff, Pflichterfüllung und Dienst am Nächsten waren ihm Gesetz. Die Liebe und das Verständnis für seine so verschiedenen Kinder gaben uns die Sicherheit, die wir brauchten.

Meine Mutter war ganz das Gegenteil. Sie stammte aus einer alten Hugenottenfamilie, und das französische Temperament war ihr angeboren. Selbst mein Vater, der sie manchmal liebevoll »Bachstelzchen« zu nennen pflegte, konnte sie oft nicht bremsen – so auch auf der Hochzeitsreise. Das junge Paar kam verspätet zum Bahnhof. Meine Mutter eilte mit zierlichen, leichtfüßigen Schritten dem Zug entgegen, sprang auf und – o Schreck! – der Zug setzte sich in Bewegung. Ihr Ruf: »Komm doch! Beeile dich!« ging im Zischen der Lokomotive unter. Mein Vater, mit umgegürtetem Säbel und in voller Marineuniform, konnte natürlich nicht hüpfen und springen und blieb, zur Salzsäule erstarrt, allein auf dem Perron zurück. Ein verzweifeltes Winken – »Ich warte auf dich an der nächsten Station« – und die junge Frau entschwand. Man traf sich Stunden später.

So war meine Mutter: immer einsatzbereit, helfend, wo nötig, voller Phantasie – sie glaubte, Berge versetzen zu können, auch wenn das manchmal mißlang.

Wir lebten in einem Badekurort. Hinter unserem Haus begannen Wiesen und Weiden, und man konnte von der Terrasse aus im Sommer, als großes Ereignis, mit dem Fernglas das Pferderennen beobachten. Abwechselnd bekamen wir Kinder das Glas vor die Augen. Wenn die Reiter über die Hürden sprangen, sah ich mich voller Begeisterung bereits selbst als Amazone.

Meine sanfte, ältere Schwester Sophie antwortete auf die Frage meiner Mutter: »Was siehst du denn, mein Kindchen?« strahlend: »Die Kaffeekanne.« Zu Sophies

11

Kummer blieb »die Kaffeekanne« eine stehende Redensart.

Es war die Idee meines Vaters, auf den Wiesen gleich hinter unserem Haus ein Freiluft-Inhalatorium zu errichten. In einer offenen Halle inmitten der Wiesen war ein großer Apparat in die Erde eingelassen, dem heilende Dämpfe entstiegen. Die Patienten saßen, in weiße lange Mäntel gehüllt, das Haupt mit weißen Tüchern umwickelt, wie Gespenster da. Rund herum duftende Heuhaufen.

In nächster Nähe standen unsere Schaukeln. Wenn man sich recht hoch schwang, konnte man in die Geisterburg spähen; was wir natürlich um so aufregender fanden, als uns der Zutritt verboten war.

Die Eltern lebten in einer glücklichen Ehe. Wir Kinder haben nie ein unfreundliches Wort zwischen ihnen gehört. Unsere Mutter konnte schalten und walten, wie sie wollte; die kleinen Dinge in unserer Erziehung waren ihr überlassen. Der Vater stand als ruhiger Fels und große Autorität hinter ihr. Unsere Mutter war immer sehr verwöhnt gewesen, aber sie fand sich mit jeder Situation ab, ohne zu lamentieren. Sie versuchte immer sofort, aus einer schwierigen Situation das Beste zu machen.

Ich war noch klein, aber ich erinnere mich, wie die Mutter eines Tages strahlend heimkam mit einem riesigen Ballen Stoff unter dem Arm. Es war kurz nach dem ersten Weltkrieg, alles war knapp, und Stoff gab es schon gar nicht. Vieles wurde aus Kisten und Koffern hervorgeholt, um die Kleider und Seidenpyjamas von Mutter und Großmutter in Blusen, Mäntel und Wäsche für uns umzuwandeln.

Eine Frau Duft saß ständig im Nähzimmer und zauberte an unserer oft etwas extravaganten Garderobe.

Frau Duft mußte mit Glacéhandschuhen angefaßt werden. Sie bekam meistens etwas Besonderes von der Mutter zugesteckt, dafür waren wir aber auch gut angezogen.

Und nun mit einem Mal ein ganzer Ballen Stoff! Bisher war es nicht gelungen, uns drei Töchter jeweils gleich anzuziehen, wie meine Mutter es doch so liebte; es reichte höchstens für »die beiden Kleinen«, Sophie und mich. Und nun dieser Überfluß, diese Fülle – ein ganzer Ballen Stoff. Hell-lila Röschen und weiße kleine Margeriten hoben sich reizvoll von einem dunklen Untergrund ab.

Auch Frau Duft strahlte. Endlich konnte sie aus dem Vollen schneidern: alle drei in Tegernseer Dirndln. Es herrschte Euphorie.

Ein Jahr verging. Elisabeth, die Älteste, wuchs unglaublich schnell. Die Lösung war im Nu gefunden: ein neues Dirndlkleid. Die Kleider von uns »beiden Kleinen« schienen verwaschen. »Auch ihr bekommt neue«, entschied die Mutter.

Wir drei erschienen in neuem Glanze. Im nächsten Jahr wiederholte sich dasselbe. Jahr für Jahr – der Ballen nahm kein Ende.

Eines Tages kam Elisabeth weinend aus der Schule. »Die Tochter unseres Schusters trägt das gleiche Kleid wie wir!« Und damit nicht genug; das Kind des Bäckers, der Gemüsefrau, des Fischhändlers – das halbe Städtchen lief in unseren Kleidern herum. Daran hatte unsere Mutter nicht gedacht, als sie, überschwenglich wie sie nun einmal war, überall unsere ausgedienten Dirndlkleider verschenkte.

Der Vater sagte nur: »Jetzt ist genug. Wir werden für die Kinder andere Kleider kaufen.« Inzwischen hatten sich die Zeiten ja auch gebessert. Und so wurde auch der letzte Rest des Ballens fortgegeben.

Die Mutter spielte nicht nur Klavier und Tennis, ihre größte Leidenschaft war das Angeln. Zwischen den Wiesen, weit im Tal, schlängelte sich ein kleines Flüßchen dahin. Dort gab es Fische. »Wer kommt mit mir zum Fischen?« fragte sie uns vier Kinder erwartungsvoll. Keiner zeigte sich bereit, es war ja auch höchst langweilig, am Ufer zu sitzen und ganz still zu sein. Ich sah das enttäuschte Gesicht der Mutter, ich konnte sie nicht allein gehen lassen. »Ich komme mit«, sagte ich und nahm die Büchse mit den Regenwürmern als Köder, die neben der Angelrute bereitstand.

Strahlend zog die Mutter mit mir davon. »Für jeden Fisch, den ich fange, bekommst du ein Konfekt«, sagte sie, »heute ist der richtige Tag, da beißen die Fische an.« Die Luft war gewitterschwül, wir saßen am Ufer des Flüßchens im Gras. Die Angelrute wurde vorbereitet mit Schwimmer, der sogenannten Fliege. Am Haken zappelte ein Regenwurm.

In weitem Bogen flog die Angelrute ins Wasser. »Man muß stippen«, sagte die Mutter und ließ die Angelrute auf- und niederwippen. Aber die Fische bissen nicht an, statt dessen konnten wir uns kaum der Mücken erwehren. Rühren durfte man sich ja nicht.

»Jetzt!« höre ich die glückliche Stimme der Mutter. Die Angelrute neigt sich nach unten, und mit einem Schwung will die Mutter den Fang an Land holen. Ich sehe einen Riesenfisch an der Angel zappeln, noch ist er über dem Wasser. »Zu spät!« – mit einem lauten Plumps fällt er zurück ins rettende Naß.

Die Angelschnur war gerissen. Große Kreise auf dem Wasser, die sich langsam verteilten, erinnerten daran, daß der Fisch dort versunken war. »Wie schade«, vernahm ich die enttäuschte Stimme der Mutter, »mit dem Haken kann er auch nicht weiter leben.« – »Aber dein Konfekt bekommst du doch«, sagte sie tröstend zu mir.

Ohne Haken und Angelschnur kamen wir müde heim. »Und morgen versuchen wir es noch einmal«, meinte die unbeirrbar zuversichtliche Mutter.

Unsere Erzieherin hieß Fräulein Martha. Sie wachte mit Strenge über uns, bis wir groß waren. Sie heiratete, als ich zwölf Jahre alt war, und wir Kinder durften sie mit Pferd und Wagen zum Bahnhof bringen. Die Fahrt in der Kutsche sollte uns den Abschied nicht so schwer machen.

»Ihr kommt ja alle wie von einer Beerdigung«, sagte die Mutter, als wir tieftraurig vom Bahnhof zurückkehrten. Da brachen wir in Tränen aus und wurden mit Schokolade getröstet.

Meine älteste Schwester Elisabeth erschien uns Jüngeren oft als unnahbar. Sie hatte ein sehr schönes, klassisches Gesicht. Ihr Ausdruck war so edel, daß sie sich manches erlauben durfte, das uns verboten war. Dabei war sie diejenige, die sich nicht nur die tollsten Streiche ausdachte, sondern sie auch mit ihrer Freundin ausführte. In den Straßen an fremden Häusern zu klingeln und dann fortzulaufen, gehörte zur Tagesordnung. Als sie aber einmal bei einem Sonderling von Antiquar an die große Scheibe hämmerte und diese zerbarst, hieß es, »das arme Kind« sei ausgeglitten und in die Scheibe gefallen: ein Schwächeanfall nach Masern, man mußte Rücksicht nehmen.

Sophie war ruhig und verschlossen. Sie und ich wurden immer als »die beiden Kleinen« klassifiziert, während wir doch völlig verschieden waren.

Ich hatte das Temperament meiner Mutter, war zu jedem Abenteuer bereit aus reiner Sensationslust und Risikofreude, ohne viel über die möglichen Folgen nachzudenken. Gott sei Dank hatte ich immer einen Schutzengel!

Einmal nach Schulschluß, ich war in der Quarta, forsch mit der Schülermütze mit Schirm, wie die jungen Studenten sie damals trugen, sah ich vor dem Gymnasium einen kleinen Auflauf. Ich hörte ein Tamburin – dum, dum, dum – dann Schellengeläut. Ein Bär! Das unglückliche Tier tanzte auf den Hinterfüßen: Man hatte ihn mit einer Eisenkette gefesselt und ihm einen Ring durch die Nase gezogen. Ein Mann sammelte Geldstücke ein. Ich war fasziniert. Nun mußte sich der Bär auf seine vier Beine stellen, und der Herr rief: »Wer will auf dem Bären reiten?« Mich durchzuckte es. »Swintha«, riefen die Kameraden, »du!«

Ich konnte nicht widerstehen, sprang auf den Bären und hielt mich an seinem staubigen Fell fest. Es wurde ein triumphaler Umzug, das Tamburin dröhnte, die Mitschüler jubelten, einer trug meine Schultasche. Wir zogen durch die Hauptstraße, nicht weit von unserem Haus stieg ich ab, hastete aufgeregt und mit ein wenig schlechtem Gewissen nach Hause. Ich kam zu spät zu Tisch, eilte, eine Entschuldigung murmelnd, an meinen Platz. Nie werde ich den Blick meines Vaters vergessen. Nur die zwei Worte: »Meine Tochter!« Ich erstarrte – er wußte alles. Hat er mich gesehen, hat man mein Abenteuer erzählt? Ich habe es nie erfahren. Ich wurde vom Tisch geschickt. »Nimm erst einmal ein Bad, du kannst dann nachessen«, rief meine Mutter mir nach. Sie konnte meine Harlekinade wohl eher verstehen als der gestreng-gerechte pater familias, der aber im allgemeinen genauso liebens- wie ehrwürdig zu bleiben pflegte.

Mein Bruder, der Jüngste, erschien drei Jahre nach meiner Geburt. Er wurde von uns drei Schwestern fast eifersüchtig geliebt. In seinem Einfallsreichtum war er mir wohl am nächsten. Wir schrieben gemeinsam Theaterstücke, einmal eine regelrechte Tragödie: Es ging um eine Sklavin, die sich in einen Brahmanen verliebt hatte und das voller Reue in einem rührseligen Monolog ihrer Herrin gestand. Diese befahl, eine Taube zu opfern. Alles löste sich zum Schluß unter dampfenden Opferfeuern in Wohlgefallen auf.

Die Eltern hatten viel Verständnis für uns. Freunde und Bekannte wurden zur Vorstellung eingeladen. Im Hintergrund ließ ein Grammophon Tempelmusik erklingen, doch voller Entsetzen mußte meine Mutter feststellen, daß die zu opfernde Taube ihr Lieblingsstück aus feinstem Kopenhagener Porzellan war, und mein Vater ließ seinerseits kein Auge mehr von dem dampfenden indischen Gefäß, in dem die heilige Flamme mit Spiritus angezündet wurde.

Sophie spielte die Herrin. Hingegossen lag sie auf einem Divan und hörte sich das reumütige Geständnis ihrer Sklavin an, die ich spielte. Eine heißblütige Szene mit dem Brahmanen, verkörpert durch meinen Bruder, war vorausgegangen. Sophie brauchte nur die Worte zu sagen: »Geh und opfere diese Taube.«

Zu einem Zimmerbrand war es nicht gekommen; immerhin hatte der kostbare Vogel eine unübersehbare Schwanzfeder eingebüßt. Unsere Mutter trug es mit Würde.

Von meiner Schwester Sophie wußte ich im Grunde nicht viel. Sie war still und verschlossen und hatte wenig Freunde. Mit ihrem kritischen Naturell fehlte ihr oft der Impuls, Freundschaften zu schließen. Für mich war sie der Inbegriff von Treue und Verläßlichkeit, und deshalb liebte ich sie.

Ich hatte immer sehr viele Freundinnen. Meine liebste und innigste hieß Ursula, eine Baltin. Täglich waren wir zusammen. Sie lebte gemeinsam mit einer großen Verwandtschaft in einer eleganten Villa der Großeltern, die ebenfalls aus dem Baltikum kamen. Diese wollten im Kurort eine Pension eröffnen, hatten aber nie »pay-

17

ing guests«: Es kamen Verwandte und wieder Verwandte.

Die Mutter meiner Freundin, Baronin V., war eine große, schlanke Frau, vielleicht Ende dreißig. Mir erschien sie als eine alte Dame, was auch daran liegen mochte, daß sie sich beim Gehen leicht auf einen Stock stützte. Meistens lag sie auf einer Couchette, rauchte Zigaretten und las. Sie war sehr freundlich zu mir. Dann war da noch ein Bruder Boris, etwa in meinem Alter, und drei Tanten mit ihren Brüdern, alle mit russischen Namen. Tante Tatjana und Tante Irutschka, Onkel Kostja und Onkel Sascha, sowie eine jüngere Kusine. Sie alle sprachen russisch untereinander, mit rollendem »r«, und konnten nicht Deutsch. Es war ein buntes Treiben. Wovon sie alle eigentlich lebten, wußte man nicht. Wahrscheinlich vom Großvater.

Auch Ursula sprach russisch. Ihr Vater war Offizier unter dem Zaren, und Russisch war die Sprache der Gesellschaft.

Meine Freundin erzählte mir, daß man abends immer »Tischchen rücken« spielte. Der Tisch sollte manchmal wahre Sprünge vollbracht haben. Dieser Tisch war dreibeinig, aus schwarzem Ebenholz, und zierlich leicht. In seiner Mitte prangte eine große, gemalte rote Rose.

Oft gingen Ursula und ich, wenn wir im Haus allein zu sein glaubten, in das kleine Zimmer, das Kabinett, und betrachteten den Tisch. Ein leichtes Gruseln überkam mich, denn Ursula hatte mir erzählt, ein Geist lenke den Tisch, ein Geist, der alle Fragen beantworte.

Eines Tages war es endlich soweit, wir wollten es selbst ausprobieren. Bruder Boris und Vetter Lou hatten wir zum Mitmachen überredet. Das Zimmer wurde leicht verdunkelt. Wir saßen um den Tisch herum, die gespreizten Hände auf der Tischkante. Die äußeren Finger mußten sich berühren und »hielten den Tisch«. Ganz still war es, da fragte Ursula: »Tisch, bist du da? Wenn ja, verneige dich einmal, wenn nein, zweimal!« Wir saßen in äußerster Spannung da. Der Tisch begann, sich zu bewegen. Langsam verneigte er sich nach vorne. Wir waren sehr erregt, stellten Fragen. In kleinen Rucken buchstabierte er das Alphabet. Wenn ein neuer Buchstabe begann, hielt er an.

Der Geist aber verkündete uns Freundinnen nichts Gutes: »Ihr werdet getrennt, Ursula geht fort.«

Nach einigen Monaten erhielt ich dann tatsächlich die Nachricht: Ursula, meine liebste Freundin, ging zurück nach Reval. Es war der erste große Schmerz in meinem Leben. Am meisten tat mir weh, daß Ursula freudig erregt all dem Neuen entgegensah, das sie erwarten würde: die lange Reise mit dem Schiff, das neue Haus, eine andere Welt.

Vor der Abreise waren wir täglich zusammen. Wir schworen uns ewige Treue. Ursula gestand mir, daß sie mich um meinen Vater beneide. Ihr Vater war im Krieg unter dem Zaren verschollen. Die Mutter war vor Kummer und Warten krank geworden, deshalb ging sie am Stock.

Dieses Geständnis machte mich sehr nachdenklich. Ich hatte mir niemals überlegt, wie schwer es für ein Kind sei, ohne Vater aufzuwachsen. Am Abend betete ich voller Inbrunst, der liebe Gott möge mir meinen Vater immer erhalten und alle meine Lieben, die ein Teil meines Lebens waren.

Als meine älteste Schwester achtzehn wurde, konvertierte sie, und das Gerücht ging um, sie würde in ein Kloster gehen. Ich erinnere mich, wie Patres in unser Haus kamen und mit meinem Vater lange Gespräche über Religion führten. Er wollte schließlich »das Glück seines Kindes« und gab seine Einwilligung. Ich glaube, es ist ihm sehr schwergefallen, man ging in diesen Tagen auf leisen Sohlen wie in einem Trauerhaus. Selbst meine sonst so lebendige Mutter war still und in sich gekehrt.

Der Altersunterschied war zu groß, als daß Elisabeth und wir gemeinsame Interessen gehabt hätten. Sie spielte immer eine Sonderrolle und erschien uns Jüngeren als eine Heilige. Trotz weltlicher Freundschaften mit Musikern und Schriftstellern wurde alles auf eine geistige Ebene stilisiert. Ich weiß noch genau, als Elisabeth mit unserer Mutter ins Theater gehen durfte – es wurde »Als ich noch im Flügelkleide« gegeben –, hieß es nur, »die Kleinen gehören ins Bett.«

Als Sophie ihre erste Reise machte, war sie fast fünfzehn. Es ging nach Hamburg zu Freunden. »Sie sollte etwas von der Welt sehen«, sagte der Vater.

Man hatte Sophie eingehämmert, wie sie auf der Rückreise umzusteigen hatte. In Hannover, Bahnsteig 3. Briefe waren hin- und hergegangen – nun kam die Rückkehr. Eine Freundin meiner Eltern hatte die Idee, ihre Stradivari Sophie mitzugeben – es war eine echte Stradivari! »Natürlich«, sagte meine Mutter hilfsbereit, »niemand wird vermuten, daß es eine echte Stradivari ist.« Nun war es soweit. Am nächsten Tag sollte Sophie umsteigen, Hannover Bahnsteig 3.

Nachts zuvor fand unsere treusorgende Mutter keinen Schlaf. Hannover. Dort war der Massenmörder Haarmann am Werk. Er hatte schon viele Frauen und junge Mädchen umgebracht, ohne daß man seiner habhaft werden konnte. Das entsetzlichste war, daß dieser Unhold seine Opfer zerstückelte und ihr Fleisch in Dosen auf den Markt brachte. Die Zahl der Opfer nahm zu und auch die Angst.

Die Gassenjungen sangen bereits auf den Straßen im Jargon von Brecht:

> »Warte, warte nur ein Weilchen,
> Dann kommt Haarmann auch zu dir
> Mit dem kleinen Hackebeilchen
> Und macht Hackfleisch aus dir.«

Unsere Mutter stand beim Morgengrauen auf. »Ich fahre nach Hannover«, sagte sie zu unserem Vater, »ich kann Sophie nicht diesem Henker ausliefern.«

»Warum so früh?« erwiderte mein Vater. »Es geht nur dieser eine Zug morgens, sonst komme ich nicht mehr rechtzeitig«, erwiderte die Mutter. Mein Vater schien erleichtert. Im stillen hatte er sich auch schon Gedanken gemacht.

Es war noch Morgengrauen, als meine Mutter aus dem Haus trat. Keine Pferdedroschke, alles menschenleer. Die Straßenbahn, die damals noch von Pferden gezogen wurde, war bereits fort. Kein Mensch weit und breit.

Da kommt ein einsamer Radfahrer. Ein Arbeiter, der zur Arbeit fährt. Meine Mutter, gepeinigt von Angst um ihr Kind, hält ihn an. »Ach bitte, würden Sie mich mitnehmen, fahren Sie Richtung Bahnhof?«

Der Arbeiter nahm meine Mutter mit, auf der Stange, die das Rad als Herrenfahrrad kennzeichnete. »Ich verpasse sonst meinen Zug«, stieß meine Mutter hervor, etwas atemlos, aber glücklich.

Langsam wurde es heller, der Tag brach an, aber die Straße war wie ausgestorben. Von weitem erkannte man den Bahnhof, er war erleuchtet. »Da ist er ja!« rief meine Mutter freudig und winkte dem Bahnhof entgegen. »Ich werde den Zug noch erreichen.«

Bei dieser unvorhergesehenen Bewegung geriet das Rad ins Schleudern und landete mitsamt meiner Mutter und dem Fahrer im Graben. »Oh, ich hoffe, Sie haben sich nicht verletzt!« rief meine Mutter, die bereits wieder auf den Beinen stand. »Nein«, sagte der Fahrer, »es war nur der Schreck.« »Aber den Zug werden Sie wohl nicht mehr erreichen«, fügte er trocken hinzu. »Wollen wir es noch einmal versuchen?« fragte meine Mutter ganz demütig. »Meine Tochter ist in Lebensgefahr, ich muß sie retten.« »Wenn Sie Mut haben«, meinte der Unbekannte. Meine Mutter hatte Mut und erreichte den Zug. In Hannover nahm sie erleichtert ihre Tochter in Empfang – samt der kostbaren Stradivari.

Viktor

Als Ursula abreiste, war ich zum ersten Mal sehr unglücklich. Der Abschied von Ursula war auch der Abschied von meiner Kindheit.

Unsere Korrespondenz war sehr eifrig, und das Leben im hohen Norden erschien mir als Märchen, so ganz anders, wie alles, was wir gemeinsam erlebt hatten. Da waren die hellen Nächte, das Meer, es gab Bootsfahrten und viele lustige Geselligkeiten. Der klirrende Winter mit Eis und Schnee – mit Pferdeschlitten besuchte man seine Freunde. Selbst die Schule erschien mir ein reines Vergnügen.

Und dann kam eines Tages ein Brief von Ursula, der mich völlig aus der Fassung brachte. Sie schrieb von »Georgi«. Wer war dieser »Georgi«? Dieser elegante Mann, nein, eher schon ein älterer Herr von dreißig Jahren, der meine liebste Freundin so beeindruckte? »Er ist nach neuester englischer Mode gekleidet, trägt einen Schlauchmantel und besitzt ein Motorboot. Es heißt ›Ursula‹. Er holt mich mit Pferd und Wagen von der Schule ab und – ich glaubte fast, falsch zu lesen, aber ich sah es schwarz auf weiß: ›Georgi liebt mich – sein ganzes Leben lang nur mich.‹« Ich war voller Eifersucht und haßte diesen Menschen, denn er hatte mir meine treueste Freundin genommen.

Wie leer und unbedeutend fühlte ich mich damals, wie gerne hätte auch ich etwas Interessantes zu berichten gehabt! Und konnte doch nur mit der fragwürdigen Sensation aufwarten, meinem Französischlehrer ein Gedicht gemacht zu haben.

Und als ich dann hörte, daß Georgi Ursula heiraten werde, sobald sie die Schule beendet habe, war ich ganz perplex. Mein Leben erschien mir so nichtssagend. Sollte ich etwa von meinen Stunden in Kunstgeschichte und Literatur berichten? Oder daß wir Reitstunden bekamen und Tennis spielten?

»Es wird Zeit, daß ihr junge Damen werdet«, hatte der Vater gesagt, und so wurde alles für unsere Bildung getan. Die Mutter reiste mit uns nach Berlin, Theater und Opern begeisterten uns, aber für mich war es alles nichts im Vergleich zu Ursulas Leben, und ich wartete immer voller Spannung auf die Berichte aus dem hohen Norden.

Von Politik wurde zu Hause nie gesprochen, unser Vater meinte: »Politik verdirbt den Charakter.« So lebten wir am Rande der Ereignisse, die viele zu ängstigen schienen. Wir fanden es zwar interessant, wenn der Vater der Mutter morgens ein Bündel Geldscheine in die Hand drückte, damit sie eiligst Lebensmittel kaufte. Ein Pfund Schmalz kostete bereits Billionen, aber am Nachmittag war das Geld nur noch die Hälfte wert. Dies alles beeindruckte uns Kinder aber nicht sehr. Im Elternhaus lebten wir fern von der Welt.

Endlich hatte ich einen »Schwarm«. Es war nicht der von vielen angebetete Maler Matthei, der uns in Pastell verewigt hatte, so daß wir nun alle im Herrenzimmer prangten. Mein Idol war aber auch ein Künstler, nämlich der Hauptdarsteller unseres Hoftheaters. In allen Liebeskomödien hatte er den Helden darzustellen; die Frauen lagen ihm zu Füßen. So auch meine Freundin Carmen und ich.

Unser Plan war schnell gefaßt. Wir zählten unser Taschengeld und kauften einen ansehnlichen Blumenstrauß, den wir dem Verehrten auf die Bühne schickten, versehen mit einem kleinen Billet: »Von zwei Verehrerinnen«.

Nach der Abendvorstellung warteten wir mit anderen Zuschauern am Ausgang, um ein Autogramm zu erhaschen. Stolz schritt unser Held an uns vorüber, uns nur mit einem kurzen, fragenden Blick beglückend. »Unerhört!« meinte Carmen. Ich fand schnell die Lösung. Ich schrieb ein Epigramm, das wir am nächsten Abend auf die Bühne schickten – diesmal ohne Blumen:

> »Umgang mit Menschen« – Knigge schrieb
> Wohlweislich schon vor Jahren,
> Und manchem ist es furchtbar lieb,
> Kann er durch ihn erfahren,
> Daß man für ein Geschenk stets dankt.
> Drum mach Dir dies zur Regel:
> Dazu die kleinste Zeit auch langt,
> Denn sonst ist man ein Flegel.

»Sind Sie die reizenden jungen Damen, die mir so eine harte Belehrung erteilt haben?« hörten wir die klangvolle Stimme unseres Idols. Wir albernen Backfische fühlten uns durch die Titulierung »junge Damen« hochgeehrt, und es entspann sich eine lustige Freundschaft. Da es Hausgesetz war, die Freunde den Eltern vorzustellen, taten wir es noch am gleichen Abend. Das erstaunte Gesicht unseres Vaters werde ich nie vergessen, als wir zu so später Stunde mit unserem Schauspieler und auch mit dem jungen Regisseur zu Hause erschienen. »Eure Gaukler und Seiltänzer«, nannte er sie.

Elisabeth hatte den Dichter Edwin Dinger kennengelernt. Er war Gast in unserem Haus, und abends las er aus seinem Buch »Armee hinter Stacheldraht« vor, mit getragener und theatralischer Stimme. Mit diesem Buch war er berühmt geworden. Wir ritten zusammen aus, und er nannte mich seinen kleinen Bruder. Mit Elisabeth verband ihn eine innige Freundschaft.

Über Dichter und Philosophen wurde debattiert, man las Dostojewski und Tolstoi, man wollte die Welt zum Guten verändern. Rilke, Stefan Zweig und Hermann Hesse waren unsere Lektüre. Vom Vormarsch der Nazis, den Straßenkämpfen gegen Kommunisten und Sozialdemokraten, wie es hieß, merkten wir hingegen fast nichts. Sechs Millionen Arbeitslose machten es Hitler leicht, Anhänger für seine formierten Kampftruppen zu finden. Wir Geschwister konnten uns unter diesem Chaos nichts vorstellen, auch nicht unter der »braunen Pest«, von der der Vater zur Mutter nun häufig sprach.

Die Eltern hatten beschlossen, daß ich die Sommermonate in Warnemünde verbringen sollte. Wir waren jahrelang als Kinder dort gewesen, wir alle liebten das Meer. Ich war nun bereits siebzehn Jahre alt. Meine Pensionsmutter war eine sehr betuliche alte Dame. Hier sollte mein Leben eine entscheidende Wendung nehmen.

Es war der erste Ball meines Lebens – ein Fliegerball. Da begegnete mir Viktor, ein junger Pilot. Er mußte in geheimer Mission sein, durften wir doch damals in Deutschland infolge des Versailler Vertrages keine eigene Luftwaffe haben. Wir tanzten die ganze Nacht, und nun konnte ich Ursula plötzlich verstehen. Auch für mich gab es nun nur noch einen Namen: »Viktor«. Schon bald aber mußten wir uns trennen, denn Viktor ging in ein »fremdes Land«, wohin, war ein Geheimnis. Als Viktor mich küßte, fühlte ich mich mit einem Male erwachsen.

Wie glücklich war ich, als die Mutter kam, um mich abzuholen, denn zu Hause würde mich ein Brief von Viktor erwarten. Die gute Mutter fand mich inzwischen zu sehr »Naturkind«. Alles ließ ich brav über mich ergehen: Friseur, neue Schuhe, einen großen Sonnenhut. »Viktor liebt mich auch so«, dachte ich, als ich mich im Spiegel betrachtete. Meine rotblonden Haare waren von der Sonne ausgeblichen wie Stroh, Sommersprossen bedeckten die Nase. Und während ich mich betrachtete und meinen Hut aufstülpte, kam der ganze Jammer der Verlassenheit über mich – ich fand mich häßlich, naiv und dumm.

Zu Hause hatte sich manches verändert. Matthei, der uns in Pastell gemalt hatte, wurde aus unserem so fröhlichen Kreis ausgeschlossen, er bekam Hausverbot.

Damit hatte es folgende Bewandtnis: Sophie hatte ihrem Tagebuch hochinteressante, ja geradezu pikante Dinge anvertraut. Sex war das Thema. Unser Künstler hatte sie aber auch gründlich aufgeklärt. Das Tagebuch blieb offen liegen, und meine Mutter las: »Es gibt eine verfeinerte Form des Sex und eine vulgäre. Genauso pflegen die einen mit Messer und Gabel zu essen, während die anderen diese nicht benutzen. Sex ist überhaupt sehr wichtig und beeinflußt das ganze Leben.« Ich konnte mir nichts Genaues vorstellen, aber ich fand das Ganze furchtbar. Sophie hatte mir alles anvertraut, sie wollte mir wohl beweisen, daß sie die Ältere und auch Erfahrenere war.

Zwei Jahre waren vergangen, bis ich Viktor wiedersah. Es war in meinem Elternhaus. Wie enttäuscht war ich

26

damals, als er sich fast nur mit den Eltern unterhielt. Er schien mich gar nicht zu beachten, trotzdem ich an seinen Lippen hing. Und als wir endlich allein waren, bekam ich statt einer Liebeserklärung lediglich zu hören: »Deine Eltern sind ganz reizend.« Sehr bald erfuhr ich aber, daß Viktors Zuneigung nicht nur meinen Eltern galt.

Nicht lange darauf war mein Leben ein einziger Traum – Viktor! Die Tage in Berlin – ich war bei einer befreundeten Generalswitwe zu Besuch, und Viktor holte mich abends ab, um mich auszuführen. Wie er in seinem schwarzen Abendmantel, mit Melone und weißem Seidenschal vor mir stand, erschien er mir noch größer. Auch ich trug einen schwarzen Mantel mit einem Nerzkragen, der Pelz war noch von meiner Großmutter.

Sehr schnell lernte ich, wie man genüßlich Austern schlürft, und auch an Kaviar gewöhnte ich mich bald. An Viktors Seite fühlte ich mich sicher in den eleganten Lokalen mit der gedämpften Musik, dem diskreten Service, dem Lichterglanz. Der Höhepunkt war für mich »Paulchen«, eine Bar in der Meineckestraße. Ich in einer Bar! In meinen kühnsten Träumen hätte ich mir das nicht vorzustellen gewagt. An einem runden Tisch, der isoliert von den übrigen stand, saßen lauter junge Flieger, anscheinend Militärflieger in Zivil, alles Freunde von Viktor. Hier war ihr Treffpunkt. Das Licht war sehr gedämpft, leise Musik spielte. Ich schaute mich um – Pärchen im Dämmerlicht, die flüsterten. Paulchen hatte etwas Väterliches, er war der Freund dieses Kreises, er duzte alle, und gleichzeitig war er auch der Philosoph. Es war ein überwältigender Abend – so viel Neues.

Als mich am nächsten Morgen die »Generalin« begrüßte – das Frühstück hatte mir das Mädchen bereits ans Bett gebracht – bewunderte sie den erlesenen Schmuck, der an meinem Halse glänzte. »Ich habe ihn von meiner Großmutter geerbt«, antwortete ich mit hochrotem Kopf. Wie dankbar war ich, als die Generalin tat, als ob sie es glaubte und »wie hübsch!« erwiderte. Es war Viktors Verlobungsgeschenk, mit dem ich glücklich eingeschlafen war.

Ein halbes Jahr später heirateten wir, es war Frühlingsanfang und ein unvergeßliches Fest.

Unser Glück erneuerte sich täglich. Wir wohnten nun nahe am Flugplatz in Staaken bei Berlin, wo Viktor als geheimer Militärflieger bei einer sogenannten Reklamestaffel seinen Dienst tat. Unser Haus lag etwas erhöht, inmitten von Kornfelder und blühenden Obstbäumen.

Der Eigentümer des Hauses war ein pensionierter Eisenbahner. Er überwachte jeden Besucher und öffnete die gemeinsame Haustüre, wenn es klingelte. Man konnte ihn für einen Portier halten, wenn er unsere Gäste empfing, um sie hinaufzugeleiten.

Diese gemeinsame Haustüre hatte aber einen großen Nachteil. Es war der erste Sonntag im neuen Heim. Wir wurden – es war bereits Mittag – von einem vorfahrenden Auto geweckt.

Klingeln – Stimmen. »Jehn Se bitte nach oben, aber da hat sich noch nischt jerührt«, vernahmen wir. Viktor stürzte im Pyjama an die Treppe, beugte sich über das Geländer und stotterte: »Verzeihen Sie, Herr Major, ich komme sofort.« Auf halber Treppe drehte Major Kersten, Viktors oberster Vorgesetzter, um und erwiderte: »Oh, ich wollte nicht stören, ein anderes Mal!« Die Haustür fiel ins Schloß, ein Motor sprang an, und »der Herr Major« fuhr mit seinem Chauffeur, die Militärstandarte am Kotflügel, davon.

Dieser Vorfall war für uns Jungvermählte wirklich ein Fiasko.

28

Manchmal hatte Viktor Nachtübung. Dann stand ich mit bangem Herzen auf dem Balkon und spähte nach einem kleinen silbernen Punkt am Nachthimmel. Ich hörte ein fernes Motorengeräusch, der Himmel spannte sich wie ein dunkles Zelt über mich. Und dieser kleine silberne Punkt wurde eingefangen von zwei leuchtenden Scheinwerfern, die den Himmel abtasteten. Es war die Aufgabe des Piloten, dem Schnittpunkt der suchenden Scheinwerfer zu entkommen, und oft beobachtete ich beklommen dieses Jagen über dem dunklen Nachthimmel.

Eine unbeschreibliche Angst schlich sich in mein Herz, als wieder ein Kamerad von Viktor seinen Einsatz mit dem Leben bezahlen mußte. Ich konnte meine Sorge nicht länger verbergen und höre noch heute Viktors feste Stimme: »Solange du an mich glaubst und Vertrauen hast, fühle ich die Sicherheit, die ich brauche.« »Ja«, antwortete ich, aber meine Sorge verließ mich nicht, und oft bezichtigte ich mich selbst des Kleinmutes.

Der Sommer verging viel zu schnell in all dem Glück. Wir hatten nun ein Segelboot, aber die Fahrten auf dem Wannsee erfreuten Viktor mehr als mich. Während das Boot mit den Wellen auf- und niederging, dachte ich an unser Kind, wie ich es wiegen würde, hin und her, wie unser schaukelndes Boot.

Wir hatten unsere Wohnung gewechselt und lebten nun in einem Haus, das ganz aus zusammengeschraubten Kupferplatten gebaut war, am Glienecker See. Durch die hohen Kiefern im Garten sah man auf den See, der ständig die Farbe wechselte. Dort gab es ein kleines Strandbad, mit hellem feinem Sand. Auf der anderen Seite lag das Gut, das der Landschaft ihren Namen gegeben hatte.

Als unsere Viktoria geboren wurde, begann ein neues,

so glückliches Leben, daß ich anfing, mich vor der Götter Neid zu fürchten.

Überhaupt lebten wir in dieser Zeit trotz allem in einer merkwürdigen Stimmung von Spannung und Angst. Es hatte sich so viel in den letzten Jahren geändert. Es gab nun einen nationalsozialistischen Frauenbund. Hier widmete man sich den »großen Aufgaben der Partei«. Die Frauen trugen eine Art Uniform. Ihrem Führer treu ergeben sangen sie Lieder und waren für Blut und Boden. Völlig hysterisch waren viele bereit, für diesen Führer alles hinzugeben. Selbst wenn es, um die Rasse zu erhalten, um die Jungfernschaft ging. Es war eine Massenpsychose. Wir lachten über sie und nannten sie die »Frustrierten«. Aber wir durften nur im geheimen lachen. Meine Schwägerin Erika war auch von dieser Welle ergriffen und klebte nachts Plakate im Dienste der Partei. Ihre Mutter war entsetzt. Die »Frustrierten« liefen bei dem großen Fackelzug, der sich durch die Potsdamer Straße ergoß, laut singend mit. Ich war Zeugin dieses Aufmarsches, der nicht enden wollte. Wir standen am Fenster bei Freunden, als der Fackelzug unter uns vorbeizog. Mich schauderte – waren die Menschen wirklich so naiv, an einen solchen »Retter« zu glauben?

Weihnachten 1932 waren wir bei Viktors Mutter am Meer. Ein schönes altes Haus bot Platz für uns alle. Die kräftige Seeluft, der blaue Himmel, die schönen Strandspaziergänge gaben uns eine willkommene Abwechslung. Über allem lag ein Hauch von Romantik. Da gab es das Kutscherhaus mit Pferdestall, die Andachten am Abend, wo Tante Heti, die Baronin H., mit zittriger Stimme den Choral sang und ein Stück aus der Bibel vorlas. »Eine feste Burg ist unser Gott«, an diesen Choral gemahnte die Atmosphäre in dem gastfreundlichen Haus.

Das Jahr ging seinem Ende entgegen, und die Festtage
wurden genau zwischen den beiden Elternhäusern verteilt.
Eine neues Jahr hatte begonnen, und mit ihm wurde
die nationalsozialistische Bewegung immer mächtiger.
In Berlin hörte man Kundgebungen und Reden von
Hitler. Im »Kaiserhof«, wo Viktor und ich mit Freunden
Tee tranken, sahen wir Hitler, der dort Stammgast
war. Auch Göbbels erschien. Als er die Halle betrat, war
ich ganz betroffen ob dieser kümmerlichen Erscheinung mit dem großen Kopf. Er zog das eine Bein schlep-
pend nach. Aber die Menschen erlagen der Macht seiner Reden. Er war ein Meister des Wortes und der
Lüge.
Wir waren bedrückt, als wir nach Hause fuhren.

»Wir werden nun wieder eine Luftwaffe haben«, erklärte mir Viktor, als es Sommer wurde. »Göring wird unser
oberster Kriegsherr sein, und wir werden Uniformen
tragen müssen.« Bald darauf fand ein großer Kunstflug-
tag in Tempelhof statt. Wie hatte sich alles verändert!
Fliegeruniformen beherrschten das Bild. Göring in vol-
lem Ornat mit glitzernden goldenen Tressen und
Orden, und jeder, der bisher in den Ministerien oder
Schreibstuben beschäftigt war, trug eine blaue Fliegeruniform. »Wir werden uns eine Pfauenfeder irgendwo-
hin stecken müssen, damit man weiß, wer Flieger ist«,
meinte Viktor lachend.
Unsere »Reklameflieger«, welche die Luftwaffe heimlich in Rußland aufbauten, waren die einzigen, die noch
in ihrer Fliegerkombination Dienst taten und nicht uni-
formiert waren.
Auf dem Flugplatz Staaken herrschte viel Betrieb. In
Vierer-Staffeln starteten die »Reklame«-Flugzeuge,
machten ihre Loopings, um sich dann geordnet wieder

31

einzureihen. Unter ihren Doppeldeckern stand groß
»Siemens« und daneben eine Nummer.

Die Vorführungen der Kunstflüge in Tempelhof waren
beeindruckend. Die Vierer-Staffeln, mit Seilen an den
Flügeln zusammengebunden, starteten gemeinsam,
und selbst bei den Loopings blieben sie in haargenauem
Abstand und landeten alle vier, ohne daß die Seile sich
lösten. Überall sahen wir Uniformen, es war ein ganz
neues, ungewohntes Bild.

Die Sonne war über dem See untergegangen, als wir
wieder in Glienecke waren. Ein stiller, friedvoller Som-
merabend, unser Kind eilte mit ausgebreiteten Armen
seinem Vater entgegen. Kein Motorengeräusch drang
zu uns, keine Uniformen, kein Klirren von zusammen-
geschlagenen Hacken und kein Lärm von marschieren-
den Soldatenstiefeln der SA störte unseren abendlichen
Frieden. Wenn wir über den glitzernden See sahen,
empfanden wir die Schönheit und Ruhe der Natur.
Unser Kind war eingeschlafen, umgeben von Geborgenheit, und sein Köpfchen ruhte glücklich an der Brust seines Vaters. Als schließlich die Nacht anbrach, war das
Glücksgefühl in mir so groß, daß ich ein paar Tränen
nicht zurückhalten konnte, die mir in die Augen stiegen.
Vielleicht war es auch Angst, die ich nicht beim Namen
zu nennen wagte. Eine starke Soldatenfrau war ich
nicht.

Den nächsten Sommer verbrachten wir im Seebad
Heringsdorf. Er ist mir als eine Symphonie von Sonne
und Fröhlichkeit in Erinnerung geblieben. Täglich
schwammen wir in der Ostsee, wieder waren wir bei
Viktors Mutter. Verwandte kamen aus Berlin, Freunde
aus Schlesien, ein lustiger Kreis.

Meine Schwiegermutter war mit Pferden groß geworden. Stolz lenkte sie die zwei Braunen. Jede Bewegung

war ihr vertraut. Hinter ihr saß der Kutscher, bereit, die Zügel zu übernehmen, wenn der Wagen vorfuhr. Die Mutter war eine starke Persönlichkeit. Die preußische Erziehung steckte ihr im Blut. Ihre Erscheinung flößte mir Respekt ein; man hatte fast das Gefühl, ein Hofknicks stünde ihr zu.

Sie überschüttete mich mit Liebe, ohne jemals sentimental zu werden. Für mich war sie eine liebevolle alte Dame. Ich konnte es nicht fassen, als ich von Viktor einmal zufällig erfuhr, daß sie die Fünfzig kaum überschritten hatte. Hitler und seine Bewegung verachtete sie und nannte ihn immer »den kleinen Uhrmacher«.

Der Sommer ging zu Ende und mit ihm unsere unbeschwerten Ferien. Als wir zurückkamen, spürten wir einen leisen Hauch von Herbst über dem stillen See. Das Strandbad war leer und gehörte uns nun allein, aber der See lockte nicht mehr zum Schwimmen. Wir ruderten mit einem Kahn das Ufer entlang. Die Wolken spiegelten sich in dem stillen Wasser, und uns blieb Zeit zum Träumen – Wünsche hatten wir nicht.

Viktor wurde bald Testpilot in Rechlin in Mecklenburg. Er erklärte mir, daß es nun neue Flugzeugtypen geben würde, die nur von erfahrenen Piloten, die auch von der Mechanik etwas verstünden, ausprobiert werden dürften. Er sah meinen ängstlichen Ausdruck und beschwichtigte mich, die Testflüge seien nicht gefährlich, denn man hätte einen Fallschirm, um im dringendsten Fall »aussteigen« zu können.

Angst schlich sich in mein Herz. Ich wehrte mich dagegen, aber sie war da und ließ mich nicht mehr los. Neben mir ruhte Viktor, entspannt und ruhig ging sein Atem. »Du mußt Vertrauen haben«, sagte er einmal, »das gibt mir die Kraft, die ich brauche.« Und wieder empfand ich mich als kleinmütig, ja geradezu treulos in meiner Sorge.

Ein wunderschöner Barockschrank beherrschte die Breitwand unseres Wohnzimmers. Wenn ich auf der Couch lag, ruhten meine Augen auf ihm. Die Sonne spiegelte sich in vielen goldenen Kringeln auf seinen alten Eichentüren. Mich überkam es eiskalt – war das nicht genau das Holz, das an einen Sarg erinnert? Die sonnenumspielten Türen wurden zu einem Sarg, der an der Stelle des Schrankes stand. Mir wurde ganz elend.

»Ich mag das Möbel nicht«, sagte ich zu Viktor, »diese alten Dinger leben nicht mehr mit uns. Sie gehören den Vorfahren, laß uns das Zimmer umräumen!« Eine fröhliche Louis XVI.-Kommode, hell gefaßt, mit Silberleuchtern auf ihrer Platte, schmückte bald unseren Raum. Der Schrank war gut für Vorräte im Nähzimmer.

In den ersten Septembertagen flog Viktor an den Bodensee, um in Friedrichshafen einen neuen Flugzeugtyp auszuprobieren. Ich war allein mit dem Kind und wartete freudig auf seine Heimkehr. Auf dem Rückweg wollte er ein neues Auto mitbringen. Diesmal war es ein luftgekühlter »Röhr«, in der Tatra gebaut. Wir wechselten alle sechs Monate unseren Wagen, denn Viktor war wie alle Flieger ein Autofanatiker.

Er kam schon nach zwei Tagen zurück, ganz braungebrannt von Luft und Sonne bei der langen Fahrt im offenen Wagen. Stolz zeigte er mir das neue Modell. Unterwegs hatte er einen Heidestrauß gepflückt. Er legte ihn mir strahlend in die Hände, die den großen Strauß kaum umfassen konnten. Wir fuhren gleich Probe. Glücklich und zufrieden ging dieser helle Septembertag zu Ende.

Den folgenden Abend verlebten wir mit meinem geliebten Bruder. Wir aßen Rebhühner. Es schien noch einmal Sommer geworden zu sein, und wir saßen lange auf der Terrasse. Am nächsten Morgen begleitete ich Viktor

34

nach Staaken, im neuen Röhr. Er flog nach Rechlin, um eine neue Fokke Wulf auszuprobieren. Am Morgen darauf sollte ich auf seinen Anruf warten und ihn gegen Abend in Staaken wieder abholen, erklärte ich meinem Bruder, als wir uns verabschiedeten.

Wir standen früh auf. Der Abend war spät geworden, aber die Sonne strahlte an diesem Morgen so leuchtend, daß die Müdigkeit wie weggewischt war. Ich mußte mich ans Steuer setzen und bekam ein Lob von Viktor. Wir fuhren durch einen kleinen Wald, dann vorbei an den abgeernteten Feldern, und schon waren wir in Staaken. Ein kleiner brauner Lederkoffer, das Gepäck für eine Nacht, lag auf dem Rücksitz. »Morgen nachmittag gegen fünf Uhr werde ich zurück sein. Ich rufe gleich an und warte auf dich«, sagte Viktor. »Ich komme schon etwas eher«, wendete ich ein, »ich warte auf dem Flugplatz.« Eine herzliche Umarmung, eine zweite. Die Tür des Röhr wurde zugeschlagen, und ich gab Gas. Ich dachte an morgen und drehte mich noch einmal um. Durch die Rückscheibe sah ich Viktor. Auch er drehte sich noch einmal um, ein leichtes Winken, und schon verschwand er in einer der großen Flugzeughallen.

Am nächsten Morgen zählte ich die Stunden, bis ich Viktor auf dem Flugplatz in Staaken treffen konnte. Ich umarmte unser Kind und eilte erwartungsvoll die Treppe herab.

Da stand ein anderer Wagen neben dem meinen. Heraus stieg »Krümel«, ein Kamerad von der Reklamestaffel. Sein Gesicht war ernst und sorgenvoll. »Ist etwas passiert?« rief ich voller Sorge. »Viktor hatte einen Unfall, bitte seien Sie ganz ruhig«, sagte Krümel. »Lebt er?« fragte ich verzweifelt. »Ja, er lebt, aber er braucht Ruhe, vor morgen dürfen Sie ihn nicht besuchen, er ist schwer verletzt«, beschwichtigte mich unser Freund.

Rebhühner

Drei Jahre später veröffentlichte mein Bruder, Enno Ork, in einer bekannten Berliner Zeitung eine Kurzgeschichte, die ich hier unverändert wiedergeben möchte:

Der Tag, an dem wir draußen in Glienecke Rebhühner aßen, ist mir noch genau in Erinnerung: einer dieser ersten durchsichtigen Septembertage mit einem leuchtenden, blaublitzenden Himmel und jener trügerischen Wärme über dem See, die uns noch einmal allen Glanz des fliehenden Sommers schenkt. Der Sommer war schön gewesen, strahlend im Glück von Viktor und Swinta. Dieser Sommer, umrauscht von Motorengedröhn der Flugzeuge! Kaum ein Tag verging, an dem nicht Viktor oder einer seiner Kameraden von der Staffel das Kupferhaus umflogen hätte, um Swinta zu grüßen. Dieser Sommer, der inmitten von Blumen und Bäumen und gelben Kornfeldern die gewaltige Kraft der Liebe atmete.
Ich fuhr oft hinaus. Die Helle des Glücks meiner Freunde vermittelte mir eine Freudigkeit, die jede Unruhe der großen Stadt bändigen konnte. Solche Freude verdrängte schon hinter Pichelsberg alle anderen Gedanken: Während ich durch die Alleen der großen Landstraße fuhr, wuchs sie in gleichem Maß, in dem der See näher rückte.
Der Herbst schien den Sommer an Schönheit übertreffen zu wollen. Wir gingen herunter zum See. Aus den bunten Gärten kam der süße Duft von Phlox.
»Wie hübsch die Dahlien und Georginien sind, ich mag diese altmodischen Blumen so«, sagte Swinta. Sie ging neben ihrem Mann, der soeben vom Flugplatz gekommen war. Er hatte seinen Arm um ihre Schulter gelegt. Ihre Augen waren froh und glänzend, und ihre Haare schimmerten rostrot wie die Farnkräuter am Weg. Am See war

kaum ein Mensch. Das kleine Strandbad, in dem wir so oft gebadet hatten, war vom Wind verweht. Drüben lag das friedliche Dorf mit dem Schloß und dem roten Kirchturm.

»Was machen die Rebhühner?« fragte Viktor. Er hatte sie drüben vom Gut mitgebracht, und sie sollten zur Nacht gegessen werden. Swinta schwieg. Es stellte sich heraus, daß sie in den Künsten der Rebhuhnzubereitung unerfahren war. Sie hatte die unscheinbaren Vögel in der Küche von allen Seiten angeschaut, aber – mein Gott, woher sollte Swintha wissen, wie man Rebhühner brät? Sie war keine große Köchin mit ihren 22 Jahren. Seitdem sie an Viktors Seite war, gab es so viele Dinge, schwierige Starts und Höhenflüge, von denen sie wußte. Da gab es den Wagen und das Schwimmen über den See. »Mit Viktor«, diese beiden Worte waren Swinthas Leben. Es war gut, daß Viktor kochen konnte, denn auch Marte erwies sich als unwissend. Er hatte es von seiner Mutter gelernt, deren Küche in Pommern berühmt war. Unterwegs erklärte er uns genau, wie man die Rebhühner erst rupft und dann absengt. »Die Köpfe bleiben dran«, sagte Viktor, und später zeigte er uns in der Küche, wie man die Eingeweide vorsichtig herausnimmt, ohne die Galle zu verletzen. Er machte das mit der Sorgfalt eines geschickten Arztes, und ich mußte dabei die Zuverlässigkeit seiner klugen, starken Hände bewundern. Unter großem Jubel wurden dann die Rebhühner mit Speck umwickelt und gebraten. »Mit Oberhitze«, sagte Viktor. Er vermißte in Swinthas Küchenbereich getrocknete Wacholderbeeren für das Weinkraut. Aber wir ersannen etwas anderes. »Laßt uns Champagnerkraut machen«, schlug ich vor. Ein Glas Champagner wurde über das Kraut gegossen. Den Rest der Braterei übernahm Marte, die auch die Sahnesauce anrührte, genau nach den Anweisungen von Viktor.

Es war spät am Nachmittag geworden, wir saßen auf der

Terrasse des Hauses, das ganz aus Kupfer war, und hatten den übrigen Champagner ausgetrunken. Durch die Kieferstämme schien der See, hellgrün, wie ein blasser Türkis. Viktor blinzelte seiner Frau zu. Er konnte sie mit einem ganz ernsten Gesicht ansehen, sogar mit einer Falte auf der Stirn, aber Swintha erkannte, wie lustig seine Augen waren. Sie wußte dann, wie gut er sie verstand und steckte die Miene eines Schulmädchens auf, das mit einer schlechten Zensur nach Hause kam. So ein kleines Spiel.

Marte kam mit rotem Kopf und bat zu Tisch. Die festlichen weißen Gedecke, die Gläser im Kerzenschein, ein großer bunter Strauß von Herbstblumen – das alles wurde gekrönt von Viktors Rebhühnern. Lieblicher Duft des Champagnerkrautes mischte sich mit dem köstlichen der Vögel und blieb leise über unserer Tischrunde, als die Rebhühner schon längst verschwunden waren. Die Unterhaltung war sehr angeregt. Wir hatten von der Kunst der Selbsterziehung gesprochen, und Viktor verteidigte die Erkenntnis, daß die Einflüsse der Umwelt durch einen starken Willen überwunden werden können.

»Wozu hat der Mensch einen Willen?« fragte er. Ich beobachtete, wie sehr Swintha ihren Worten seine Gedanken gab. Was sie sagte, war von einer natürlichen Richtigkeit, und doch wieder ganz anders, weich und voll zärtlicher Hingabe. Es war schwer, mit Viktor nicht einer Meinung zu sein. Wie oft hatte er mit sicherem Instinkt und richtigen Maßstäben den Unwert einer Sache schon längst erkannt, bevor die Entwicklung der Dinge sein Urteil bestätigen konnte. Immer wieder war ich von der Gründlichkeit seiner Gedanken überrascht. Aber dies war nicht das Eigentliche: Sein innerstes Wesen war von einer Sammlung und Spannung erfüllt, die nach außen eine natürliche Überlegenheit schufen. Seine Ritterlichkeit verhinderte in ihm den Herrscher, aber den Sieger machte sie damit um so deutlicher. »Woher mögen die Kräfte kommen, die in ihm sind?« so frage ich mich in der Gemeinsamkeit dieser Stunde. Und ich mußte an den weiten Himmel denken und an die Flugzeuge und daran, daß für Viktor die Welt viel größer war als für uns. Hochgewachsen, mit breiten, mächtigen Schultern stand er draußen auf der Terrasse. »Morgen machen wir neue Sturzflüge«, sagte er. Seine Frau schmiegte sich an ihn. Hell und rein war der Tag zu Ende gegangen, und jetzt schien der See in einem kalten Blau durch den dunklen Wald. Swintha fröstelte, wir gingen hinein. Hier war es warm und gut. Es roch nach dem Wachs der Kerzen, und noch spürten wir den milden, köstlichen Duft der Rebhühner.

Es ist jetzt drei Jahre her, daß Viktor abstürzte, und in diesen Jahren ist vieles anders geworden. Es hat auch lange gedauert, bis Swintha, nach vielen Reisen durch die Welt, Ruhe fand in ihrem Haus in Nikolassee, wo sie mit ihrem Kind lebt. Eine Art Ruhe allerdings, die der Einsamkeit nur einen anderen Namen gibt. Ihr Schmerz war unermeßlich, wie ihr Glück, aber das Leben zeigte sich stärker als alle Verzweiflung. Swintha lebte für ihr Kind. Und auch die Zeit hat das ihre getan.
In diesen Tagen war ich seit langer Zeit einmal wieder draußen in N.. Swintha kam erst vor kurzem von der See, und in ihrem braunen Gesicht war noch die Frische und die Klarheit des Meeres. Wie sehr hatte sich dieses Gesicht verändert! Alles Mädchenhafte daraus war verschwunden und hatte sich zu geraden fraulichen Linien gewandelt. Ein Gesicht, das fragt: »Wozu hat der Mensch einen Willen?«
»Ich bin gespannt, was Marte gekocht hat«, sagte Swintha. Marte brachte Rebhühner. Duftend nach Speck und Weinkraut standen sie auf dem Tisch. Swintha versuchte tapfer, mit ihnen fertig zu werden, aber bald legte sie Messer und Gabel zur Seite und konnte nicht weiteressen. »Bring die

Rebhühner hinaus«, sagte Swintha zu Marte, die bestürzt in der Tür erschien. Das Maß von Wehmut und Hilflosigkeit in diesen Worten verbot jede Erwiderung. Ich konnte Swintha nicht ansehen, und ich konnte ihr auch nichts sagen. Sie strich sich die Haare aus der Stirn, stand auf und schichtete die Scheite im Kamin. Er wurde in diesem Herbst zum ersten Mal angezündet, und Swinta machte sich lange daran zu schaffen.

Der Duft von Rebhuhn, von zartem, gebratenem Speck und Weinkraut weckte eine unvergeßliche Erinnerung. Plötzlich sah ich ganz deutlich: Das Gutshaus in der steifen Würde seiner Jahrhunderte, schweigend von verhaltener Trauer. Der weiße Saal mit roten, umflorten Stühlen, eine Tafel, die auf silbernen Tabletts Brot, Wein und Zuckerkuchen bietet. Draußen der stumme Park, gelb und violett im September. Soldaten – ein junger Fähnrich, der weint. Swintha im schwarzen Gewand – sie sieht nicht die traurigen Gesichter und nicht die unbeweglichen der Militärs in Uniform mit roten und goldenen Tressen. Sie hört nicht den Abschiedsgruß der Flugzeuge. Kanonenschüsse und Militärmusik. Swintha, Schmerz und Klage, erstarrt in der grausamen Wirklichkeit des Gedankens: »Viktor ist tot!«

Der Rauch der Buchenscheite verwischte den fernen Duft und die Bilder, die er beschworen hatte. Der Kamin knisterte, und Swintha blies kräftig in die erste Glut. Es war gut, daß jetzt Marte kam mit der kleinen Viktoria, die mit dem fröhlichen Lärm der Vierjährigen »Gute Nacht« sagte. »Ich habe Rauch in die Augen bekommen«, sagte Swintha und wischte sich ein paar Tropfen aus ihrem frischen braunen Gesicht. Als sie ihr Töchterchen lange und zärtlich küßte, war es, als erwache einer der großen Augenblicke, in denen der Klang der Ewigkeit und die Kraft des wirklichen Lebens ruht.

Die Mutter

Der Vater

Der Vater ist im Krieg

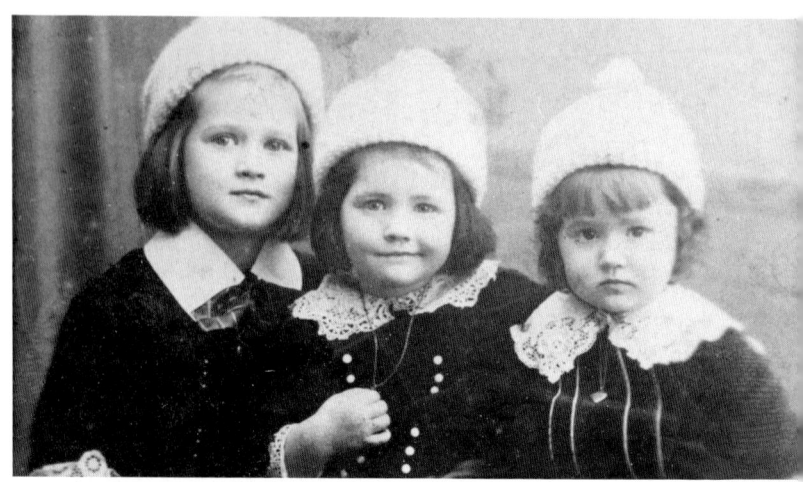

Die Töchter Elisabeth, Sophie
und Swintha

Der Sohn Enno

Die beiden »Kleinen«

Viktor auf dem Flugplatz
Staaken

Vier Generationen auf der
Treppe von Gut Rekahn
(Urgroßmutter, Großvater
Hubertus, Viktor, Swintha
und Viktoria)

Schloß Schlakow

In der Dämmerung fielen
die Wildgänse ein

Ed è subito sera

Jetzt, vierzig Jahre später, sitze ich unter blühenden Oliven, eine stille südliche Landschaft umgibt mich. Feigen, Aprikosen, Kirschen, Pfirsiche und Pflaumen, alles wächst wild und im freien Lauf der Natur. Nur der Wein wird noch gepflegt, und am Abend erfrischt uns ein guter Tropfen.

Ruhe ist eingekehrt und Gelassenheit. Die Erinnerung ist glasklar, und alles, was ich jetzt niederschreibe, widerspiegelt mein Leben, ein Leben von Höhen und Tiefen. Die Mittelmäßigkeit ist das einzige, was ich nicht kenne.

Ich schreibe diese Erinnerungen für meinen Mann, mit dem ich jetzt lebe, und für meine Kinder, die sicher nie geahnt haben, welche Kräfte in uns ruhen, um ein einziges Leben zu meistern, aus dem vier völlig verschiedene Leben immer wieder neu entstanden sind.

Als ich Viktor verlor, glaubte ich, alle Tiefen des Lebens durchschritten zu haben und fühlte mich als alte Frau. Mein einziger Trost war mein Kind.

Damals, als mich die entsetzliche Nachricht von seinem Absturz erreichte, wußte ich nicht, daß der Rundfunk unterbrochen wurde, um die Nachricht vom Tod Viktors durchzusagen. Der junge Flieger, genannt Krümel, hatte nicht den Mut, mir die Wahrheit zu sagen, und als mein Vater, meine Mutter und meine Schwester Sophie abends im »Kupferhaus« erschienen, rief ich ihnen verzweifelt entgegen: »Lebt er?« Die Eltern antworteten nicht, aber Sophie schrie: »Nein!«

Ein dumpfer Schlag, den ich noch heute empfinde; später erwachte ich aus einer tiefen Ohnmacht, der ersten in meinem Leben. Mein Vater wich nicht von meiner

Seite. Wegen der Beruhigungsmittel erwachte ich erst morgens aus tiefem Schlaf. Draußen stand ein großes Auto mit Militär und Nazi-Standarte. Man fuhr mich nach Rechlin. Unterwegs kaufte ich, wie im Traum, einen großen Strauß gelber Rosen. Als ich in Rechlin aus dem Wagen stieg, empfing mich Herr von Massenbach, Leiter des Flugplatzes.

Die Halle war weit geöffnet, Viktor war in seiner Fliegerkombination auf einem Katafalk aufgebahrt. Vier junge Offiziere standen Ehrenwache. Ich glaubte, er atme, ich sprach leise zu ihm und streichelte seine Stirn. Sie war kalt wie Marmor, kein Laut, keine Stimme. Ich legte meine Rosen in seine Hände. Herr von Massenbach führte mich fort.

Zu Hause lag ein langes Telegramm von Göring. Viktor hatte nicht nur den jungen Fliegern, die auf der Fokke Wulf geschult wurden, das Leben gerettet. Weil er den Fehler aufschrieb, den er an der Maschine entdeckt hatte, wurde dieses Flugzeug auch für alle anderen Fliegerschulen gesperrt. Aufgrund dieses Konstruktionsfehlers kam die Maschine jeweils nicht mehr aus dem Trudeln heraus und hatte so schon viele Opfer gefordert. Als Viktor seine Aufzeichnung beendet hatte, brachte er mit letzter Kraft die Maschine über zwölf Offiziere hinweg, die das Manöver beobachteten. Alle jung verheiratet, sie wurden durch ihn gerettet. Für Viktor aber war es zu spät. Er wollte »aussteigen«, aber es gelang nicht mehr. Ein Staatsbegräbnis wurde angeordnet, und Viktor ging als Held in die Geschichte der Luftwaffe ein.

Ich konnte mich nur schwer erholen, meine Knie versagten, und ich ging zwei Monate am Stock.

Auch wußte ich keinen Rat mehr. Wie oft fuhr ich zum Friedhof in die Mark Brandenburg, wo man mir eine kleine weiße Bank hingestellt hatte. Ich suchte und suchte und fand keine Ruhe. Ich dachte an den letzten Heidestrauß, den Viktor mir mitgebracht hatte, und auch daran, daß das Grab ganz mit Heide ausgeschlagen war, als man den Sarg dort hineinsenkte. Ich ging in die kleine Schloßkapelle, wo damals der Sarg aufgebahrt war, bedeckt mit großen Kränzen, mit Schleifen, die später in der Kapelle aufgehängt wurden. Mit Namen, die viele Jahre danach in der Kriegsführung sehr bekannt werden sollten. Die prächtigste Schleife mit langem Aufdruck trug Görings Namen.

Es gab keinen Trost – ich war überall auf der Suche. Bei Gott, bei meinem Vater, bei Viktors Mutter. Ihre Stärke schien mir unheimlich, sie war die tapfere Soldatenfrau, nicht ich. Mein Vater, der Philosoph, der Schopenhauer verehrte, auch er kapitulierte. »Ich hadere mit Gott«, schrieb er, »ich bin nicht fähig, dir Trost zu geben.«

»Wozu haben wir einen Willen?« hörte ich in mir Viktors Stimme. Ich erinnerte mich der Baronin V., der Mutter meiner Freundin Ursula, die als junge Frau am Stock ging, ihren Kindern zur Last, weil sie das Leben ohne ihren Mann nicht meisterte. Nein, ich durfte nicht so an Viktors Tod zerbrechen, das wäre seiner nicht würdig.

Ich wollte wieder nach Hause, ins Elternhaus, aber mein Vater riet mir ab. »Du bist an ein selbständiges Leben gewöhnt, man soll die Dinge nicht zurückholen wollen, die nicht mehr zu uns gehören. Du mußt dir dein eigenes Leben mit deinem Kind aufbauen. Auf meinen Rat und meine Treue kannst du immer rechnen.«

Das »Kupferhaus« wurde aufgegeben, und ich zog mit meiner Tochter nach Berlin-Westend.

Im Luftfahrtministerium

Inzwischen hatte sich alles geändert. Ein Luftfahrtministerium gab es nun, mit Göring als Reichsmarschall für Luftfahrt. Hitlers Macht nahm immer mehr zu. Die Kameraden von Viktor sah man nun in blauer Fliegeruniform. Aus den »Reklamefliegern« war unsere Luftwaffe entstanden. Ich dachte an die frohen Stunden, die wir mit Viktors Kameraden und Vorgesetzten verlebt hatten, und da fiel mir Major Kersten ein, der nun als Oberst klein, stolz und selbstbewußt, in schneidiger Uniform, in der Wilhelmstraße seinen Dienst tat. Ich hatte meinen Plan gemacht, ich wollte arbeiten, im Geist von Viktor, im Luftfahrtministerium. »Vielleicht stoße ich auf Aufzeichnungen von ihm, dort werde ich ihm nahe sein«, war mein Gedanke.

So wurde ich also von Oberst Kersten im Luftfahrtministerium empfangen. Ich glaube, ich war eine ziemlich mitleiderregende Gestalt, als ich meinen Wunsch vortrug. »Ich werde alles für Sie tun«, meinte er mit einem etwas herablassenden Lächeln. »Wie haben Sie sich denn Ihre Arbeit vorgestellt? Was beherrschen Sie denn, meine Gnädigste?« – »Ich kann Schreibmaschine«, sagte ich sicher und dachte dabei an meine langen Briefe, die ich Ursula immer ins Baltikum gesandt hatte. »Sehr schön«, meinte er, »ich werde Sie in der Abteilung W. unterbringen, dort wird eine sehr nette und erfahrene Dame Sie einweihen. Die Hauptsache ist Verläßlichkeit und Verschwiegenheit.«

So kam ich in die Abteilung W. zu Fräulein Asten, Tochter eines Generals, einer etwas ältlichen, rundlichen Jungfer, wie mir schien. »Sie müssen zuerst einen Ausweis mit Paßbild haben, nur so haben Sie Zutritt«, erklärte sie mir. Ich fuhr in meinem Röhr zurück nach

Glienecke, voller Hoffnung, in meiner neuen Arbeit Ruhe zu finden und Viktor näher zu sein. Mein Paßfoto war bestellt, und in einer Woche wollte ich dem Luftfahrtministerium eine tatkräftige Hilfe sein.

Als ich mein Paßbild abholte, sagte ich dem Fotografen: »Sie haben sich geirrt, ich möchte mein Paßbild!« »Dann gucken Sie mal in den Spiegel«, meinte er trocken, »dann erkennen Sie sich vielleicht.« Ich tat es. Ein hohläugiges Geschöpf mit eingefallenen Wangen sah mich an, starr und ausdruckslos. »Ach ja, ich bin es«, sagte ich leise, bezahlte und nahm mein Bild an mich.

Mein Kind war inzwischen in guter Obhut, und so trat ich meinen Dienst an. Morgens wurde in Eile gefrühstückt, dann saß ich schon im Auto, und fort ging es Richtung Brandenburger Tor. Ich mußte ein kleines Wäldchen durchqueren. Die Fahrt durch den Tiergarten lenkte mich ab, und dann war ich auch schon in der Wilhelmstraße. Das Luftfahrtministerium erschien mir sehr groß. Mein Ausweis bekam einen Stempel, und nun war ich praktisch ein Mitglied des Ministeriums.

Fräulein Asten war schon da, mit allen möglichen Mappen beschäftigt. »Die rosa Mappen sind g.K.-Mappen«, erklärte sie mir. »Die grünen zum Ablegen, aber am wichtigsten sind die g.K.-Mappen. Sie dürfen nie herumliegen, sie werden im Panzerschrank eingeschlossen und nur persönlich und gegen Quittung an die anfordernden Herrn überbracht.«

Mir schwindelte. Was mochte die Abkürzung wohl bedeuten? Ich öffnete die rosa Mappe, verstand aber gar nichts, was mir hätte Aufklärung geben können. Ich bewunderte Fräulein Asten ob ihrer Tüchtigkeit. Sie klappte die g.K.-Mappe auf, tippte mit großer Schnelligkeit auf einen Bogen einige Zeilen, ließ ihn in der Mappe verschwinden und schloß sie dann in den Panzerschrank. »G.K.«, dachte ich voller Angst, »was mag das sein, wie kann ich mich so blamieren!« Ich wagte nicht zu fragen.

Herr von Arnim erschien. Er begrüßte mich mit Handkuß, kannte wir uns doch schon von früheren Tagen. Fräulein Asten sah böse und überlegen zu mir hin. »Würden Sie die Liebenswürdigkeit haben, mir diesen Brief zu schreiben?« sagte Herr von Arnim und reichte mir ein handgeschriebenes Konzept. »Darf ich Sie bitten, ihn mir in mein Zimmer zu bringen, wenn er fertig ist, und eine Kopie bitte.«

Ich hatte die »Liebenswürdigkeit«, den Brief zu schreiben und auch die »Güte«, den Brief hinüberzubringen.

Meine Kenntnisse in Maschinenschreiben beschränkten sich nur auf meine Privatkorrespondenz und nicht auf militärische Order. Aber ich fand den ersten Brief doch recht gelungen und ging befriedigt zu Herrn von Arnim, um ihn abzugeben. Er bedankte sich, und ich verließ das Zimmer, stolz auf meine erste Leistung. Ich hatte das Schreiben nicht mehr durchgelesen, denn ich glaubte, Herr von Arnim wäre dazu da, Korrekturen zu machen. So war ich sehr erstaunt, als Herr von Arnim nach kurzer Zeit wieder erschien und mich in seiner höflichen Art bat, den Brief nochmals, und zwar in der von ihm vorgeschriebenen Anordnung zu schreiben und die Kopie auch, und zwar auf das zweite Blatt, das leer in seinen Händen lag. Zu meinem Schreck war diese nämlich auf der Rückseite des Originals aufgetaucht. Fräulein Asten zeigte mir mit mitleidiger Herablassung, wie man einen Brief richtig einteilt und abliefert.

Mir wurde nun auch klar, daß ein höherer Beamter im Ministerium nicht dazu da ist, die Briefe auf Ihre Richtigkeit zu überprüfen, sondern um seinen Namen darunterzusetzen.

Ich sah viele von meinen früheren Bekannten wieder, aber auf Aufzeichnungen von Viktor stieß ich nicht.

So gingen einige Wochen dahin, ich hatte inzwischen einiges von Fräulien Asten gelernt, aber ich gestand mir selber ein, daß ich zum Aufbau unserer Luftwaffe herzlich wenig beitragen konnte.

Herr von Arnim betrachtete mich mitleidig. Dasselbe taten die anderen Herren, die mich von früher kannten. Die jeweiligen Handküsse paßten Fräulein Asten offensichtlich nicht. Sie war korrekt, wie es ihrer Erziehung entsprach, aber keineswegs freundlich. Inzwischen wußte ich nun auch, daß g.K. »geheime Kommandosache« hieß. Also: »Vorsicht, gut einschließen!« Nachts wachte ich auf vor Angst, eine g.k.-Mappe auf dem Tisch liegengelassen zu haben. Aber alles war wohlverschlossen. Meine Briefe brachte ich Herrn von Arnim nun mit der richtigen Kopie. Sie sahen ganz ordentlich aus, aber zurückdenkend glaube ich doch, daß er manche von Hand verbessert hat, ohne mich darauf aufmerksam zu machen.

»Sie müssen sich nachmittags einen Kaffee bestellen, es gibt auch sehr gute Kuchen«, sagte er, als ich ihm eine g.K.-Mappe vorlegte. Gegen Quittung. »Rufen Sie die Nummer 2 23 00 an, man wird Ihnen das Bestellte bringen.« Fräulein Asten saß oft mit einer Tasse duftenden Kaffees und einem köstlichen Streuselkuchen vor ihrer Schreibmaschine. Diesmal wollte ich es auch probieren. Ich war allein in unserem Zimmer. Ich wählte sorgsam 2 23 00. Eine männliche Stimme meldete sich. »Bitte eine Tasse Kaffee und ein Stück Streuselkuchen, Abteilung W., Zimmer 26«, sagte ich etwas unsicher. Die Antwort war ein schallendes Gelächter. Dann: »Hier ist das Marineministerium, Admiral B.« »Verzeihen Sie«, stotterte ich – dahin mein Kaffee und Kuchen. Ich hatte eine Vorwahlnummer vergessen.

Meine Arbeit erfüllte nicht meine Erwartungen. Wenn ich heute zurückschaue, hatte ich wohl so eine Art Sonderstellung, die sich sowieso eines Tages von selbst auflösen würde.

Ich war die einzige von den Sekretärinnen, die mit dem eigenen Auto vorfuhr, ohne mir je Gedanken darüber gemacht zu haben. Wie sollte ich auch anders von Glienecke in die Wilhelmstraße kommen?

Einmal stand kurz vor dem kleinen Wäldchen, das ich durchqueren mußte, ein Mann, der mitgenommen werden wollte. Ich stoppte, und schon saß er neben mir. »Eigentlich ist es leichtsinnig von mir, Sie mitzunehmen, Sie könnten mich jetzt ermorden«, sagte ich zu ihm. »Zu Hause wartet mein Kind.« »Keene Angst, scheene Frau, ick tue Se nix, ick bin en Tippelbruder.« So war es ganz gemütlich, er erzählte mir von der Tippelbruderschaft, daß sie auf diese Weise die weite Welt kennenlernen würden. Es war ein junger Mann mit schwarzer Manchesterhose, einem großen Hut auf dem Kopf und einer schwarzen Umhängetasche.

Ich dachte an Eichendorffs »Aus dem Leben eines Taugenichts«, wie herrlich es sein müßte, die Welt zu durchstreifen und der Natur so nahe zu sein. Froh zog er von dannen, als ich ihn an der großen Kreuzung absetzte, und in wenigen Minuten war ich zu Hause.

Am nächsten Morgen hätte ich mich fast verspätet, aber zu meinem Glück fand ich ganz nah vor meinem Eingang mehrere Parkplätze frei. Ich parkte in Eile meinen Wagen. Gott sei Dank, pünktlich!

Die verschiedenen Mappen wurden durchgesehen, geordnet, Papiere abgelegt. Fast war es Mittagspause, da klopfte es, und schon trat mit klirrendem Schritt, in voller Nazimontur, ein Mann herein. »Ist hier eine Frau von R.?« fragte er mit schneidender Stimme. »Das bin ich«, sagte ich ängstlich. »Mein Gott, jetzt werde ich abgeführt«, war mein erster Gedanke. »Sie haben auf der Vorfahrt des Reichsmarschalls für Luftfahrt geparkt, bringen Sie sofort Ihren Wagen weg, Sie bekommen eine Strafe.«

Herr von Arnim beschwichtigte den Mann, und alles verlief gut.

Sechs Monate lang verrichtete ich meine Arbeit. Da traf ich Oberst Kersten. »Ich glaube, Sie sollten einmal Urlaub machen«, meinte er, »Sie sehen ja erbärmlich aus. Ich werde mich darum kümmern.« So erhielt ich Urlaub, was Fräulein Asten zu der spitzen Bemerkung hinriß, daß man normalerweise keinen Anspruch auf Urlaub habe, dies hier sei eine Ausnahme.

Aus dem Leben eines Taugenichts

Es war Mai, als ich mit meiner Tochter und meiner Schwester Sophie ins Berchtesgadener Land reiste. Die frische Bergluft, das kräftige Essen, alles tat mir gut. Und als wir nach drei Wochen zurückkamen, gab ich meinen nicht sehr ruhmreichen Posten beim Luftfahrtministerium auf.

Die Jahre gingen dahin. Im Seebad Heringsdorf verbrachten wir schöne Tage am Meer bei der Schwiegermutter. Wieder sahen wir die alten Freunde aus Schlesien, aber Viktor fehlte.

Mit Ursula wurden wieder Briefe ausgetauscht, sie war recht unglücklich, denn ihre Ehe war gescheitert. Zwar lebte sie noch im Haus ihrer Schwiegereltern mit ihrem Mann zusammen, aber sie wußte, daß er sie ständig betrog und lieber ein Wertstück versetzte, als einer Arbeit nachzugehen. Sie war siebzehn, als sie heiratete, bildschön mit hellblonden Locken und graublauen Augen, mit dichten schwarzen Wimpern und starkgezeichneten dunklen Augenbrauen, groß und schlank gewachsen. Georgi, ihr Mann, war ein verwöhnter Frauenjäger, fünfzehn Jahre älter als sie und fasziniert von so viel Schönheit und Unschuld. Pferde und Wagen waren nun abgeschafft, und auch das Motorboot »Ursula« gab es nicht mehr. Es war im Sommer 1936, als wir, Viktoria und ich, die Reise nach Estland, und zwar nach Reval, wagten.

Inzwischen betrachtete man Hitlers Politik voller Besorgnis. Es wurde viel von Kommunismus geredet, dem man entgegentreten müsse. Man sprach sogar von Krieg. Meine ganze Familie fand mein Unternehmen sehr gewagt, aber ich wollte Ursula nach zwölf Jahren Trennung wiedersehen.

Es war Juli, als wir uns in Swinemünde einschifften. Mit einer kleinen Barkasse wurden wir auf die offene See gebracht. Eine wacklige Blechtreppe wurde von der »Astoria« herabgelassen, meine Tochter von einem Matrosen in den Arm genommen und als erste auf das Schiff gehoben. Ich kletterte hinterher, und schon fuhren wir gen Norden. Das Meer war tiefblau mit kleinen Schaumkronen, der Himmel wolkenlos. Ich ahnte nicht, daß dieses Schiff die »Ballerina der Ostsee« genannt wurde. Zum Dinner wurden Köstlichkeiten serviert, mir aber war so elend, daß ich keinen Happen hinunterbekam. Im Gegensatz zu meinem Töchterlein, das einen unglaublichen Appetit entwickelte. Die Nacht war schrecklich, aber als wir morgens um elf Uhr bei ruhiger See und blauem Himmel im Hafen von Reval eintrafen, war alles still und friedlich. Ich sah schon von weitem die hohe Gestalt Ursulas mit ihrem kleinen zweijährigen Sohn an der Hand. Wir flogen uns in die Arme. Die Jahre der Trennung waren ausgelöscht, es war, als ob wir uns erst tags zuvor verabschiedet hätten.

Ich trat in eine ganz neue Welt. Alles war so heiter und unbeschwert. Die Schriften an den Geschäften und Straßen waren in kyrillischen Buchstaben geschrieben. Die Altstadt, geprägt von dem alten Ritterorden und deutscher Kultur, beeindruckten mich stark. »Jetzt gehen wir erst einmal ins Café«, meinte Ursula. »Hier ist es Sitte, daß man sich von elf bis eins im Café trifft. Man ist schon sehr neugierig auf meinen deutschen Besuch.« Im Café mit Marmortischen und bequemen Stühlen herrschte reger Betrieb. Die jungen Frauen saßen, zum Teil mit großen Strohhüten, schwatzend und lachend an den Tischen. Man sah wenig Herren. Ich wurde sofort mit Inga bekannt gemacht, die schon mit anderen Freundinnen wartete. Die R's rollten, was der Unterhaltung einen besonderen Charme gab. Ich hatte noch nie so viele hübsche junge Frauen und Mädchen gesehen, die meisten blond und blauäugig. Alle so gepflegt und natürlich, ohne sonderlich elegant zu sein.

Ursula war sehr stolz auf ihre deutsche Freundin, und ich bekam die Note eins: Man hatte mich herzlich in diesen fröhlichen Kreis aufgenommen.

Inzwischen war im Hafen unser Gepäck ausgeladen worden und stand zur Abholung bereit. Die Kofferreihe nahm kein Ende. Aber schließlich war alles gut verstaut in einem kleinen Bus, der Richtung Laulasma, am finnischen Meerbusen, fuhr.

Wir waren etwa eine Stunde unterwegs, die Gegend wurde immer einsamer, ab und zu stieg eine Landfrau oder ein Bäuerlein zu. Mitten in einem Wald, der von jungen Kiefern und niedrigem Gehölz bewachsen war, hielten wir. »Hier müssen wir umsteigen«, sagte Ursula, denn ich verstand nicht, was der Chauffeur, der gleichzeitig Kondukteur war, auf estnisch sagte.

Wir befanden uns auf einer kleinen Lichtung. Der Waldboden war sandig und trocken. Meine Koffer hatte man mühevoll ausgeladen, besonders ein großer schwarzer, fast in der Größe eines Sofas, wurde unter Stöhnen vom Dach geholt, auf dem er festgeschnallt war. Nun saßen wir also auf dem Sandboden, um uns herum die Koffer verstreut, die Kinder spielten und sammelten Tannzapfen.

»Wir müssen sicherlich lange warten«, sagte Ursula, »die Busse sind unpünktlich, aber sie kommen.«

Ich hatte für Ursula verschiedene Dinge mitgebracht, darunter auch ein Kleid und eine Tasche. »Was hast du denn in dem großen schwarzen Koffer?« fragte Ursula. Dieses Riesending enthielt einmal die ganze Habe von Viktor, als er nach Rußland ging. Ich hatte ihn ausgewählt, da Ursula mir geschrieben hatte, ich solle meine beste Garderobe mitbringen. Und da ich mich nicht entscheiden konnte, hatte ich meinen ganzen Kleiderschrank darin verstaut. »Laß uns doch einmal nachsehen«, meinte Ursula, »der Bus kommt höchstens in einer Stunde.« Ich suchte den Schlüssel heraus und steckte ihn ins Schloß. Er war lang und schmal, und man erkannte ihn sofort unter allen am Schlüsselbund. Auf dem Kofferdeckel standen Viktors Initialen, darüber eine weiße Blätterkrone. »Um Gottes willen, Ursula, wir sind hier ja ganz verlassen im Wald, wenn jetzt ein Bolschewik kommt und sieht noch die Krone auf dem dunklen Koffer, wird er uns sofort verschleppen oder umbringen«, rief ich. Ich versuchte, die Krone abzukratzen, aber es gelang nicht. So öffneten wir zwei den Koffer und hoben den Deckel hoch. Ursula geriet in helles Entzücken. Besonders als ich ihr das für sie bestimmte Kleid gab, nahmen die Freudenrufe kein Ende. Das Kleid wurde anprobiert und saß wie angegossen. »Du mußt jetzt noch das weiße Seidene vorführen«, rief sie. Ich zog es an, es war das beste Stück, das ich besaß. Ich drehte und wendete mich. »Die Lackschnalle! Nein, es ist zu chic fürs Land! Darf ich es anprobieren?« rief Ursula. »Natürlich«, antwortete ich – ein leises Brummen kam näher, und der seit Stunden erwartete Bus hielt neben uns.

Überall lagen Blusen und Kleider verstreut. Ursula bat den Fahrer zu warten, der zuerst die kleinen Koffer verstaute, während wir in Windeseile alles in das Riesending stopften, auch mein Reisekleid. Die Kinder wurden in den Bus gehoben, der große Koffer stand neben dem Chauffeur, ein Ruck, und wir zottelten davon. Ich saß im weiß-seidenen Satinkleid, meine Reisetasche in der Hand, auf einem der staubigen Sitze. Die Kinder waren eingeschlafen. Ursula bekam einen Lachanfall, wie sie mich im Abendkleid sitzen sah, mich an einem Handgriff festhaltend, da es sehr ruckelte, denn die Waldwege hatten viele Löcher. Auch ich prustete vor Lachen. Ein Bäuerlein mit einem großen Reisekorb, aus dem es lustig gackerte, rauchte sein Pfeifchen.

So hielten zwei lachende und kichernde Backfische Einzug in die Datscha in Laulasma.

Wir hatten die Datscha für den Sommer gemietet, sie lag in einer Waldlichtung. Vor ihr stand ein alter Ziehbrunnen, wie man sie heute noch in der Weite Rußlands sieht. Ein langer Schwengel transportierte das Wasser nach oben. Es war klar und frisch und schmeckte köstlich. Eine junge Estin betreute uns. Sie konnte kein Wort Deutsch und lachte nur, aber Ursula gab ihr in Estnisch ihre Anweisungen. Unten waren zwei kleine Zimmer und im ersten Stock ein riesiger Schlafraum, der die ganze Länge der Datscha einnahm. Fünf Fenster ließen die Sonne herein, und so war es noch um Mitternacht taghell. Die Kinder schliefen nicht, da sie von der Sonne gestört wurden. Gardinen gab es nicht, und wir versuchten, die Fenster mit Tüchern zu verhängen. Wir plauderten, bis es Morgen wurde und schliefen dann erschöpft ein. Ein Schlüssel zum Schlafzimmer war nicht vorhanden, eine breite Holztreppe führte von außen nach oben, und diese Treppe war uns etwas ungemütlich wegen der Kinder. So schliefen und lebten wir inmitten der Natur, von weitem hörten wir das gleichmäßige Rauschen des Meeres.

Keiner hatte Angst, denn die Bevölkerung war gutmütig und freundlich, und an Bolschewiken dachte man nicht mehr. Morgens kamen die Bauern, die Milch, Eier, Waldbeeren und alle Früchte des Landes brachten. Die Eier wurden nur dutzendweise verkauft, die Früchte per Kilo, es war so lächerlich billig, daß sich ein kleineres Gewicht nicht lohnte.

Wenn wir ausgeschlafen hatten, gingen wir ans Meer. Ein kleiner Sandweg zwischen niedrigen Kiefern und Büschen führte uns zum Strand. Ein weites blaues Meer lag vor uns, ein Badesteg, der bis ins tiefe Wasser reichte, bot alle Bequemlichkeit. Der Strand gehörte uns allein, mit Sonnenschirmen und -hüten fühlten wir uns wohl im schneeweißen feinkörnigen Sand. Weit in der Ferne sahen wir andere Gruppen, die es sich bequem gemacht hatten, aber niemand störte uns.

»Am Sonnabend sind wir bei Onkel Lull und Tante Ninotschka«, sagte Ursula, »wie jede Woche. Bitte Swintha, zeige dich von deiner besten Seite, sie sind schon alle sehr neugerig auf dich.« Onkel Lull und Tante Ninotschka stammten von der russischen Linie der Familie von Seidlitz. Sie waren in der glücklichen Lage gewesen, nach der Revolution von 1918 nicht nur aus Rußland fliehen zu können, sie hatten auch Geld mitgebracht und konnten somit großzügige Einladungen geben. Onkel Lull hatte das breite Gesicht eines Tataren, und wenn er lachte, zeigte er seine großen Raubtierzähne. Tante Ninotschka war mit der Zaren-

54

familie sehr vertraut gewesen. Ihr Vater war Arzt am Zarenhof.

Mein großer Koffer mit allen – für damalige Verhältnisse – eleganten Kleidern war bereits wieder nach Reval abtransportiert worden. Man ging zu Fuß, im leichten Sommerkleid, vielleicht eine Viertelstunde, zu Onkel Lull.

Seine Datscha war wesentlich komfortabler als die unsrige, aber der Ziehbrunnen stand, genau wie bei uns, am Hause. Ich wurde mit großem Hallo empfangen. Der Hausherr fragte mich nach dem Vornamen meines Vaters. Er hieß Wilhelm. Nun war ich Swintha Wassiljevna. Mir schien, der ganze baltische Adel war versammelt. Sie saßen auf ihren Restgütern; der größte Teil war enteignet, und die Herrenhäuser und Schlösser waren fast alle zerstört oder niedergebrannt. Die Gäste sahen zufrieden aus und waren wohl glücklich, wenigstens in ihrer Heimat und altgewohnten Umgebung zu sein, wenn auch unter ganz anderen Umständen als früher. Sie selber gaben keine Feste mehr, aber Onkel Lull und Tante Ninotschka sorgten jeden Sonnabend für Abwechslung.

Eine festliche Tafel war im Freien gedeckt, zu meinem Glück, wie sich später herausstellte. »Sei nicht zimperlich und trinke«, flüsterte mir Ursula im Vorbeigehen zu. Ich hatte den Ehrenplatz neben Onkel Lull. Auf dem Tisch standen funkelnde Karaffen mit hellgrünem und leuchtend rotem Inhalt. »Es lebe unsere Freundin Swintha Wassiljevna«, sagte Onkel Lull und zeigte ein breites Lächeln. »Und jetzt sprechen wir alle deutsch.« Die übrigen Gäste hatten gar nicht gemerkt, daß sie alle russisch schwatzten, den Russisch war seinerzeit die Sprache der Gesellschaft. Ein Teil von ihnen hatte unter dem Zaren als Offizier gedient, und den Jüngeren war die Revolution zuvorgekommen. Alles prostete mir zu, und auch

ich hob mein Glas und probierte die grüne Flüssigkeit.
Das köstliche Getränk war mit verschiedenen Kräutern
angereichert und hatte ein wunderbares Aroma. Das
Rezept war ein Geheimnis. Zu jedem Gläschen Wodka
gab es eine Sakuska, ein Appetithäppchen.
Das Getränk hatte eine angenehme Wirkung. Ich wurde
sehr vergnügt und merkte gar nicht, daß inzwischen alle
wieder ins Russische verfallen waren. »Galupka, ein
anderes Gläschen!« »Galupka« heißt »mein Täubchen«,
ich hatte es schnell gelernt. Frische Krebse wurden serviert und kleine Fleischpiroggen. Die Karaffen wurden
neu gefüllt. »Swintha Wassiljewna hat mein Herz gewonnen, sie läßt mich nicht im Stich, sie trinkt, als wäre
sie nichts anderes gewöhnt«, rief Onkel Lull.
Da er schon so viel getrunken hatte, merkte er nicht, daß
der Inhalt meines Glases mittlerweile auf dem Rasen
verschwand. Immerhin, ich hatte die Herzen gewonnen
und Ursula keine Schande gemacht. Es herrschte eine
fröhlich-naive Stimmung, man freute sich des Lebens.
Zum Abschluß gab es große Platten mit Blaubeer-Pirog-
gen und flüssiger Sahne. Die Piroggen, ein ganz feines,
leichtes Blätterteiggebäck, zergingen auf der Zunge. Inzwischen stand der Mond hoch am Himmel. Es war fast
Mitternacht. Man teilte sich in kleine Gruppen auf. Eine
Gruppe spielte Blinde Kuh. Ich gesellte mich zu ihr. Es
war ein lustiges Spiel, und ich fühlte mich in die Zeit
Ludwigs XVI. versetzt, wo dieses Spiel Mode war. Auf
einem Baum entdeckte ich einen der Gäste, der las.
Tante Ninotschka saß lieblich lächelnd auf einer Garten-
bank, Kissen um sich gruppiert. Ein Mann kniete vor
ihr, küßte ihr die Hände und legte seinen Kopf in ihren
Schoß.
Es war Georgi!
Gegen Morgen gingen wir heim, der Wald duftete nach
frischem Tau, Moos und Beeren, für mich hatte sich

eine neue Welt aufgetan. Die Wochen vergingen. Jeden
Sonnabend gab es ein Fest bei Onkel Lull in seiner
Datscha. Mal wurden die Krebse warm, mal auf Eis serviert. Wir schwammen im Meer und unternahmen aus-
gedehnte Fahrten nach Reval, der alten Ordensstadt.
Alles schien in bester Ordnung zu sein.
Aber der Schein trog. Oft verbarg sich hinter der Fröhlichkeit bittere Armut. Auf den Restgütern konnte man
nicht leben und nicht sterben. Ursulas Großvater, der
ein Patent besaß, Schiffe zu heben, hatte sein Vermögen
verloren. Die Mutter war krank und gebrochen. Der
Bruder Boris arbeitete auf der Insel Worms, wo ein
letztes Schiff gehoben wurde. Tante Ninotschka hatte
keine Sorgen, ihr Konto in Finnland war ein guter Rück-
halt. Mit ihrer Hilfe wurde uns eine kleine Reise nach
Finnland möglich. Sie gab mir einen Scheck, den ich ihr
in Deutschland zurückzahlen konnte, denn Hitlers Be-
stimmungen erlaubten nicht, Geld auszuführen, und so
war ich nur mit zehn Mark losgefahren.

Nun reisten wir nach Finnland. Zwei junge Frauen
saßen mit großen weißen Panamahüten auf dem Son-
nendeck. Ein Mann schlich um uns herum. Er fotogra-
fierte ununterbrochen. Das Schiff war wenig besetzt.
Der Herr fragte Ursula etwas, er sprach russisch, und sie
antwortete in seiner Sprache. Er wollte uns Helsinki zeigen, redete immer auf Ursula ein, ich verstand nichts.
Ursula erhob sich und nahm mich beiseite. »Das ist ein
Spion, er will uns anwerben«, flüsterte sie. In Helsinki
angekommen, wußte Ursula geschickt seiner Verfol-
gung zu entgehen. Wir landeten im Christlichen Hospiz.
Unser erster Gang führte zur Bank, reich und unabhängig fühlten wir uns nun und jeder Situation gewachsen.
Wir zogen vom Christlichen Hospiz in ein bezauberndes
kleines Hotel. Ich sehe noch heute den Blick über die

Schären, das rosa angestrichene Holzhaus mitten im Walde, die hell-lackierten Möbel mit Gold abgesetzt. Es war ein kleines Schloß. Wir machten eine Schärenfahrt und amüsierten uns, wenn wir an den hübschen Land-häusern auf den kleinen Inseln anhielten, die Mädchen auf ein lautes Zeichen des Kapitäns herbeieilten und der Briefträger, mit jeder herumschäkernd, seine Post über-gab.

Wir fuhren bald darauf nach Helsinki zurück und gin-gen in eine russische Kirche. Es wurde gerade ein ortho-doxer Gottesdienst für einen Verstorbenen gehalten. Der Pope bewegte sich hin und her wie in einem Tanz, in genau abgemessenen Schritten, als ob der Boden in Quadrate eingeteilt wäre. Wir betrachteten mit Andacht die Schätze der Kirche, die Messe war beendet. Der Pope trat neben uns und forderte uns auf, mit ihm in die Sakristei zu kommen. Dort lag ein herrlicher Bischofs-mantel, golddurchwirkt, bestickt mit Steinen und Sil-ber. Der Pope wechselte einige Worte mit Ursula in Rus-sisch. Er bot den Bischofsmantel zum Kauf an. Er hatte ihn aus Rußland gerettet, die Kirche brauchte Geld. Der Mantel war lächerlich billig und glänzte in verlockender Schönheit. Ich erinnerte mich, daß Viktor mir einmal erzählt hatte, daß ein Kamerad einen solchen Bischofs-mantel in Rußland gekauft hatte. Er hatte ihm und jedem, der ihn besaß, Unglück gebracht, und alle Besit-zer waren eines unvorhergesehenen Todes gestorben. Schließlich wurde er der Kirche zurückgegeben. So kauften wir den schönen Mantel nicht.

Einmal besuchten wir ein Antiquitätengeschäft. Ich war fasziniert von einem kleinen dreiteiligen Taschenaltar, aus Rosenholz geschnitzt. Es war ein kleines russisches Meisterwerk. Die Madonna neigte sich so anmutig zu dem Kind, die Züge waren so fein geformt, daß ich mich nicht von ihm trennen konnte. Ursula war unser Schatzmeister. Sie sagte energisch: »Nein, das können wir uns nicht leisten! Genug, daß du mich überredet hast, in das teuerste Hotel zu gehen.« Ich gehorchte ihr. Wir nahmen einen kleinen Imbiß und gingen müde ins Hotel zurück. Da saßen wir nun in unserer Pracht in tiefen Sesseln, ich dachte an die kleine Madonna und sah, wie Ursula mit besorgter Miene unser Geld zählte.

Wir ruhten uns ein wenig aus. Als ich erwachte, war ich allein im Zimmer. Ursula kam zurück und legte mir den kleinen Taschenaltar in den Schoß. Ich war selig. Sie erzählte mir, der arme Russe hätte Tränen in den Augen gehabt, als er sich von diesem schönen Stück trennte. Nur weil er wußte, der Altar komme in meine Hände, gab er ihn Ursula. Heute steht er in einer Vitrine bei Viktoria.

»Zur Strafe« mußten wir nun auf dem Zimmer im Hotel essen. Wir kauften Brot und Käse ein und verzichteten auf ein gutes Abendessen in unserer Luxusbleibe. Am nächsten Nachmittag ging es zurück nach Reval. Es war eine stürmische Überfahrt, wir wurden prompt seekrank. Wir fürchteten, wir würden unsere Kinder nie wieder sehen, aber sie standen vergnügt am Quai, als unser Schiff anlegte.

Boris, Ursulas Bruder, hatte ich seit unserer Kindheit nicht mehr gesehen. Er arbeitete in der Firma seines Großvaters vor der Insel Worms. Man hatte bei den Arbeiten viele Meter unter der Meeresoberfläche das Bronzedenkmal von Peter dem Großen, aufrecht stehend auf dem Meeresboden, entdeckt. Es war ein überwältigender Moment.

Ursula schlug vor, diese Insel zu besuchen. Sie sei einmalig schön, und Boris könnte uns mit Pferd und Wagen herumführen. Alles war vorbereitet. Obwohl ich von Seereisen genug hatte, bestand Ursula auf diese Unternehmung. »Es ist völlig harmlos«, meinte sie, »wir waren oft mit unserem Motorboot da.« Im letzten Augenblick mußte Ursula die Reise aber absagen. Sie blieb bei den Kindern, und ich fuhr allein.

Mir war doch etwas merkwürdig zumute, als ich auf dem nicht sehr großen Motorboot die Reise antrat. Da ich weder estnisch noch russisch sprechen konnte, war mir alles ein wenig unheimlich. Wir hielten bei einer anderen kleinen Insel. Ein Pope stieg zu. Mit seinem dunklen Kaftan und dem schwarzen Hut, der wie eine Kosakenmütze aussah, war er für mich eine ganz ungewohnte Erscheinung. Ein goldenes großes Kreuz an einer langen Goldkette zierte seine Brust. Ein weibliches Wesen, vielleicht eine Dorflehrerin, war an seiner Seite. Ein Bauer mit großem Korb und zwei Frauen mit Kopftüchern. Weiter ging es über das ruhige Meer.

Als wir an der Insel Worms anlegten, stand die Sonne hoch am Himmel. Es mochte drei Uhr sein. Kein Mensch weit und breit. Wir stiegen aus. Ein wackeliger Holzsteg führte ans Land. Eine Art Leiterwagen wartete auf uns, ein munteres Pferdchen wieherte und konnte die Abfahrt nicht erwarten. Wir kletterten auf den Wagen, auf dem Holzbänke aufgestellt waren, mit bunten gewebten Teppichen belegt. Es beruhigte mich, daß der Pope anscheinend denselben Weg hatte, er schien sehr vertraut mit der »Lehrerin« zu sein.

Wir hatten alle die gleiche Strecke. Am anderen Ende der Insel hielten wir an. Die Landschaft war weit und einsam. Ab und zu sah man ein Bauernhaus mit einem Ziehbrunnen davor. Ein Fahrrad kam uns entgegen, ein Mann winkte. Es war Boris. Braungebrannt, breit und kräftig schritt er auf mich zu.

Begrüßung und Umarmung und ein wenig Verlegenheit. Boris nahm meine Reisetasche. »Ich hoffe, du wirst dich hier wohl fühlen«, meinte er. »Es ist zwar alles sehr einfach, aber die Leute geben sich große Mühe, und das Essen ist unübertrefflich.«

Es war ein kleines, einfaches und sauberes Haus, das wir betraten. In meinem Zimmer fehlte nichts. Überall die handgewebten bunten Decken und Teppiche. »Vielleicht nehmen Sie erst eine Sauna zur Erfrischung«, fragte mich die Vermieterin. »Ich werde inzwischen den Tee bereiten.« Sie sprach estnisch, Boris übersetzte es mir. Ein Samowar stand in der Küche, wo auch gegessen wurde. »Ja, gerne«, antwortete ich, obwohl mir im heißen Sommer gar nicht danach zumute war. Die Frau ging voraus. Wir durchquerten einen Gemüsegarten. Der Weg war von roten Johannisbeersträuchern eingerahmt, und überall standen reife Beeren. Am Ende des Gartens lag ein kleines Backsteinhäuschen, wie ein Stall. Ich öffnete die Tür, glühende Hitze schlug mir entgegen, auf einem Ofen brodelte kochendes Wasser. Daneben standen Eimer mit kaltem Wasser und frische Birkenruten, mit denen ich mich malträtieren sollte, um mein Blut in Wallung zu bringen. Ich stand in einer Wolke von Dampf und schöpfte nur immer kaltes Wasser, mit dem ich meinen Körper erfrischte.

Nach einer halben Stunde erschien ich wieder. Es hatte sich ein leiser Wind vom Meer erhoben und brachte angenehme Kühlung. Boris wartete im Garten. Ich setzte mich zu ihm auf eine Gartenschaukel, wie ich sie zum ersten Mal sah. Auf einer Art Schaukelstuhl saß man sich gegenüber. Die beiden Seiten waren durch zwei runde Eisenbögen miteinander verbunden. Wie auf einer Wippe schaukelte man hin und her, durch das Gegengewicht des andern immer in Bewegung gehalten. Man brachte uns Tee, wir schwatzten und schwatzten, und das leise Hin und Her der Schaukel brachte die vertraute Stimmung, die die Herzen öffnet. Boris erzählte von seinem Leben als Student in Libau, seiner Arbeit auf dem Meer, dem Zusammenbruch des großelterlichen Unternehmens und auch von seinem Vater, der nach dem Ende des Zarenregimes verschollen blieb – ich erzählte von Viktor.

Langsam hatte der Himmel seine Farbe verändert. Das Licht des aufgehenden Mondes ließ das zerstörte Schloß derer von St. in schneeweißem Glanze erscheinen. Die Mauern standen noch, aber der Bau war zerstört. Die zerschossene Decke hing wie ein großes weißes Leinentuch über dem, was früher wohl einmal der Saal gewesen war. Das ganze hatte für mich etwas Gespenstisches und Trauriges.

Ich wohnte im naheliegenden Inspektorhaus, wo der jetzige Besitzer, ein ehemaliger Angestellter der Familie, eine kleine Pension eingerichtet hatte. Nach dem Abendessen ging ich schlafen, und Boris versprach, mich zeitig am nächsten Morgen abzuholen. Zu meinem Schrecken merkte ich, daß mein Zimmer nur durch eine Samtportiere verschlossen war. Ich legte mich in das breite, bequeme Bett und schlief gleich ein. Mitten in der Nacht wachte ich durch Geschrei auf, eine Männerstimme, eine kreischende Frau – der Pope mit seiner Lehrerin! Eine Katze hüpfte auf mein Bett – dann wurde es still.

Dank Boris Vermittlung bekam ich am folgenden Tag ein Zimmer mit einer Tür.

Am nächsten Morgen gab es ein ausgiebiges Frühstück. Frischgebackene Fleischpiroggen, Eier, Milch, Brot und Früchte. Ich hörte Pferdehufe. Ein hoher Wagen auf zwei Rädern mit einer langen Deichsel hielt vor dem Gartentor. Boris half mir, auf den hohen Sitz zu klettern, und fort ging es im leichten Trab. Die Insel war von Bauern und Fischern bewohnt, ein hellblauer Himmel mit zarten weißen Wolken spiegelte sich im Meer. Sand, Kiefern und fruchtbares Ackerland wechselten miteinander ab. Ab und zu hörte man einen Vogel, und die große Stille wurde nur durch den Schritt unseres Pferdchens unterbrochen. Wir packten unseren Picknickkorb aus. Selbst ein Fläschchen Wodka fehlte nicht. Ich sammelte herrliche bunte Muscheln, um sie Viktoria mitzubringen. Boris band das Pferd an einen Baum. »Bevor wir essen, wollen wir schwimmen«, sage er. Ein frischer Wind war aufgekommen, das Meer hatte weiße Schaumkronen. Wir sprangen in die hohen Wellen. Es erschien mir bitterkalt, lange hielt ich es nicht aus. Ich wickelte mich in meinen Bademantel, und mir klapperten die Zähne. »Nimm mal ein Schlückchen Wodka«, sagte Boris und bald wurde mir warm. Wir aßen mit wahrem Heißhunger, und weiter ging es mit unserem braven Pferdchen. Als wir zurückkamen, war die Sauna wieder bereit, die zum täglichen Leben gehörte.

Wieder saßen wir in unserer Gartenschaukel, wippten hin und her, erinnerten uns unserer Jugendstreiche und daran, wie wir den dreibeinigen Tisch tanzen ließen. Der Abend ging in sanfter Stille zur Neige. Boris ruhte neben mir; er hatte seinen Arm um mich gelegt, und friedlich war ich eingeschlafen.

Am nächsten Morgen war der Abschied von einer leichten Wehmut erfüllt. »Du willst wirklich fortgehen?« fragte Boris. »Ich muß«, erwiderte ich und sprang ins Boot. Wir winkten uns lange zu.

Ursula empfing mich, die Kinder waren glücklich mit ihren bunten Muscheln.
Ursula hingegen war sehr unglücklich. »Wenn du zurück nach Deutschland fährst, werde ich dieses Leben nicht mehr aushalten, allein mit aller Qual«, sagte sie. »Ich muß einen Weg finden, wieder frei zu werden. Ich will wieder nach Deutschland kommen.« So wurden konfuse Pläne geschmiedet.

Es war September geworden, zum letzten Mal gingen wir zu Onkel Lulls Krebsessen. Diesmal wurden die Tierchen auf Eis serviert, ich war froh über diese Abwechslung. Wir waren alle gute Freunde geworden. Man fragte viel nach der deutschen Politik, und aus der Ferne erschien Hitler manchem wie ein Erlöser. Einige sahen in ihm den starken Mann, der dem Kommunismus Einhalt gebot, der Arbeit und Brot gab. Die Furcht vor den russischen Bolschewiken ließ vielen von ihnen das Leben in Deutschland in den schönsten Farben erscheinen. Wie wurden sie später eines anderen belehrt!

Man versprach sich ein Wiedersehen, so bald als möglich, in Deutschland oder im Baltikum, das ich von der schönsten Seite kennengelernt hatte. Diese Großzügigkeit und Gastfreundschaft gab es sonst wohl nirgends auf der Welt.

Die »Ballerina der Ostsee« tanzte mit uns auf den Wellen, und glücklich liefen wir im Hafen von Swinemünde ein.

Ganz neue Erfahrungen

Hitler hatte nun die Macht übernommen, und man durfte seine eigenen Gedanken nicht laut werden lassen. Vater wurde immer ernster, und als ich die Eltern besuchte, meinte er, ich solle mir ein Haus bauen, denn er traue dem braunen Regime nicht. Die Eltern hatten durch die Inflation viel Geld verloren und wollten mich vor dem Gleichen bewahren.

Ein befreundeter Architekt baute die Villa in Nikolassee, dem reizenden Vorort von Berlin. »Wenn die Kleine erst zur Schule kommt, werdet ihr weniger reisen und müßt ein eigenes Dach über dem Kopf haben«, ermunterte mich der Vater. Die Arbeiten wurden noch im Herbst begonnen.

Ich hatte mich mit meiner Freundin Wilma verabredet, in die Berge zu fahren. Wir reisten nach Mittelberg im Allgäu. Abends, nach langen Abfahrten, saß man im Wirtshausstübel bei rotem Terlaner. Bei Zither- und Lautenspiel wurde getanzt.
»Ein armer Wandersmann muß immer weiterziehn,
Darf nicht die Rosen pflücken, die am Wege blühn«,
sang der Zitherspieler mit wehmütiger Stimme.
Ein gutaussehender, braungebrannter Beau stand vor mir und forderte mich zu einem Tänzchen auf. Ich hatte jahrelang nicht mehr getanzt und dankte. Da nahm er mich einfach bei der Hand und entführte mich auf die Tanzfläche. Es gefiel mir, und wir tanzten auch den nächsten Tanz. »Wie kann man eine so reizende junge Frau allein in die Berge fahren lassen, Ihr Mann weiß wohl nicht, was für ein Juwel er besitzt«, flüsterte er, indem er mich fest an sich drückte. »Er kommt morgen zum Wochenende«, antwortete ich mit unsicherer Stimme, »und wir werden den Rest der Ferien hier verbringen.« Ich war müde, und wir tanzten nicht mehr.
In meinem Skikurs tat ich mich nicht als Beste hervor. Zufällig war auch eine Baltin mit von der Partie. Wir hatten uns angefreundet, und ich mußte viel von meinem Besuch im Baltikum berichten. Sie kannte all die Namen meiner neuen Freunde. »Ich bin Stella v. R.«, stellte sie sich vor, und auch ich nannte ihr meinen Namen. Abends kam sie mit einem Herrn. »Dies ist mein Cousin gleichen Namens. Sein Onkel ging als Feldherr in die ostpreußische Geschichte ein. Eberhard

ist auch Soldat, und zwar Seeoffizier.« Wir waren oft zusammen, und die Abende vergingen wie im Fluge.

Meine Freundin Wilma hatte sich hoffnungslos in einen Skilehrer verliebt und war abends kaum ansprechbar. Liebe und Konvention waren nicht unter einen Hut zu bringen. Die Mutter war Hofdame im Kaiserhaus gewesen, die preußische Erziehung siegte, und Wilma kam als Nervenbündel nach Berlin zurück. Ich hatte mich inzwischen glänzend erholt. Jeden Abend saß ich mit Eberhard zusammen. Ich erzählte ihm viel von Viktor, er war ein geduldiger und verständnisvoller Zuhörer. Eberhard war immer an meiner Seite und mir schien, er war eifersüchtig auf jeden in meiner Nähe. Ein »Gute Nacht« oder »Auf Wiedersehen« wurde manchmal von einem Kuß auf die Wange begleitet. Wir blieben gute Freunde.

Nach meiner Rückkehr nach Berlin war mein erster Gang nach Nikolassee, um mein Haus zu besichtigen. Man war gerade dabei, das Dach zu decken, vor dem Grundstück war eine große Tafel aufgestellt, auf welcher der Name des Architekten sowie der verschiedenen Firmen stand, und über allem war mit großen Lettern geschrieben: »S. v. R.« Ich war sehr stolz und ging hinein. Der Polier, der die Verantwortung trug, hielt mich an. »Der Eintritt ist für Unbefugte verboten, Frolleken, man nich so neujierich!« »Der Bauherr bin ich, ich möchte sehen, wie weit mein Haus gediehen ist«, erklärte ich ihm stolz. Er wollte meinen Ausweis sehen.

Es gefiel mir alles sehr, ein großer Salon mit einem Kamin, eine Balkontür führte auf die Terrasse zum Garten. Ein Planschbecken war für Viktoria vorgesehen. Es war eine reizende kleine Villa. Im Garten standen ein paar hohe Kiefern, die langen, geraden Stämme, die am

Ende einen grünen Büschel trugen, sahen aus wie aufgespannte Sonnenschirme und erinnerten mich an Glienecke. »Hier wird nun dein Zuhause sein, Viktoria, und hier wirst du viele Spielkameraden haben, wenn du in einem Jahr zur Schule kommst.« Ich malte dem Kind alles in den schönsten Farben aus. Zufrieden kehrten wir nach Westend zurück. Zum Frühjahr konnten wir einziehen. Um nicht allein das Haus zu bewohnen, hatte ich die Etage über mir vermietet. Ein junges, blondes Ehepaar aus Holstein zog ein. Er war Jurist und machte einen sehr soliden Eindruck. Wie hatte ich mich getäuscht! Zu meinem Schrecken sah ich ihn bald in der schwarzen Uniform der SS mit schweren Schaftstiefeln die Treppe herabsteigen. Er gehörte zu der »anderen« Seite!

Mein Kind war glücklich, Marte betreute uns. Der Kontakt zu meiner wie auch zu Viktors Familie war sehr eng. Nun wollte ich nur für meine Tochter leben. Einladungen und Freunde zerstreuten mich, ließen aber in meinem Herzen eine große Leere zurück.

Meine gute Mutter weilte bei uns zu Besuch. Eines abends schrillte das Telefon. »Hier ist Gero, Swintha, bist du es?« »Ja, Onkel Gero.« »Du würdest mir eine große Freude machen, in der Stadt mit mir zu essen.« »Es ist schon spät«, versuchte ich einzuwenden. »Bitte laß mich nicht allein«, hörte ich seine Stimme. »Also, ich rechne um 8.30 im ›Adlon‹ auf dich.« Meine Mutter riet mir zu gehen. Ich zog mich schnell um, ein schwarzes Seidenkleid, setzte mich ans Steuer und fuhr über die Potsdamer Chaussee zum »Adlon«. Onkel Gero stand schon in der Halle. Er begrüßte mich überaus freundlich, Champagner und Austern wurden bestellt. An die übrigen Gänge erinnere ich mich nicht. Onkel Gero trank mir liebevoll zu und bedankte sich, daß ich immer so nett zu seiner alten Mutter sei. »Bitte nenne mich nicht mehr Onkel, ich bin noch jung, und du bist noch sehr jung. Ich habe dich in der letzten Zeit viel beobachtet, laß deine Trauer. Weißt du, daß ich sehr verliebt bin in dich?« redete er auf mich ein. Ich fühlte mich in eine Falle gelockt. Niemals war mit der Gedanke gekommen, daß mir Onkel Gero einen derartigen Antrag machen könnte. Bisher war er für mich ein unnahbarer Snob.

Es waren noch nicht drei Jahre vergangen, seitdem Viktor nicht mehr bei mir war. Ich trug ein schwarzes Seidenkleid mit einem großen weißen Satinkragen und Manschetten, wie es damals Mode war. »Wie gut wir zusammenpassen«, sagte Onkel Gero, »meine schwarze Krawatte mit deinem Trauerkleid ergänzen sich gut. Wir gehören nun zusammen, Pferd und Wagen stehen dir zur Verfügung, und den schönsten Tannenbaum wirst du aus meinem Wald bekommen. Wenn du aufs Land kommst, um deinen Viktor zu besuchen, weißt du, daß ich auf dich warte, denn ich lebe – wir beide leben!« Alles andere ist Farce, von dem, was du dir erträumst, existiert nichts mehr – es gibt nur noch dich und mich, verstehst du, Swintha?« Ich verstand nichts, eine andere Welt hatte sich vor mir aufgetan, fremd und unbekannt.

Ich war empört. »Wie geschmacklos du bist, Onkel Gero! Hast du denn gar keine Moral?« fuhr es mir heraus. »Auf jeden Nachttopf malt ihr euch eure Krone, wie kannst du es wagen, mir einen solchen Antrag zu machen!«

»Moral?« erwiderte er sehr erregt, »Moral ist für mich das tägliche Wechseln meiner Wäsche. Viktor lebt nicht mehr, und jetzt wirst du mir gehören.«

Ich sah vor mir das offene Grab von Viktor, das ganz mit Heide ausgeschlagen war. Später die Rechnung der Gutsverwaltung für diesen Liebesdienst. Onkel Geros

Gutsverwaltung. »Es ist ein Staatsbegräbnis, du bekommt es zurück«, hatte er mir damals gesagt. Ich schickte die Summe umgehend.

»Ich begleite dich«, sagte Onkel Gero, als ich in mein Auto stieg. Ich wehrte ab. »Man kann eine junge Frau nicht nachts allein fahren lassen, ich werde still neben dir sitzen«, beruhigte mich Onkel Gero. »Ehrenwort?« fragte ich. »Swintha, du machst mich rasend, ich habe es dir bereits gesagt.«

Die Stadt war hell erleuchtet, man war fast geblendet von aller Helligkeit. Das Leben schien hier erst in der Nacht zu beginnen. Lichtreklamen jagten über hohe Häuser – dann wurde es still. Die Potsdamer Chaussee war fast leer, aber auch hier verschwendeten die Laternen ihr Licht im Überfluß. Ich hatte nur den Wunsch, nach Hause zu kommen. Onkel Gero legte den Arm um mich und sprach plötzlich ganz sanft zu mir, er versuchte mich zu küssen. »Onkel Gero, wenn du nicht sofort still auf deinem Platz sitzt, fahre ich dich an den nächsten Baum«, rief ich außer mir. Ich gab Gas und fuhr haarscharf an einem Baum vorbei. »Also, dann der Nächste«, sagte ich. Onkel Gero bekam es mit der Angst zu tun und saß nun brav neben mir. Wir wechselten kein Wort mehr, unser Abschied war ein flüchtiger Handkuß, und schon eilte ich ins Haus. Nach meiner Rückkehr erzählte ich alles meiner Mutter. Sie beruhigte mich und erklärte mir, das Leben sei doch ganz anders, als ich es mir vorstelle, man lerne das erst im Laufe der Zeit.

Sie bewahrte mich davor, dem Familienvorstand Mitteilung von dem Vorgefallenen zu machen.

Italienische Reise

Meinen Bruder Enno liebte ich über alles, er war nach Berlin gezogen und hatte dort ein Büro eröffnet. Er entwarf Reklametexte für große Firmen und betätigte sich nebenbei schriftstellerisch. Wie oft kam er heraus nach Nikolassee, und wie oft begleitete er mich aufs Land zum Friedhof.

Enno war sehr musikalisch – so spielte er fast jedes Instrument nach Gehör, selbst auf der »singenden Säge«, die damals aufkam, zauberte er Lieder.

Meine Schwester Elisabeth hatte geheiratet. Ihr Mann war Professor für Landwirtschaft an der Universität in Breslau. Sie paßten gut zusammen, auch er war streng katholisch.

Einmal, im Sommer – wir waren gerade bei meinen Eltern zu Besuch – rief Eberhard an. Er war in der Nähe und hatte eine große Auslandsfahrt hinter sich. Er fragte, ob er kommen könne, er freue sich, mich wiederzusehen.

Die Eltern führten immer ein offenes Haus, die Freunde kamen und gingen. Ich erinnere mich noch, als mein Vater einmal Alexa – meinen Chaperon von 1930 in Berlin – begrüßte. »Wie schön, dich wieder einmal bei uns zu sehen!« Alexa erwiderte lachend: »Ich bin schon drei Tage hier!« Sie war wie ein Kind des Hauses.

Natürlich war uns Eberhard herzlich willkommen. Er trug eine weiße Marineuniform. Um den Mund hatte er einen leicht melancholischen Zug. Ich hatte ihn sehr gerne, er war ein verläßlicher Freund. Drei Tage vergingen wie im Fluge. Dann fuhr Eberhard weiter. Abends machte Vater mit mir noch einen kleinen Spaziergang durch den Park. Er nahm meinen Arm, und wir gingen eine Weile stumm nebeneinander. Der Mond hatte die Felder und Hügel in weißes Licht getaucht, es roch nach Heu und Jasmin. »Dein Freund ist ein sehr netter Mann, er gefällt mir in seiner sicheren Art, auf ihn wirst du dich verlassen können. Siehst du nicht, daß er kein Auge von dir läßt? Könntest du nicht daran denken, dich wieder zu verheiraten? Es wäre gut für dich und das Kind. Ihr wäret wieder eine Familie.« -- »Ich? Nein, Vater, niemals! Ich werde nicht wieder heiraten!« – »Warum glaubst du, daß er gekommen ist?« fragte mein Vater. »Weil er mich genau so gern mag, wie ich ihn«, antwortete ich naiv.

Mir fiel ein, daß ich auf Eberhards Wunsch im Frühling in Schlesien bei seiner Mutter gewesen war, mit Viktoria. Er hatte mich darum gebeten, als ich in der Nähe Freunde besuchte. Man hatte uns so reizend aufgenommen. Ich mußte viele Kinderbilder von Eberhard bewundern. Es fing als Baby auf einem weißen Fuchsfell an, ich sah ihn in einer runden Zinkwanne im Garten planschen, später war er als junger Leutnant abgebildet. Man hatte uns ein geräumiges Zimmer hergerichtet. Die Betten war mit feinstem Leinen bezogen. Wie groß war mein Schreck, als Viktoria, die sehr herumgetobt hatte, nachts Nasenbluten bekam und alle Pracht der blütenweißen Bezüge dahin war. An eine Ehe hatte ich nie gedacht.

Es war Juli, als ein Brief von Eberhard kam. Er wollte seine Ferien in Italien verbringen und fragte nun an, ob wir nicht gemeinsam reisen wollten.

Ich war begeistert. Ich hatte einen Beschützer an meiner Seite, und so konnte ich ruhig und behütet mit dem Wagen Italiens Schönheiten erobern.

Mein guter Vater war anderer Ansicht. Obwohl ich frei in meiner Entscheidung war, wie er beteuerte, wollte ich ihm nicht weh tun. »Der Ruf einer Frau ist wie ein

Spiegel, der leiseste Hauch kann ihn trüben«, erklärte er mir in seiner altmodischen Art. Ich faßte sofort den Entschluß, meinen Bruder zu der Fahrt zu überreden. Er sagte zu, und so fuhren wir zu dritt.

Die erste Station war Verona. Es war erster August, als wir »Aida« in der alten Arena sahen. Wir waren begeistert und benutzten den nächsten Morgen, um uns das Castell Vecchio der Scaliger anzusehen, die Kirche von San Zeno, die mich sehr beeindruckte mit den wundervollen zwölf Aposteln in Bronze.

Den nächsten Halt machten wir in Florenz. Es war dritter August, der Geburtstag meines Bruders. Er wurde dreiundzwanzig. Ich teilte meine Liebe zwischen Enno und Eberhard, aber mein Freund schien nervös und eifersüchtig. Florenz bezauberte uns, abends standen wir lange auf der Arnobrücke und schauten ins Wasser. Wir philosophierten. Jeder gab seine Gedanken in anderer Weise zu erkennen, und jeder sah die Zukunft in einem anderen Licht. Mein Bruder, der Schriftsteller, verstand es, seinen Vorstellungen schöne Worte zu verleihen. Seine sanften braunen Augen bekamen einen seltsamen Glanz, wenn er mit bewegter Stimme von der Freiheit des Schaffens sprach. Von einem freien Geist, der sich nicht mehr entfalten konnte, nachdem Hitler und seine Helfer die Bücherverbrennung vollzogen hatten. Von geistigen Werten, die wohl zerstört, aber niemals ausgelöscht werden konnten. So ging dieser Abend zu Ende. Ein neues Lebensjahr hatte für meinen Bruder begonnen.

Am nächsten Morgen fuhren wir dem Meer entgegen. Die liebliche Toscana mit ihren immerwechselnden Farben ging langsam in die kargen Gebirge der Marmorbrüche über. Sie leuchteten uns schneeweiß entgegen, und zu unseren Füßen sahen wir das blaue, weite Meer.

Forte dei Marmi war damals noch ein kleines Seebad ohne große Attraktionen. Man lebte dort sehr einfach. Es gab weder Luxushotels noch Nachtbars. Der Treffpunkt war »La Capannina«. Dort spielte eine kleine Kapelle die neuesten Schlager, die einen in eine besondere Stimmung versetzten. »Non dimenticar le mie parole« ertönte. Man saß unter großen Strohschirmen mit einem Windlicht auf dem Tisch. Über der Tanzfläche war ein riesiger Strohschirm gespannt. Wir saßen zu dritt, aber diesmal war das Zusammensein nicht so vertraut und gelöst wie sonst. Wir tanzten, Eberhard war von einer mir unerklärlichen Spannung erfüllt. Enno hatte eine »Bruna« entdeckt, die sich beim Tanzen eng an ihn schmiegte. Sie ließen keinen Tanz aus.

Es war Mitternacht, der Wein verlockte zum Trinken, die Nacht war sternenklar und warm. Die Musik machte eine Pause – man hörte die Wellen ganz leise den Strand berühren. »Welch herrlicher Abend!« rief Enno aus. »Wir sollten das Leben genießen, fort mit den Uniformen, mit dem Zwang, dem Regime.« Die Unterhaltung wurde plötzlich ernst, sie nahm eine ganz andere Wendung als beabsichtigt. Mein Bruder sprach von den ethischen Werten, die man zerstören wolle, von dem Geist, der da ist, um die edlen Dinge in unserem Leben wachzuhalten. Er nannte ein Gedicht von Hölderlin. Er hatte viel getrunken. Es war spät – er setzte das Soldatentum mit seinem Kadavergehorsam herab. Er sah Bruna einige Tische weiter von uns, ihre langen dunklen Locken, sonnengebräunt. Sie lachte ihm entgegen.

Eberhard erhob sich. »Wenn du nicht der Bruder von Swintha wärest, müßte ich dich jetzt fordern«, sagte er mit todernstem Gesicht. »Du hast meine Soldatenehre beleidigt.« »Dem werde ich zuvorkommen«, antwortete

mein Bruder, »gute Nacht.« Eine Verbeugung, ein leichter Kuß für mich, Eberhard und ich waren allein. Ich sah
Enno mit Bruna am Arm in der tiefblauen Sommernacht
verschwinden.
Die Musik hatte wieder begonnen. Diesmal spielte sie
»Parlami d'amore, Mariù«. Eberhard war sehr ernst geworden, auch ich war bestürzt.
»Swintha, du kennst mein Leben nicht, du weißt auch
nicht, wieviel du mir bedeutest«, sagte Eberhard. Er
erzählte mir, daß er sehr jung in die Kadettenanstalt gekommen sei. Er kannte die Frauen noch nicht und war
ohne Erfahrung. Einige junge Kameraden hatten ihn
verführt, und er war auf Wege geraten, aus denen es für
ihn keinen Ausweg gab. Es war ihm nicht mehr möglich,
mit einer Frau ein natürliches Leben zu führen. Er hatte
Sport bis zur Bewußtlosigkeit getrieben, er war ein guter
Reiter, aber seinen Neigungen konnte er nichts ent-
gegensetzen. Sie waren stärker als sein Wunsch nach
einer Frau. »Ich möchte dich heiraten«, sagte er, »aber
das Leben an meiner Seite wäre ein Unglück für dich.«
Er, der Vorgesetzte der jungen Besatzung, die ihm auf
seinem Schiff anvertraut war, litt unsagbar. »Gestern
bin ich nach Spezia gefahren«, sagte er mit so unglück-
licher Stimme, »ich wollte meiner Unruhe Herr werden. Als ich zurückkam, hatte man mir meinen Wappenring und Geld gestohlen. Swintha, wenn du je die Nachricht bekommst, ich sei bei einem Unfall im Dienst ums
Leben gekommen, dann weißt du als einzige, daß ich
frei sein wollte – für immer.«
In seinen Augen standen Tränen. Es schien mir profan,
als das Lied ertönte »Ramona, sei la stella del mio
cuore«. Ich streichelte Eberhards Hand. Ich sagte ihm,
daß wir immer Freunde bleiben wollten. Am nächsten
Morgen fuhren Enno und ich zurück nach Florenz.
Eberhard hinterließ ich ein paar Zeilen.

Enno war ein glänzend aussehender junger Mann, schmal und hochgewachsen. Eberhards Nerven würden sich beruhigen, wenn wir fort wären, glaubte ich. Ich war noch zu unerfahren, um die ganze Tragweite zu erfassen.

Einen Sommer darauf, als wir am Meer bei Viktors Mutter waren, kam ein Anruf aus Swinemünde, dem nahegelegenen Seehafen. Eberhard lud uns auf seine Flotille ein, zum Essen. Wir wurden mit einer Barkasse abgeholt und bestiegen das Schiff. Ein Matrose nahm Viktoria auf den Arm und brachte sie sicher an Bord. In der Messe wurden Cocktails serviert. Wir waren in froher Stimmung, der Koch hatte sein Bestes getan, um uns zufriedenzustellen. Zwei Damen waren auf dem Kriegsschiff, mein Töchterlein und ich, rundherum braungebrannte Matrosen und Offiziere. Eberhard begleitete uns heim. Es war mein erster Besuch auf einem Minensuchboot, überhaupt auf einem Kriegsschiff. »Wird es Krieg geben?« fragte ich Eberhard. »Niemals«, war seine Antwort.
Am Abend beteuerte mir meine Schwiegermutter, wie reizend sie den jungen Offizier fände, sie hoffe, ich würde eine Entscheidung fürs Leben treffen. »Wir sind gute Freunde«, erwiderte ich, »wir werden es auch bleiben.«
Ich ahnte nicht, daß ich Eberhard nie wieder sehen sollte. Ein Jahr später bekam ich die Nachricht: Kapitän zur See . . . im Dienst tödlich verunglückt.
Ich ahnte auch nicht, daß ein Jahr nach Eberhards Tod der Krieg ausbrechen sollte.

Die falsche Schwiegertochter

Eine sehr liebe Freundin von mir lebte im Tiergarten. Sie erzählte mir, daß ihr Bruder sich verlobt habe. Die Braut war siebzehn und Tochter eines Bankiers. Meine Freundin Irene wollte einen Familien-Cocktail arrangieren, damit der Vater, der auf dem Lande lebte, seine neue Schwiegertochter kennenlerne. Irene bat mich, ihr Marte auszuleihen. »Selbstverständlich schicke ich sie dir, aber ich komme nicht«, erwiderte ich, »das ist ein Familienfest.« Irene bestand auf meinem Kommen.

Es war im Januar 1937. Einige Gäste waren außer mir schon anwesend. Da trat Irenes Vater herein. Er ging mit ausgebreiteten Armen auf mich zu. »Also du bist meine neue Schwiegertochter«, begrüßte er mich, um mich in seine Arme zu schließen. Ich trat einen Schritt zurück. »Oh nein, ich bin Swintha, die Freundin Ihrer Tochter Irene«, sagte ich ein wenig verlegen. Dann tauchte die richtige Braut auf. Sie wurde herzlich in die Familie aufgenommen, und alle waren in Feststimmung.

»Du kennst meinen ältesten Bruder noch nicht. Das ist Georg Wilhelm«, sagte Irene. Wir begrüßten uns, plauderten, scherzten. »Der Abend kann nicht so zu Ende gehen«, meinte Georg Wilhelm, »wir werden noch einen kleinen Stadtbummel machen, wir wollen noch ein Gläschen trinken.« Ich stimmte zu. »Du schläfst heute nacht bei mir«, sagte Irene und gab mir ihren Hausschlüssel. Mein Wagen stand in der Tiergartenstraße. Ich stieg zu Georg Wilhelm. Wir fuhren den Kurfürstendamm entlang und hielten vor Paulchens Bar. »Woher kennen Sie denn Paulchen?« fragte ich Georg Wilhelm. »Mein Hobby ist Fliegen, und hier treffe ich immer Freunde«, erwiderte er. So kam ich wieder in

76

den alten Kreis zu Paulchen. Viele von früher waren nicht mehr da.

Seit diesem Abend sahen wir uns oft. Georg Wilhelm fehlte mir, wenn ein Wochenende ohne ihn verging. Wir verlebten das Weihnachtsfest zusammen in Nikolassee. Zum ersten Mal im eigenen Haus, nicht bei den Eltern, und auch nicht am Meer bei Viktors Mutter. Auch Georg Wilhelm feierte zum ersten Mal Weihnachten nicht bei seiner Familie.

Ursula lebte seit einem Jahr in Deutschland. Es sollte eine Erholungsreise sein, sie kam in mein Elternhaus, wo sie Zuflucht fand und Ruhe.

Sie kehrte nicht nach Estland zurück. Wir hatten eine Tätigkeit für sie gefunden, die sie unabhängig machte, und sie hoffte, ihr Kind bald herüberholen zu können. Sie lebte in Chemnitz. Auch sie war während der Festtage allein.

Ich rief sie an und lud sie ein. Ich brauchte einen »Chaperon«. So kam sie zu uns. Gleichzeitig erschien Georg Wilhelm. Wir waren sehr fröhlich. Ursula hatte einen sehr starken baltischen Akzent. Sie erzählte baltische Witzchen, und wenn sie das »R« rollte, nannte sie Georg Wilhelm lachend »Stalinowna«.

Es hatte geschneit, und Viktoria konnte es nicht erwarten, ihren Schlitten hervorzuholen. »Ich gehe mit Viktoria rodeln, ihr könnt inzwischen den Baum schmücken«, schlug Ursula vor. Dieser Vorschlag mißfiel uns ganz und gar nicht. Georg Wilhelm hatte Grammophonplatten mitgebracht, und während wir dem Weihnachtsbaum ein Silberkleid zauberten, mit glitzernden Kugeln und Glöckchen, erklang statt »Stille Nacht« »Ich tanze mit dir in den Himmel hinein, in den siebenten Himmel der Liebe«. Es war ein besonderes Weihnachtsfest, ohne die leichte Wehmut, die den Ausklang des Jahres trägt. Auch Viktoria war glücklich.

Als Georg Wilhelm nach drei Tagen Abschied nahm, bat Viktoria ihn inständig, zu bleiben. »Ich komme bald wieder«, sagte Georg Wilhelm, »für immer – wir werden heiraten und eine glückliche Familie sein.« So machten wir gemeinsame Pläne für die Zukunft, ohne die Vergangenheit verdrängen zu müssen.

Georg Wilhelm brachte mich in sein Elternhaus, diesmal als richtige Schwiegertochter. Ich wurde mit großer Herzlichkeit aufgenommen. Das Schloß, das den Park beherrschte, war im Tudorstil gebaut, mit vier großen Türmen. »Wir werden auf dem Nebengut leben«, sagte Georg Wilhelm. »Morgen werde ich es dir zeigen.«

Es war ein weißgekalktes Landhaus, mit lang heruntergezogenem Strohdach, das von breiten Fenstern unterbrochen wurde, die zu den Zimmern im ersten Stock gehörten. »Hier sind wir frei und für uns, Swintha, wer weiß, wie lange der ganze Zauber hier noch dauert.« – »Ich verstehe dich nicht, meinst du, die Nazis werden uns nicht auf dem Gut lassen?« erwiderte ich. »Ich weiß nur, daß ich aus der Partei ausgetreten bin«, antwortete Georg Wilhelm, »es ist alles anders gekommen, als ich es mir vorgestellt habe.«

Georg Wilhelm hatte eine sehr niedrige Parteinummer, und es war ein großes Risiko, auszutreten, aber er tat nichts gegen seine Überzeugung.

Im Mai fuhr ich zu Viktors Mutter ans Meer. Ich hatte Viktoria mit Marte vorausgeschickt. Es waren warme Frühlingstage, ich fuhr mit Georg Wilhelm der Küste entlang nach Misdroy, einem kleinen Badeort, der bekannt ist durch die Baltenschule. Ich wollte Georg Wilhelm meiner Schwiegermutter vorstellen und alles vorbereiten. »Warte auf mich, ich rufe dich an, dann kommst du«, rief ich ihm zu, als wir uns trennten.

In aller Herzlichkeit und Wärme wurde ich empfangen, Viktoria fühlte sich ganz zu Hause.

Kaum war ich angekommen, als Viktors Mutter mich zu sich in den Salon bat. Die große Boule-Uhr, die auf dem Kamin stand, zeigte vier Uhr. Es war still, man hörte nur das gleichmäßige Ticken der Uhr. Auf weißem Emaille waren schwarze Zahlen.

»Mein liebes Kind«, begann meine Schwiegermutter. »Ich bin so froh, daß du dich dem Leben wieder zugewandt hast. Nun fehlt nur noch eines: Wie schön wäre es, du würdest wieder heiraten, Viktoria hätte wieder einen Vater.« – »Gerade deshalb bin ich zu dir gekommen, ich möchte dir meinen zukünftigen Mann vorstellen.« Sie nahm mich in ihre Arme. »Ich weiß, dein zukünftiger Mann ist Viktors würdig«, waren ihre Worte. Ich wurde nicht mit Fragen bestürmt – sie war glücklich über meinen Entschluß. Bald kam Georg Wilhelm, er wurde sofort als ein Mitglied der Familie anerkannt.

Im September heirateten wir in der Mattheikirche im Tiergarten. Ein guter Freund von uns, ein Pfarrer, der jung und aufgeschlossen war, traute uns. Viktoria streute Blumen. Ich trug ein einfaches weißes Seidenkleid und hatte Orchideen im Haar. Diesesmal fand die Trauung nur in der engsten Familie statt, die aber schon groß war, da Viktors Familie auch dazugehörte. Nach dem festlichen Essen begleiteten uns viele gute Wünsche, als wir nach Nikolassee hinausfuhren. Viktoria ging für einige Monate zu den Großeltern.

Der Herbst hatte dieses Jahr früh begonnen. Wir fuhren gen Pommern, in Georg Wilhelms Heimat. Die Sonne, die hell am Himmel stand, schenkte keine Wärme mehr, aber der Himmel war von einem klaren Blau, und der Wald zeigte sich in seinen prächtigsten Farben.

Zu dem Gut, das ein alter Familienbesitz war, gehörte ein großer See. Gegen Abend fielen Wildgänse ein. Die langen Binsen, die das Ufer säumten, boten ihnen Schutz. »Morgen gehen wir auf Entenjagd, du wirst sehen, wie schön das ist«, sagte Georg Wilhelm. »Wildenten schmecken nach Tran«, meinte ich. Ich wollte nicht, daß die schönen Vögel geschossen würden, aber Georg Wilhelm belehrte mich eines anderen. »Man steckt ein paar Karotten hinein, bevor man sie brät, dann bleibt aller Tran im Gemüse, und die Enten werden zart und knusprig«, erwiderte er.

So gingen wir auf Entenjagd. Die Sonne senkte sich langsam über den See. Er schien mir groß wie das Meer, das gegenüberliegende Ufer war nicht zu erkennen. Die Wildgänse fielen ein, dann die Enten. Sie verschwanden in den dichten Binsen. »Man muß sie im Fluge schießen, solange sie über der Erde sind«, und schon knallte es. Eine Wildgans fiel taumelnd zur Erde. Wir fanden die Beute schnell. Ich breitete ihr die grauen Flügel aus, aber mir war nicht wohl dabei. Georg Wilhelm nahm sie vom moosigen Boden und brachte sie stolz heim, zur Freude der Mamsell, die nach ein paar Tagen einen köstlichen Braten auf den Tisch trug.

Die Zeit verging in Glück und Frieden, ich begann, das Landleben zu lieben. Die Abende wurden schon kühl, und so wurde der Kamin angezündet; nichts störte unser Beisammensein. Man hörte das Geschnatter der Wildgänse vom nahen See und trank einen guten Tropfen. Georg Wilhelm war bei mir, und wir machten Pläne für unsere Zukunft.

Ich fühlte mich geborgen in Georg Wilhelms Liebe, ich war ein neuer Mensch geworden.

»Würdest du auch mit mir nach Ostpreußen kommen?«

fragte er mich eines Abends. »Ich gehe mit dir bis ans Ende der Welt, ich kenne Ostpreußen nicht, du mußt mir alles zeigen«, antwortete ich. Georg Wilhelm erzählte mir von der Weite des Landes, von der Bernsteinküste, den Badeorten Cranz und Rauschen, wo wir leicht hinfahren könnten. Von den Masuren, wo es Elche gab. »Es ist das Gut der Familie meiner Mutter, es gab sechs Töchter, aber keinen männlichen Erben, und nun gehört es der Erbengemeinschaft und wird von einem Vetter verwaltet«, berichtete mir Georg Wilhelm. »Es ist noch alles sehr primitiv, man hat kein elektrisches Licht, es gibt nur Petroleumlampen, und das Haus wird mit großen Kachelöfen geheizt.«

Ich malte mir aus, daß wir im weiten Ostpreußen in einer kleinen Hütte leben würden, mit einer rauchenden Petroleumfunzel. »Sicher ist es sehr romantisch, es wird mir bestimmt gefallen«, erwiderte ich.

Es wurde Winter. Oft waren wir in Berlin. Wir hatten unser Haus in Nikolassee, Freunde und Feste in der Stadt wechselten mit stillen Stunden auf dem Lande. Georg Wilhelms Mutter war einige Jahre zuvor gestorben, der Schwiegervater kam mir irgendwie verloren vor. Die Seele in dem alten Schloß fehlte.

Man sprach von einem Geist, der dort sein Unwesen trieb. Manchmal vernahm man um Mitternacht Pferdegetrampel – ein Wagen fuhr geräuschvoll vor, Stimmen wurden vernommen, und fort war der Spuk. Das Schloß war sehr weitläufig, hohe, lange Flure, im Winter waren sie eiskalt. Um so froher war man, wenn man die wohlige Wärme eines Zimmers erreicht hatte. Die Kachelöfen reichten bis unter die Decke und wurden von außen geheizt. Sonntags fuhren wir herüber zum gemeinsamen Essen. Der Pfarrer wurde eingeladen, ein freundlicher alter Herr, der den dargebotenen Wein sichtlich genoß. Es wurde einfach gelebt, so gab es zu

Tisch nur sonntags Wein. Georg Wilhelm erzählte mir, daß sie als Kinder auch nur sonntags Butter zu ihrem Marmeladenbrötchen bekamen, dabei gehörte zum Gut eine große Molkerei. Mir gefiel das Landleben immer besser, und ich wurde neugierig auf Ostpreußen.

Im Herbst 1938 fuhren wir gen Norden. Es war ein herrlicher Oktobertag, als wir den Polnischen Korridor erreichten. Wir fuhren durch einen kleinen Ort. Die Leute, denen wir begegneten, sahen uns finster und drohend an. Georg Wilhelm schloß die Fenster, und schon flog ein Stein gegen unseren Kofferraum. Man zeigte uns die Faust. Georg Wilhelm gab Gas, und wir waren froh, als wir den »Korridor« durchquert hatten. Wir sahen rechts und links große, schwere Holzpfähle aus der Erde ragen. Panzersperren. »Sie dienen zur Verteidigung«, sagte Georg Wilhelm.
Und dann kamen wir nach Groß-Sporwitten. Man fuhr eine breite Allee entlang. Die Kastanien hatten bereits bunte Blätter. Ihre Früchte bedeckten den Boden. Rechts und links lagen die roten Backsteinhäuser der Leute. Dann kam der Gutshof, und schon bogen wir in den Park ein, der durch eine hohe Hecke geschützt war. Ein langgestrecktes Herrenhaus lag vor mir mit einem Turm und zwei Flügeln in Hufeisenform. Ein Flügel ging in den Park, der nördliche gegen die Wirtschaftsgebäude. Vor der Auffahrt standen zwei riesige Kastanien. Dies also sollte unser zukünftiges Heim werden! Als wir die Halle betraten, erschien Vetter Wichard. Vierschrötig wie ein Goliath stapfte er uns entgegen. »Willkommen in Sporwitten!« rief er uns schon von weitem entgegen. Er spielte bewußt den ostpreußischen Bauern. Wie seine zarte Frau mit ihren drei Kindern dieses derbe Leben bewältigte, schien mir unvorstellbar.

Ich erfuhr, daß man sich der Bequemlichkeit halber nur im Wirtschaftsflügel eingerichtet habe. Wir aßen in der Halle. Ein Mädchen brachte das Essen aus der Küche. Reichlich und derb.

Der größte Teil des Hauses war nicht bewohnt. Der Vetter zeigte uns den unbewohnten Teil des Hauses: Ein riesiges Eßzimmer mit Holzbalkendecke und eingelegtem Parkett tat sich vor uns auf. Die Wände waren mit einem dunklen Holzsockel ausgestattet, darüber eine braune Ledertapete mit einem Reliefmuster. Drei große Fenster ließen Licht durch den Innenhof in den düsteren Raum. Eine Flügeltür wurde geöffnet, und wir betraten den Saal. Er war groß und freundlich, nachdem wir die Jalousien hochgezogen hatten. Auch hier gab es drei lange Fenster, die sich zum Park hin öffneten. Zwei hohe Spiegel reichten vom Fußboden bis zur Decke und ließen den Raum noch größer erscheinen. Ihnen gegenüber lag ein weißer Kamin. Das helle Parkett war mit dunklen Sternen eingelegt. Der modrige Geruch vermischte sich mit dem würzigen Duft eines klaren Oktobertages, und ich malte mir aus, wie hübsch man diesen Raum machen könnte. Alles in Rosa und Gold, war mein Gedanke, in Erinnerung an unser Schlößchen in Finnland. Ein großer, weißer Kachelofen reichte bis unter die Decke. In einer Ecke stand ein Flügel. An den Saal schloß sich ein kleines Musikzimmer an mit einem weiteren Flügel, der lange nicht gespielt worden war. Davor eine geschlossene Veranda, das sogenannte Gartenzimmer, das auf die Terrasse führte. Von hier ging man in den Park. Auch in diesem Zimmer stand ein runder weißer Kachelofen mit hellen Messingbeschlägen. Ein ausgestopfter schwarzer Storch hatte seinen Platz darauf. Vom Musikzimmer führte eine Flügeltür in ein Wohnzimmer. Man schritt durch die Halle und kam in das Herrenzimmer. Hier war der Sitz des Hausherrn.

Schwere Ledermöbel, ein Renaissance-Schreibtisch, ein altes flämisches Bücherregal. Und natürlich der übliche Gewehrschrank. Den Wirtschaftsflügel wollte ich später sehen.

Wir gingen hinauf in unser Zimmer, es hieß »die Kastanie«. Es war riesig groß, und die Kastanien vor der Auffahrt reichten bis an seine Fenster. Es nahm fast die ganze Front des Hauses ein. Nachdem wir noch das Turmzimmer besichtigt hatten, das den Abschluß der Front zum Parkflügel bildete, verschoben wir die weitere Besichtigung auf den nächsten Tag.

Wir waren müde, man aß sehr früh zu abend, Petroleumlampen wurden auf den Tisch gestellt, es war früh Nacht geworden. Es wurde kühl, und alles war dunkel und ungemütlich. Georg Wilhelm nahm die Lampe, und wir stiegen eine breite braune Treppe empor. Die Treppe muß weiß lackiert werden, dachte ich, mit einem weinroten Läufer. Sicher wird es schön werden. Ich machte mir selbst Mut, ich fühlte mich so weit fort von allem, was mir vertraut war.

Auf dem Tisch in der »Kastanie« stand eine rußende Petroleumlampe, sie warf dunkle Schatten an die Wand. Georg Wilhelm drehte sie niedriger und stellte seine blankgeputzte Messinglampe daneben auf den Tisch. »Gleich wirst du lustig werden«, sagte er lachend, »du wirst bestimmt eine fabelhafte Landfrau! Hieran wirst du dich auch gewöhnen müssen.« Er holte eine Flasche Kosakenkaffee, einen scharfen Kaffeelikör, und eine andere Flasche, »Bärenfang«, einen mit Honig gesüßten Schnaps. Wir fanden keine geeigneten Gläser, so nahmen wir unsere Zahnputzgläser. Wir gingen zuversichtlich und vergnügt zu Bett.

Am nächsten Morgen zählten wir achtundzwanzig Zimmer. Wir fanden eine Wippe im Park, sie war noch intakt, und so wippten wir voller Freude. Ganz besonders gefiel es Georg Wilhelm, mich lange oben in der Schwebe zu halten, denn er war natürlich viel schwerer als ich. Es gab auch ein Ringspiel und einen Rundlauf für Erwachsene, aber beides war verfallen und verrostet. Der Vetter Wichard kam im Wirtschaftswagen vorgefahren, er hielt selbst die Zügel in der Hand. Nun besichtigten wir die Wirtschaft. Das Hauptgut hatte drei Vorwerke, Meludwiesen, wo das Jungvieh stand, Talskeim, wo auch die Schule für die Gutskinder war, sowie ein schöner Karpfenteich zur Freude des Lehrers, der dort Fischen ging. Und als letztes Pellklack. Da waren die Schafe, sechshundert an der Zahl, mit denen der Schäfer und seine Gehilfen ein friedliches Dasein führten.

Es war ein herrlicher Besitz, und am schönsten war der Wald. »Wir haben hier nur Edelhölzer«, sagte Vetter Wichard. »Es ist ein Jammer, daß wir unseren Leuten das kostbare Holz als Brennmaterial geben müssen, aber freies Brennholz ist ein Teil ihres Deputats.« »Man kann das ja ändern, indem man Strom als Heizung nimmt«, schlug Georg Wilhelm vor. »Hier hat man seit Generationen ohne Strom gelebt, und so wird es auch bleiben«, erwiderte Vetter Wichard.

Man fuhr weiter und durchquerte den Wald. Ab und zu schreckte ein Wild auf. Wir kamen an einen breiten Fluß. »Dies ist die Allee, hier ist unser Badeplatz, es ist ein ruhiger Fluß mit seichtem Ufer, auch für die Kinder ungefährlich«, erklärte Wichard.

Es war eine liebliche Landschaft, ein weites, fruchtbares Land.

Bei der Rückfahrt war ich froh, als wir den »Korridor« durchquert hatten und wieder in Pommern waren. Da fühlte ich mich zu Hause.

Georg Wilhelm merkte doch, daß mir die ganze Sache, so fern von allem Gewohnten, etwas unheimlich war und versuchte, meine unerklärliche Angst zu zerstreuen.

Er malte mir aus, wie vergnüglich es im Sommer sei und schwärmte vom Winter und seinen Schlittenfahrten. »Wir werden mit Skijöring über die weiten Felder gleiten, festliche Jagden geben, Freunden und Verwandten ein offenes Haus bieten.«

»Sicher wird es schön«, sagte ich, »es scheint mir nur so weit, aber wer weiß, vielleicht werde ich dieses Land einmal so lieben, daß ich es gar nicht mehr verlassen will.« – »Du mußt es kennenlernen«, entgegnete Georg Wilhelm.

Der Familienbesitz in Pommern wurde verkauft, es hatte irgend etwas mit der Partei zu tun, denn bald darauf regierte der Gauleiter im Tudorschloß.

Meine Schwester Elisabeth lebte glücklich mit ihrem Mann und Töchterlein Ulrike in Breslau. Ulrike war mein besonderer Liebling, war sie doch mein Patenkind, und merkwürdigerweise hatte sie als einzige der jungen Generation meine rotblonden Haare. So war nur noch meine Schwester Sophie zu Hause.

Es war das letzte Weihnachtsfest, das wir in unserem Elternhaus verbrachten. Mein geliebter Vater war noch ernster geworden. Der Sonnenschein war unsere Viktoria. Auch mein Bruder Enno kam zum Heiligabend, er verbreitete Fröhlichkeit und Zuversicht. »Der Spuk mit den Nazis wird nicht mehr lange dauern, das Ausland wird es nicht zulassen, und wir haben ja auch noch unser Militär.« Mit diesen Worten verscheuchte er alle Sorgen.

Der Gedanke an Ostpreußen, einem mir unbekannten Land, so weit von den Eltern, bedrückte mich. Es war mir, als ob ein Schatten über Georg Wilhelms und meiner Zukunft läge, aber ich zeigte es nicht.

Oft fuhren wir zur »grünen Woche« nach Berlin. Das
Leben zeigte sich von der angenehmsten Seite. Wir hörten nicht die schweren Stiefel und die lauten Schritten in
den Straßen.
Wir sahen keine schwarzen Uniformen, kein anmaßen-
des Säbelklirren, wir lebten für uns – für unsere Zukunft.

»Willst du nicht dein Schlafsofa mit Schlummerrolle
gegen einen schönen Pelz eintauschen?« fragte mich
Georg Wilhelm eines Tages lachend. »Was, du nennst
meinen schönen Nutriamantel ein Schlafsofa und den
herrlichen Pelzkragen eine Schlummerrolle!« erwiderte ich erbost. »Laß uns Frieden machen«, schlug
Georg Wilhelm vor und nahm mich in seine Arme.
»Morgen kaufen wir dir einen neuen Pelz.«
Wir bummelten den Kurfürstendamm entlang, hielten
vor einem eleganten Pelzgeschäft. »Sonderpreise«,
stand im Fenster groß geschrieben. Wir gingen hinein
und wunderten uns, einen federleichten Sealmantel,
nach neuester Mode geschnitten, diesmal ohne
»Schlummerrolle«, zu einem sehr günstigen Preis zu erstehen. Der Mantel saß wie angegossen. Ich zog ihn
gleich an, und fröhlich stiegen wir in das in der Nähe ge-
parkte Auto.
»Was ist denn das?« fragte ich erstaunt. Ein großes
Schild war am Auto befestigt mit der Aufschrift: »Besitzer kauft beim Juden.« Wir waren also beobachtet worden und fuhren bestürzt nach Nikolassee zurück.
Am nächsten Morgen hörten wir von der »Kristall-
nacht«, in der man Hunderte von Geschäften, die in
jüdischen Händen waren, demoliert und die Fensterscheiben eingeschlagen. hatte. Der Kurfürstendamm
war mit Scherben übersät. Auch in meinem Pelzgeschäft
war die Scheibe eingeschlagen worden. »Gott sei Dank

hat er gestern noch einige Pelze verkaufen können«,
dachte ich, in mir wollte keine rechte Freude über meinen Mantel aufkommen.

Einzug in Groß-Sporwitten

Im Frühling hielten wir Einzug in Groß-Sporwittten.
Wieder fuhren wir durch den Polnischen Korridor. Vorsichtshalber hatten wir diesmal die Fenster geschlossen. Wir sahen böse Gesichter und drohende Fäuste.
Wir bogen in die breite Allee ein. Diesmal blühten die
Kastanien in hellem Weiß und boten den kleinen Backsteinhäusern Schatten. Es war Mittag. Eine Glocke
schepperte. Die Männer kamen von der Arbeit zur Mittagspause. Aus den Schornsteinen der Häuser stieg zarter Rauch, das Essen war bereit, es roch nach Speck. Der
Flieder blühte, als wir in den Park bogen, und schon
waren wir vor der Haustüre.
»Jetzt bist du Herrin von Groß-Sporwitten. Sicher wirst
du eine perfekte Gutsfrau«, sagte Georg Wilhelm, als er
meinen Arm nahm und mich in die Halle führte. »Du
kannst das Haus einrichten, wie du willst, für die Außenwirtschaft bin ich verantwortlich.«
Ein Teil des Personals war mit uns gekommen. Der Diener Emil, der schon als Kind mit Georg Wilhelm gespielt hatte, die alte Beschließerin Marie, die seit vierzig
Jahren in der Familie war.
Vetter Wichard verließ Groß-Sporwitten zwei Tage später mit seiner Familie. Er war verschwunden, ohne ein
Wort zu sagen. Der Abschied wurde ihm schwer. Er
übernahm sein väterliches Gut.
Wir hatten alle Hände voll zu tun, Handwerker kamen,
alles sollte renoviert werden.

Mein erster Weg war in die Küche. Vorher hatte ich ein Riesenkochbuch studiert, in dem alle zu verwertenden Tiere abgebildet waren. Mit schwarzen Strichen waren die jeweiligen Stücke eingezeichnet. Lendenstück, Kotelett, Hals . . . Ich hatte einen guten Überblick. Die Mamsell, wie man in Pommern die Köchin nannte, hieß in Ostpreußen Wirtin. Es gab eine Wirtin und eine Jungwirtin, die ihr zur Seite stand. Diese zeigte mir eine riesige Holztonne in der naheliegenden Speisekammer, die mit einem Deckel verschlossen war. »Dies ist das eingesalzene Fleisch«, erklärte sie mir stolz und hob den Deckel ab. Zu meinem Entsetzen schwamm oben neben den großen Fleischstücken eine dicke Ratte. Ich war außer mir. Ich eilte zu Georg Wilhelm, und wir beschlossen, nur frische Hühner zu essen und Honig, der in großen Blechgefäßen in unserer privaten Speisekammer stand. Diese Speisekammer war nur durch eine Tapetentür vom Eßzimmer aus zu erreichen.

Wir mieden das Haus, ritten über die weiten Felder ins Freie und besuchten die Vorwerke. Die Felder waren sehr groß, und ich lernte, daß man sie »Schläge« nannte. Die ausgedehnten Koppeln für die Pferde waren die »Roßgärten«. »Die Äcker sind gut bestellt, wir werden eine reiche Ernte haben«, sagte Georg Wilhelm. Später ging es in den Wald. Man ritt einer sandigen Birkenallee entlang, dann empfing uns der Wald in seiner geheimnisvollen Schönheit. Die Pferdehufe sanken in das weiche Moos, kein Laut außer dem Gesang der Vögel. »Das ist ein Pirol«, erklärte mir Georg Wilhelm. Sein Lied war hell und klar. Die zarten grünen Blätter schimmerten in allen Farben und gaben Schutz vor der Sonne. Der Stolz des Gutsherrn aber waren die Fichten, so stark und breit, daß wir sie zu zweit nicht mit den Armen umspannen konnten. Die ersten Maiglöckchen bedeckten schon das Moos. Der starke Duft berauschte uns.

Mittags aßen wir in der Halle, gebratenes Huhn und frischen Salat. Kein Raum war bewohnbar, überall klopfte und hämmerte es. Wir wohnten in der »Kastanie«.

Nach zwei Monaten zogen wir in den Flügel zum Park, der so lange leer gestanden hatte, in den ersten Stock. Es waren wunderschöne große Zimmer, die in den jetzt gepflegten Park hinausgingen. Als Vetter Wichard uns damals diesen unbewohnten Teil öffnete, machte er geheimnisvolle Andeutungen über eine Tante, die früher dort gewohnt hatte und nun in einer Nervenheilanstalt war. Es schien dort auch zu spuken. Vor den Zimmern ging der Korridor zum Innenhof mit grünem Rasen. In der Mitte stand ein blühender wilder Rosenstock. Der schwarz-weiße Steinfußboden erinnerte mich an das Muster der Kleidung eines Harlekins. Auch Viktorias Fenster ging zum Park hinaus, und sie konnte herunter auf die Terrasse sehen, auf der nun weißlackierte Bänke standen.

Das Haus war fertig, und unser Glück war groß, als Viktoria kam. Ihr Zimmer war ganz im Biedermeierstil eingerichtet. Selbst das Puppenbett und die übrigen Puppenmöbel waren im gleichen Stil. Viktoria war selig. Sie schloß schnell Freundschaft mit der jüngsten Tochter unseres Kutschers. Diese war etwas älter als Viktoria und hieß Dorchen. »Ich denke, es ist richtig, wenn Viktoria die Dorfschule besucht, zusammen mit den Kindern unserer Leute«, meinte Georg Wilhelm. »Wir werden später weitersehen.« So fuhr morgens ein leichter Jagdwagen vor, und Viktoria begab sich, meist in Begleitung von Dorchen, in unsere Dorfschule nach Talskeim. Zurück kamen sie zu Fuß. Wir hatten nur einen Lehrer für die Schule, er unterrichtete alle Klassen. Die armen Kinder lernten aber herzlich wenig. Die Hauptinteressen des Lehrers galten nämlich der Imkerei und der Fischerei.

Langsam sah das Haus nun ganz anders aus. Man ging über eine weißlackierte Treppe mit dunkelrotem Läufer nach oben. Im Sommer wurde er mit einem weißen Leinenläufer belegt. Die »Kastanie« war für Gäste in zwei Zimmer geteilt, und das Turmzimmer wurde für Familienbesuch hergerichtet. Alles war hell und freundlich tapeziert oder gestrichen. Unser Schlafzimmer war sehr geräumig. Durch eine ebenfalls weißlackierte Flügeltür kam man ins Ankleidezimmer von Georg Wilhelm. Daran schloß sich das hochmoderne Bad an. Von da aus führte eine Tür in ein großes Boudoir für mich. Diese lag am Ende des Flures, und von dort konnte man über eine zweite, schmalere Treppe den unteren Teil des Flügels erreichen.

Der Wirtschaftsflügel auf der anderen Seite beherbergte das Zimmer für den Inspektor und seinen Assistenten. Es gab ein Eßzimmer für die Männer, die nicht verheiratet waren, und ein großes Zimmer, zur Front hinaus, für die Rendantin. Dazu die riesige Küche und das Büro sowie ein Zimmer als Reserve. Oben waren dann die anderen Räume für die jeweiligen Angestellten. Die Mädchen wohnten alle zusammen in einem riesigen Raum, so groß, daß er der »Roßgarten« genannt wurde.

Nun hatten wir endlich unser Eßzimmer wieder, das auch der Durchgang zu den unteren Zimmern im Parkflügel war. Verschwunden waren die dunklen Ledertapeten, alles war hell und freundlich. Die Holzverkleidung war frisch gebeizt, wie auch die Deckenbalken, deren Zwischenräume eine weiße Decke sehen ließen. Das Parkett erstand in neuem Glanze. Die riesigen Kachelöfen waren überall herausgerissen. Statt dessen wurden Heizkörper unter den Fenstern eingelassen. Zwei schöne alte Schränke, eine Anrichte mit Delfter Kacheln belegt, ein schwerer Eßtisch in der Mitte, rund herum lederbezogene Stühle. Hier nahmen wir unsere Mahlzeiten ein.

Der Saal war genauso geworden, wie ich ihn mir vorgestellt hatte. Alles in Weiß, Rosa und Gold. Der Flügel stand noch in einer Ecke, und der andere behielt seinen Platz nebenan im Musikzimmer.

Manchmal spielten Georg Wilhelm und ich vierhändig, jeder an einem anderen Instrument. So hatten wir uns sehr gut auf den Flohwalzer eingespielt. Meine Kenntnisse beschränkten sich nach vier Jahren Klavierstunden auf ein erbärmliches Resultat.

Das Wohnzimmer lag im Schatten der Kastanienbäume, die vor der Haustüre standen. Es war Juni, als der Gärtner die ersten reifen Erdbeeren brachte. Der Sommer begann heiß und trocken. Es gab nicht die feuchte Schwüle, die so müde machte, es war eine klare, durchsichtige Luft, alles war hell und weit. Wenn wir abends auf der Terrasse saßen, spannte sich über uns der Himmel wie dunkler Samt. Er schien mir hier viel näher als bei uns zu Hause, die Sterne funkelten wie dunkles Gold, und man glaubte, sie greifen zu können. Man hörte das Zirpen der Grillen und das Quaken der Frösche im Teich. Über uns rauschten plötzlich weite, dunkle Schwingen, die in der Rotbuche verschwanden. Dann ein lautes, klagendes Rufen, dessen Echo im nächtlichen Park verhallte. »Es war ein Käuzchen«, sagte Georg Wilhelm, »es sehnt sich nach Liebe.« Mir schien es ein warnender Ruf, ich lehnte mich an Georg Wilhelms Schulter und wollte an die Liebe glauben, von der Georg Wilhelm gesprochen hatte. Wieder kam das klägliche Rufen. Es störte mich, und ich schloß das Fenster, als wir nach oben gingen.

»Ein Käuzchen bringt Unglück«, hatte mir Ursula einmal als Kind gesagt – ich wollte mich nicht mehr daran erinnern, ich hatte das Fenster wieder geöffnet und atmete tief die würzige Luft. Der Himmel war mit Sternen übersät, und ein Gefühl von Glück und Dankbarkeit erfüllte mich.

Die Sonne stand noch nicht am Himmel, die Fenster waren weit geöffnet, der Morgen graute. Ich erwachte durch einen von weither kommenden Gesang von Männerstimmen:

>»Wir haben das Korn geschnitten
>mit unserem scharfen Schwert.«

In der Ferne verklang der Gesang. »Was ist das?« fragte ich Georg Wilhelm. »Sie haben den Raps gemäht«, erklärte er mir, »man muß ihn schneiden, solange der Tau noch auf der Frucht liegt, bevor die Sonne aufgeht.« Ich sehe vor mir das goldene, weite Rapsfeld – nun liegt die Ernte am Boden.

»Morgen werden wir auf die Jagd gehen, der Rehbock ist auf«, beschloß Georg Wilhelm. Wir ließen uns am nächsten späten Tag an den Waldrand fahren und setzten uns an eine geschützte Stelle. Vor uns lag ein frisch gemähtes Kleefeld. Stille herrschte, eine Ricke trat heraus. Sie hob den Kopf und lauschte, dann äste sie friedlich. Nun kam der Bock. Er sprang auf die Ricke, um ihr seine Liebe zu beweisen. In Windeseile – dann trennten sie sich. Die Szene war höchst unromantisch, nicht einmal den Kopf wandten die Tiere sich noch einmal zu.

Ich bat Georg Wilhelm, keinen Bock zu schießen, und wir verschoben die Jagd auf den nächsten Tag.

Der Sommer zeigte sich von seiner schönsten Seite. Als die Ernte eingefahren wurde, zählte jede Stunde. Der Weizen war gemäht, und die schweren Halme standen in gleichmäßigen Hocken zum Aufladen bereit.

Es war sehr heiß, als der Weizen eingefahren wurde. Die schweren Halbblüter zogen die hochbeladenen Leiterwagen und man sah, welche Kraft es sie kostete. Die Wagen waren mit vier Pferden bespannt, die mühevolle Arbeit wurde nach alter Sitte vierspännig verrichtet. Georg Wilhelm hatte zwei Kaltbluthengste gekauft, auf die er sehr stolz war. Es waren Falben, so große und schwere Pferde hatte ich selbst bei den Bierbrauerpferden nicht gesehen. Sie zogen die schwerbeladenen Wagen mit Leichtigkeit.

Das Haus bot Kühle, draußen aber herrschte sengende Hitze. Es war drei Uhr nachmittags, als der Kämmerer des Vorwerkes Meludwiesen aufgeregt angerannt kam. Einer der Hengste, der hellere Falbe, hatte einen Hitzschlag erlitten und lag nun, mit dem Tode kämpfend, auf dem Felde. Wir ritten sofort hinüber. Das arme Tier lag keuchend und nach Atem ringend neben dem Leiterwagen. Man begoß es mit Wasser, aber es war nicht mehr zu retten und verendete.

Der Todeskampf des Tieres ließ keine Fröhlichkeit mehr aufkommen nach dem so glücklich begonnenen Sommertag, und der Gedanke daran ließ mich lange nicht mehr los.

Die Ernte war eingebracht, reich und üppig. »Im nächsten Jahr werden wir zwei Traktoren kaufen«, beschloß Georg Wilhelm. Die alte Arbeitsweise mit den Vierspännern war zu altmodisch und unrentabel. Wir hatten über hundert Pferde, die zur Arbeit eingeteilt wurden, aber nur wenig Remonten. Dies sollte nun anders werden.

Die »Lichtgebung«

Wir warteten noch immer auf die Elektrizität. Die Leitungen hatte man gelegt, aber es war ein großer Betrieb. Auch unsere Leute sollten an der Erneuerung teilhaben.

In ihren Häusern wurden die alten Kochherde heraus-gerissen und elektrische Herde installiert. Sie sollten ihr Deputat nun in Strom bekommen. Sie waren unglück-lich über diesen Wechsel. Wir trösteten sie, indem wir ihnen versicherten, daß sie ihr Brot weiter in dem großen allgemeinen Backofen backen könnten. Dies war wie im Märchen von Hänsel und Gretel ein riesiger Ofen, der mit Holz geheizt wurde und in den viele Brote hineingeschoben werden konnten. Einmal in der Woche war er für uns reserviert. Wir hatten herrliches Roggenbrot. Der Backofen lag in der Nähe des Eis-kellers, in dem im Winter große Eisblöcke eingelagert wurden. Sie kamen aus den verschiedenen Teichen. Es war eine mühselige Arbeit, sie in lange Stücke zu hauen und abzutransportieren. In den Karpfenteichen mußte darauf geachtet werden, daß immer ein offenes Loch blieb, damit die Fische atmen konnten. Am Ende des Parkes lag ein Teich mit einem alten Kahn. In einem großen Holzkasten, mit dichtem Maschendraht be-deckt, wurden die frischgefangenen Karpfen in unsere Küche gebracht.

Aber noch war es Sommer! Ich war entzückt von soviel Seerosen, die auf dem Teich blühten. Die einen leuchte-ten in zartem Rosa, andere waren schneeweiß. Ich pflückte mit Mühe einen großen Strauß und stellte die Blumen in die Halle. Der rosa Strauß schmückte den Saal.

Ein Mädchen kam bleich zu mir hereingestürzt. »Es stehen Seerosen in der Halle, das bedeutet Unglück. Wer mag sie hingestellt haben?« – »Das wußte ich nicht«, erwiderte ich betroffen.

Ich ging in den Saal. Die rosa Seerosen schimmerten in mattem Glanz. Eine nach der anderen nahm ich aus der großen Schale vor dem Kamin. Ich ging in den Park zum Teich und ließ sie langsam hineingleiten.

Viktoria hatte auch ein Pferd. Eine kleine braune Stute. Sie hieß Ira. Viktoria hatte Reitstunden an der Longe beim Kutscher Versig bekommen und saß schnell und sicher im Sattel. Oft ritten wir zu dritt aus. Ich hatte eine Rappstute, »Elster«, die mir ein treuer Kamerad wurde. Sonntags wurde zum Frühstück immer ein Hefezopf gebacken. Nachdem wir gegessen hatten, gingen wir zur Wippe. Viktoria hatte sich mit Dorchen zusammen eine kleine Wohnung im Gartenpavillon eingerichtet mit all ihren Puppen. Diese ließ sie von ihrem kleinen Rauhhaardackel bewachen. Wenn ich meine Tochter dort nicht fand, war sie bei ihrem Meerschweinchen im Pferdestall.

Am Ende des Parkes gab es eine Tür. Von hier aus kam man auf einem sandigen Weg, auf dem man im Winter im Schlamm versank, zum Friedhof. Einzelne Birken standen am Rande, weite Koppeln, rechts und links, die »Roßgärten«. Hier genossen die Pferde ihre Sonntagsruhe. Sie galoppierten lustig in der Freiheit. Unser Sonntagsspaziergang führte uns immer diesen Weg entlang, zum Friedhof der Familie, wo seit Generationen die Vorfahren lagen. Tanten, die nie verheiratet waren, neben den jeweiligen Besitzern des Gutes, an deren Seite ihre Frauen ruhten. Ein Kindergrab – es war der einzige Sohn des letzten Besitzers. Nach sechs Schwestern kam endlich der Erbe zur Welt. Dieser aber lebte nur einen Tag.

Der sonntägliche Spaziergang zum Friedhof war uns eine liebe Gewohnheit geworden. »Auch wir werden einmal hier bleiben«, sagte ich zu Georg Wilhelm. »Aber erst müssen wir einen Sohn haben«, fügte ich zaghaft hinzu.

Am 31. August war das Fest der »Lichtgebung«, wie ich es nannte. Bis dahin hatte Emil jeden Nachmittag vierzehn Petroleumlampen geputzt und gefüllt. Das Messing glänzte, und der Docht wurde so weit heruntergedreht, bis er nicht mehr blakte. Das sollte nun alles aufhören. Wir konnten in Ruhe auf den Winter warten.

Es wurde ein Festtag. Das ganze Haus war erleuchtet, die elektrische Wasserpumpe ersparte den Benzinmotor. Ein Eisschrank funktionierte, in der Küche wurde der Herd eingeschaltet. In der Schreinerei beim alten Krauskopf kreischte die elektrische Säge, in der Schmiede wurde der Blasebalg elektrisch angetrieben, das ganze Gut war mit elektrischem Strom ausgestattet. Alle waren in Hochstimmung. Der Abend ging spät zu Ende, weil man die elektrische Beleuchtung noch lange genießen wollte.

Nur auf der Terrasse brannten wie immer die Windlichter. Der Himmel war voller Sterne, und durch das weite All flogen Sternschnuppen. Sie flogen wie goldene Vögel über den nahen Himmel in weiten Bögen. Kein Geräusch unterbrach die Stille. Die Natur war schlafengegangen. Ich wunderte mich über die vielen Sternschnuppen, die in meiner Heimat so selten waren. So selten, daß die Sitte bestand, im selben Moment, wie man sie erblickte, einen Wunsch äußern zu dürfen. Dieser Wunsch würde sich erfüllen, hieß es im Volksmund. Ich wünschte mir im stillen einen Sohn. Es regnete förmlich Sternschnuppen, große und kleine, nein, so vieler Söhne würden wir gar nicht Herr werden.

Wir gingen glücklich nach oben, und alle Lichter wurden gelöscht.

Am nächsten Morgen überraschte uns eine entsetzliche Nachricht: Der Krieg war ausgebrochen, die Deutschen griffen Polen an. Wir waren wie gelähmt, wir konnten es gar nicht fassen.

Am späten Nachmittag saßen wir auf der Terrasse, die

Sonne senkte sich hinter den großen Linden des Parkes. Ein dumpfes Geräusch ließ uns gen Himmel blicken. Ein Verband von schweren Flugzeugen flog über uns hinweg und verlor sich in der Ferne. »Ich habe sie gezählt, es sind zwölf«, rief ich. Nach einer Stunde kamen sie zurück – ich zählte die gleiche Zahl. »Gott sei Dank, sie sind alle zurückgekommen«, sagte ich erleichtert. »Aber wo haben sie ihre Bomben abgeworfen«, überlegte ich voller Sorge. »In Polen«, sagte Georg Wilhelm trocken. In den folgenden Tagen, immer zur gleichen Zeit, flogen die Bomber über uns hinweg. »Es wird nicht lange dauern«, meinte Georg Wilhelm mit ernstem Ausdruck. »Hitler wird es nicht wagen, weitere Angriffe zu unternehmen.«

Düstere Tage

Wir waren nun mitten im Krieg. Mit einem Male hatte sich das Leben völlig verändert.

Unser Diener Emil wurde als erster eingezogen. Mit bleicher Miene zeigte er uns seinen Einberufungsbefehl. Dann kamen der Gärtner und sein Gehilfe an die Reihe. Wir hofften immer noch, daß der Krieg bald zu Ende ginge und uns weitere Einberufungen erspart bleiben würden.

Meine Schwester Sophie rief aus Königsberg an. Sie war mit einem Schiff bis Pillau gekommen, sie wollte uns erreichen, bevor wir vielleicht abgeschnitten seien. Wir mußten ja täglich mit Georg Wilhelms Einberufung rechnen.

Sophie kam völlig erschöpft in Bartenstein an, wo wir sie abholten. Sie hatte in Swinemünde das Schiff bestiegen.

Dieses war beschossen und zur Umkehr gezwungen worden. So traf sie wieder in Swinemünde ein. Sie fand Zuflucht bei meiner Schwiegermutter in Neuhof bei Bad Heringsdorf. Die zweite Reise gelang dann, wieder per Schiff. Wir waren froh über Sophies Besuch und gerührt über ihre Treue.

Nun zählten wir gemeinsam das Hin und Her der Bomber, die über unsere Terrasse flogen.

Eines Morgens lasen wir auf der Titelseite unserer ostpreußischen Zeitung: »Husarenstück eines jungen Fliegeroffiziers«. Dieser hatte in einem Jagdflugzeug einen Angriff auf Polen geflogen. Er sah, wie die Maschine eines Kameraden abgeschossen wurde. Unter Einsatz seines Lebens landete er neben der abgeschossenen Maschine und barg den verwundeten Kameraden in der seinigen. Beide kehrten heil an ihren Einsatzort zurück. Ich ahnte nicht, daß dieser junge Offizier einmal der Mann meiner Schwester Sophie werden sollte.

Den geschichtlichen Ablauf des Krieges mit all seinen Schrecken kennt man aus vielen Büchern. Ich berichte nur, wie wir ihn in Ostpreußen erlebten.

Wir hatten im Sommer 1939 nicht mehr, wie bisher üblich, polnische Schnitter für die Ernte bekommen. Dafür kamen dreißig junge Leute aus allen Berufen als »Arbeitsdiensteinsatz« zu uns. Sie hatten einen Gruppenführer. Er war wohlerzogen und von soldatischer Disziplin. Die jungen Leute hatten natürlich keine Ahnung von Landarbeit und waren uns eher eine Belastung, denn sie mußten auch alle verpflegt werden. Für diese Jungen aus der Stadt war die Erntehilfe eine lustige Abwechslung. Einer von ihnen war Konditor. Ich stellte ihn als Koch ein, und er brachte mir bei, wie ich eine Baumkuchentorte mit vielen Schichten backen konnte. Ich brachte es auf dreizehn. Georg Wilhelm hatte Geburtstag, und es war Sitte, daß die Ehefrau selbst die Geburtstagstorte, eine Baumkuchentorte, fabrizierte. Als ich ihn am 6. September mit der traditionsgemäßen Torte überraschte, war die Freude groß. Die Abende wurden kürzer und schon recht kühl. Der Arbeitsdienst war abgezogen. Alle hatte diese »Sommerfrische« sehr genossen. »Wir müssen uns noch auf vieles gefaßt machen«, meinte der Arbeitsdienstführer beim Abschied.

Der Polenfeldzug war beendet, Sophie reiste zurück. Es kamen beunruhigende Nachrichten von zu Hause. Unserem Vater ging es gesundheitlich nicht gut.

Viktoria hatte nun eine Privatlehrerin bekommen. Sie war sehr jung und weinte sich die Augen aus, als der Inspektor einberufen wurde. Georg Wilhelm wurde nun zurückgestellt. Wir waren ein kriegswichtiger Betrieb. Wir lieferten nicht nur Getreide und Holz ab, sondern auch Wolle, Hanf und Raps. Die alten Leute holten die Webstühle wieder vom Boden, und auch die Spinnräder wurden wieder benutzt. Stoffe wurden aus feinster Schafwolle gewebt. Sonst war alles ruhig. Die Bomber kamen nicht mehr. Es schien wieder tiefer Friede zu herrschen.

Morgens wurde die Milch in die Molkerei gefahren, und man bekam eine bestimmte Menge Butter zurück. Gemüse wurde im nächsten Marktflecken verkauft. Es gab jetzt Lebensmittelkarten, aber wir litten keine Not.

Mir war sehr elend. Ich erwartete ein Kind. Mein Sternschnuppenwunsch sollte sich erfüllen.

Das Telefon funktionierte wie immer, die Züge fuhren pünktlich, wir spürten nichts vom Krieg.

Ein Anruf meines geliebten Bruders kam aus Berlin. Er hatte im Frühjahr geheiratet. Seine Frau war neunzehn.

Meine Hochzeit mit
Georg Wilhelm

»Schlafsofa mit
Schlummerrolle«

Gut Sporwitten – Eingang (oben) und Parkseite

Der Saal

Das Eßzimmer

Der Hof

Die Ernte wird vierspännig eingebracht

Das junge Paar war nach Berlin gezogen. Sie wohnten in unserer Wohnung in Nikolassee.

Als Enno anrief, war er sehr nervös. »Bitte Georg Wilhelm, stelle mich gleich als Gutsverwalter ein«, sagte er aufgeregt, »ich habe mich bereits in Berlin abgemeldet. Hier werden alle eingezogen, in Ostpreußen ist es ruhiger.«

Am nächsten Tag erschien er mit seiner reizenden jungen Frau. Wir meldeten ihn bei unserem Bürgermeister, der kaum richtig schreiben konnte, als landwirtschaftlichen Verwalter an. Ich war glücklich über diese Einquartierung, die für uns eine Bereicherung war.

Enno, der vom Landleben keine Ahnung hatte, war begeistert. Am Abend saß er am Flügel und spielte die Lieder, die er liebte, nach Gehör, oder er improvisierte kleine Stücke. Er fuhr mit Georg Wilhelm über die Felder, in den Wald, besichtigte die Ställe. Seine Frau blieb bei mir. Ich fühlte mich erbärmlich, aber sie schleppte mich an die frische Luft und bestand auf Spaziergängen.

Im November kam die Einberufung meines Bruders. Er hatte nie die Neigung gehabt, Offizier zu werden, genauso wenig wie Georg Wilhelm. So mußte er als Soldat in Insterburg einrücken.

Von zu Hause kamen besorgte Nachrichten. Nur die Freude auf unser Kind und Viktoria erhellten die düsteren Tage.

Unser erstes Weihnachtsfest in Groß-Sporwitten wurde überschattet vom Tode unseres geliebten Vaters. Mein Bruder bekam Urlaub. Wir fuhren mit ihm in unsere Heimatstadt. Theda, meine Schwägerin, blieb auf mein Bitten in Sporwitten. »Wir können Viktoria jetzt nicht allein lassen«, bat ich sie inständig. Die Hauslehrerin war im Weihnachtsurlaub, und nur die alte Marie war noch zu Hause.

Es wurde eine lange Fahrt – mein erster ostpreußischer Winter. Die Felder tiefverschneit, die Straßen glitzernd von Schnee und Eis. Es war zwar bitterkalt, aber da die Kälte trocken war, spürte man sie nicht. Man wurde warm verpackt in einem Innen- und Außenpelz mit langem Pelzfußsack. Der große Schlitten, den man zu festlichen Anlässen nahm, wurde hervorgeholt. Er war aus Mahagoniholz, mit einer mit blauem Samt gefütterten Pelzdecke. Der Kutscher saß hinter uns auf seinem Sitz wie bei einer Troika. Er trug einen pelzgefütterten dunkelblauen Tuchmantel und eine hohe schwarze Pelzmütze. Auch seine Füße steckten in einem Fußsack, trotz seiner Pelzstiefel. Die Glocken klangen schon von ferne am Geschirr der zwei Braunen, als sie mit dampfenden Nüstern vorfuhren.

Der Schlitten glitt schnell dahin über die glatte Straße. Die Pferde hatten Stollen unter ihren Hufeisen, so glitten sie nicht aus. Unsere nächstgelegene Haltestelle hieß Georgenau. Hier stiegen wir in den sogenannten »Lahmen August«, so wurde dieses Züglein mit dampfender Lokomotive wegen seiner Langsamkeit genannt. Wir fuhren gemütlich durch die verschneite Landschaft und erreichten nach einer Stunde Königsberg, wo wir Enno trafen. Zu dritt begann nun unsere traurige Reise.

Nun war die Familie wieder einmal vereint, aber aus welch niederdrückendem Anlaß!

Unser kleiner Badeort wirkte trostlos und verlassen. Die Luft war feucht und kalt, und die Schneeflocken, die leicht zur Erde fielen, schmolzen sofort. Keine weißverschneiten Felder, keine schneebedeckten Wälder. Ich fühlte, meine Heimat war jetzt in Ostpreußen, in Sporwitten bei Georg Wilhelm.

Die unbeschwerten, frohen Jugendjahre lagen nun weit zurück, das Elternhaus war ohne unseren Vater zerbrochen. Ich sehnte mich zurück nach Ostpreußen. Meine arme Mutter versprach, bald nachzukommen. Sie sollte den Winter bei uns verleben.

Die Rückreise war beschwerlich, wir machten eine Pause in Nikolassee. Abends lag Berlin in völliger Dunkelheit. Schwarze Papierjalousien waren überall heruntergelassen, damit kein Lichtstrahl nach außen drang. Man fürchtete Fliegerangriffe. Mir ging es gar nicht gut in diesen Monaten.

Unser Mieter von oben war recht anmaßend geworden. Die Tressen an seiner schwarzen Uniform hatten sich geändert, er war befördert worden. Seine Bescheidenheit und Höflichkeit waren einer herausfordernden Arroganz gewichen. Er arbeitete jetzt in einem Ministerium.

Wir kamen müde und abgespannt zurück. In Königsberg stiegen wir wieder in den »lahmen August«. Es war schon spät am Nachmittag, und über den verschneiten Feldern lag ein blau-violetter Glanz, hervorgezaubert durch die letzten Strahlen der untergehenden Sonne. Die Fenster waren mit Eisblumen bedeckt. Wir machten in das vereiste Glas ein Loch, um ins Freie zu blicken. Ab und zu sah man einen Pferdeschlitten mit Holz beladen. Die Menschen hatten bereits Feierabend. Versig stand am Bahnhof, als wir ausstiegen, die Pferde waren mit Decken gegen die Kälte geschützt. Wir atmeten die klare Luft. »Zu Hause!« sagte Georg Wilhelm.

Der Schlitten sauste mit großer Schnelligkeit dahin. Die Metallkufen knirschten auf den gefrorenen Wegen. Die Braunen spürten die Nähe ihres Stalles. Sie wollten nach Hause an ihre Krippe, und ich konnte es kaum erwarten, meine Viktoria in die Arme zu schließen. Vor dem Hause waren die Lichter bereits angezündet. Das Rondell lag unter einer dichten Schneedecke, und die Bänke vor dem Hause zierten hohe weiße Kissen. Vik-

toria sprang uns strahlend entgegen, Marie war sehr be-
tulich, und Theda sah blaß und übernächtigt aus. »Gott
sei Dank, daß ihr zurück seid«, sagte sie. Wir kamen
ohne ihren Mann, Enno mußte direkt zu seiner Truppe
nach Insterburg. »Es war furchtbar ohne euch«, berichtete Theda. Sie hatte während der Nacht kein Auge zu-
getan. Sie wohnte ganz allein in dem großen Westflügel,
Viktoria war in der Nähe durch vier Zimmer von ihr getrennt. Marie hatte ihr am Abend von dem Spuk im
Tudorschloß in Pommern erzählt. Nachts zuvor war ein
Schneesturm aufgekommen, es knackte und rauschte in
allen Gebälken. Sie glaubte, die Geister hätten sich auf-
gemacht, um sie zu erschrecken, und sie hörte in ihrer
Vorstellung Pferdegeklapper und einen vorfahrenden
Wagen. Sie fühlte sich verloren. Nun waren wir da, und
alles schien gut. Wir beruhigten sie mit Bärenfang und
Kosakenkaffee, und der Abend tat uns allen gut.
Wir brauchten nicht zu verdunkeln, Polen war keine
Gefahr mehr. Man hatte dieses unglückliche Land über-
rannt und besetzt. Was sich wirklich dort abspielte,
ahnten wir nicht. Die kommunistische Gefahr schien
gebannt.
Wir waren von wohliger Wärme umgeben, und es mangelte uns an nichts. Nur Theda war sehr still geworden,
ihr Mann fehlte ihr. Sie wußte, daß er bei eisiger Kälte in
einem Barackenlager auf seinen Einsatz wartete.

Thedas Reise zu den Soldaten

Enno kam zum Wochenende. Er hatte die kulturelle Be-
treuung seiner Truppe übernommen, ein Theaterstück
geschrieben, das aufgeführt werden sollte. Sein Oberst

brachte ihm viel Verständnis entgegen und war sofort bereit, ihm drei Tage Urlaub zu geben. Man benötigte Kostüme, und die gab es eben nur in Sporwitten.

In grauer Uniform aus grobem Stoff, mit schweren Stiefeln – den sogenannten Knobelbechern – stand Enno vor uns. Sein erster Weg war ins Bad. Die Knobelbecher wurden schon in der Halle ausgezogen, Marie räumte sie fort.

Kurz darauf erschien Enno. Er hatte sich umgezogen, und so war er uns wieder vertraut. Er setzte sich sofort an den Flügel und spielte seine Kompositionen – mit weichem Anschlag beherrschte er die Tasten. Ich stand neben ihm. Er unterbrach sein Spiel. »Das schlimmste ist die Primitivität der Masse – sie hat überhaupt keinen Sinn für Kultur«, sagte er mit einem so unglücklichen Ausdruck, daß es mir ins Herz schnitt.

Theda kam herein. Sie hatte ihr hellblondes Haar bis auf die Schultern herabfallen lassen und mit zwei Spangen über den Ohren zurückgenommen. So, wie Enno es gern hatte. Ihre blauen Augen strahlten. »Wie schön, daß du da bist«, sagte sie und strich ihrem Mann über die dunklen Haare. Es wurden Pläne gemacht, Enno schlug vor, sie solle nach Insterburg kommen. Er habe mit seinem Oberst gesprochen und die Erlaubnis bekommen. Er würde ein Zimmer mieten. Theda war begeistert.

Bei klirrender Kälte reiste sie nach Insterburg. Der Gefreite Enno Ork empfing sie glücklich. Etwas außerhalb von dort, wo die Truppe lag, hatte man in einem Bauernhaus ein kleines Zimmer gefunden. So primitiv hatte man es sich nicht erträumt. Riesige Federkissen türmten sich auf den Betten, schwer und feucht. Ein Kanonenofen brannte, aber er spendete nicht genug Wärme, um die dick zugefrorenen Fenster aufzutauen. Auch im Zimmer waren sie mit Eis bedeckt. Aber man war zufrieden, beieinander zu sein. Ostpreußen war ruhig geworden, die Schrecken des Krieges weit entfernt. Morgens mußte das Eis in der Blechwaschschüssel über dem gerade erst angezündeten Ofen aufgetaut werden. Zu Mittag wurde an der Gulaschkanone Essen verteilt. Enno bekam die Erlaubnis, daß auch seine Frau dort mitessen durfte. Sie bekam ein Blechgeschirr und reichte es dem Koch. Sie sah aus wie ein Schulmädchen, mit dicker Wollmütze und fest eingewickelt in einen Wollschal. Die Kameraden glaubten nicht, daß es Ennos Frau war. »Wir schlagen dich windelweich«, riefen sie meinem Bruder zu, »wenn wir rauskriegen, es ist nicht deine Frau!« Es kam nicht dazu. Das Glück in Insterburg dauerte wenige Tage, dann wurde Enno versetzt. Noch einmal verlebten wir ein Wochenende zusammen in Sporwitten, und das war Grund genug, zu feiern. Als Enno mit unbekanntem Ziel aufbrach, fuhr auch Theda zurück nach Nikolassee.

Unsere Mutter war noch immer bei uns. Sie wollte nur einige Wochen bleiben, aber nun waren schon Monate vergangen. Gott sei Dank erhielt sie uns das Elternhaus. Jetzt aber versprach sie, bei uns zu bleiben, bis unser Kind geboren würde. Niemand wußte ja, wie lange Georg Wilhelm noch zu Hause bleiben konnte. Unser Inspektor war gefallen – die ganze Verantwortung des großen Betriebes ruhte nun auf Georg Wilhelms Schultern.
Ribbentrop und Molotow hatten sich im Sommer in Polen getroffen, und ein Nichtangriffspakt wurde geschlossen. Wir waren erleichtert, da keine Gefahr vom Osten drohte. Trotz Lebensmittelkarten und Bezugsscheine hatten wir reichlich zu essen, und wenn wir auch die Auflage bekamen, eine bestimmte Anzahl Wild abzuliefern, so blieb doch genug übrig für uns alle.

Der Geist der »verstorbenen gnädigen Frau«

Wir hatten die Gewohnheit, uns weder draußen noch im Hause mit »Heil Hitler« zu begrüßen. Georg Wilhelm zog seinen Hut vor seinen Arbeitern, und man hörte ein »Guten Morgen«. Das gleiche galt im Haus. Schon dadurch wurden wir als reaktionär betrachtet. Die Leute arbeiteten schon seit Generationen für das Gut, es war ein patriarchalisches Verhältnis, und man wußte, daß »die Herrschaft« auch für ihre Arbeiter einstand. Es war alles ganz anders als im Westen. Man bewahrte die Tradition. Marie, fand ich, übertrieb schon etwas.

Der Geist der »verstorbenen gnädigen Frau« stand immer hinter mir, und ich habe indirekt viel von ihr gelernt. Es gab die »verstorbene gnädige Frau« (Georg Wilhelms Mutter), es gab »unsere gnädige Frau«, meine Mutter war die »alte gnädige Frau« und meine Schwägerin Theda die »junge gnädige Frau«. Da gab es nichts zu lachen, man hielt an den alten Gewohnheiten fest. Ich war also »unsere gnädige Frau« und nahm manche Dinge zu leicht, wie ich Marie anmerkte.

Einmal kam sie mit besorgter Miene zu mir. »Die verstorbene gnädige Frau« hätte nicht geduldet, daß ein Mädchen nun schon den zweiten Tag mit einem Loch in der weißen Schürze erscheint. Sie brauchte nur hinzusehen. »Marie«, antwortete ich, »begreifen Sie denn nicht, die Zeiten haben sich geändert. Ich könnte stundenlang auf das winzige Loch starren, Anna würde es gar nicht merken.« »Vielleicht sagen gnä' Frau es ihr dann«, war Maries respektvolle Antwort. Das Problem löste sich von alleine, das Mädchen wechselte die Schürze.

Wenn Georg Wilhelm vom Schweinestall kam, rümpfte ich die Nase. Dorthin begleitete ich ihn nicht. Der

»Schweinemeister« trug die Verantwortung für die Mast, auch für den berühmten Eber, der so gut »rollte«. Ein gut »rollender« Eber trug dazu bei, daß die Sauen pünktlich ihre Ferkel warfen. Eines Tages kam der Schweinemeister aufgeregt angerannt. Er hatte schriftlich die Erlaubnis bekommen, eine Pistole zu benutzen, die man ihm in die Hand gedrückt hatte. Nun sollte ihm Georg Wilhelm zeigen, wie sie funktionierte. Er war damals als einziger Parteimitglied. »Kuhnke, legen Sie die Pistole lieber weg«, riet ich ihm, »sie bringt nur Unglück.« Zufrieden zog er mit seiner Pistole ab.

Der Frühling 1940 kam ganz plötzlich. Die vom Schnee aufgeweichten Wege, auf denen man noch vor kurzem im Schlamm versank, waren schnell getrocknet.
Die »alte gnädige Frau« war immer sehr beliebt im Hause. Sie zeigte den Schmerz über den Verlust unseres Vaters nicht. Sie war immer liebenswürdig und wußte kleine Sorgen zu glätten.
Es war der 10. Mai, als die große Offensive der Deutschen im Westen begann. Belgien und Holland ergaben sich in wenigen Tagen, und bereits am 5. Juni standen die Deutschen in Frankreich. Unser Bruder Enno mußte an dem Feldzug teilnehmen – als Sanitäter. In dieser Zeit schrieb er viel über die menschlichen Beziehungen, den Alltag im Feindesland, wo Kameradschaft keine feindlichen Gefühle aufkommen ließ.
Nachdem er gesund aus dem Frankreich-Feldzug zurückgekehrt war, lebte er wieder bei seiner Frau in Nikolassee. Auch wir genossen jeden Tag von neuem, Georg Wilhelm war bei mir auf Sporwitten, wir freuten uns auf das Kind. Auch Viktoria war voller Erwartung. Es war Pfingsten. Im Wald blühten überall die Maiglöckchen. Dicke Sträuße standen im Haus. Ihr starker Duft mischte sich mit dem Geruch von frischem Streu-

selkuchen. Vor der Haustür wurden hohe Birkenzweige aufgestellt.

»In vier Wochen können wir die Gerste mähen«, sagte Georg Wilhelm. Wir hatten nun wieder polnische Arbeiter bei uns, aber es waren Gefangene und »Umsiedler«, wie sie genannt wurden. Ein polnischer Schmied stand in der Schmiede, der alte Schmied war in den Ruhestand getreten. Die Polen hatten ihre eigene Köchin und lebten ziemlich frei. Moderne Geräte wurden angeschafft, die neuen Traktoren wurden in diesem Jahr zum ersten Mal eingesetzt. Die Remonten waren gut verkauft, und eine ertragreiche Ernte schien sicher. Morgens früh, wenn die Glocke zur Arbeit rief, war Viktoria immer als erste auf dem Hof. Sie beobachtete, wie der Kämmerer die Arbeit einteilte, ob ein Pferd lahmte, sie wußte bestens Bescheid und berichtete alles beim Frühstück. Oft war Georg Wilhelm noch nicht so früh draußen, da er mit dem Kämmerer am Abend vorher alles besprochen hatte. »Viktoria wird einmal mein bester Verwalter«, sagte Georg Wilhelm bei Tisch. Er liebte das Kind wie seine eigene Tochter. Sie hing mit großer Zärtlichkeit an ihm.

Die Tage wurden heißer und für mich immer mühsamer. Die Nachrichten beunruhigten uns. Die Engländer flogen Angriffe gegen Deutschland, und auch unsere Flieger wurden gegen England eingesetzt. Der Frieden in Ostpreußen täuschte.

Kindtaufe

Die Gerste war eingefahren, als ich mit unserer Mutter nach Königsberg reiste. Eines unserer Autos war für das Militär requiriert, von dem zweiten mußten wir die

Reifen abliefern. So blieb uns nur der »Lahme August«. Alles war ein wenig beschwerlich, aber Georg Wilhelm lieferte uns in einer freundlichen Pension ab. Hier wollte ich auf mein Kind warten.

Die Hitze wurde unerträglich. Ich sehnte mich heim, heim aufs Land zu Georg Wilhelm. Abends war Königsberg ganz verdunkelt, die Straßen leer, man hörte die Schritte der Wachen und Kontrollen. Aber alles lief in perfekter Ordnung. Befehle wurden strengstens eingehalten, die Lokale früh geschlossen. Die Partei regierte. Manchmal hörte man Flugzeuge, es waren Aufklärer. Die Oper begann früher, ebenso die Theater. Sie spielten mit der gleichen Pünktlichkeit, nur eine Stunde eher.

Sechs Tage warteten wir nun schon. Eines Abends gingen wir ins Kino. Es gab einen aufregenden Krimi. Ich wachte nachts um zwei Uhr mit heftigen Schmerzen auf, es war Zeit für die Klinik. Nirgends war ein Taxi zu bekommen, nach einem Fliegeralarm, der nur kurz gedauert hatte, waren die Straßen menschenleer. »Wir müssen zu Fuß gehen, komm schnell«, sagte die Mutter, und wir zogen uns eiligst an. So liefen wir über einen großen Platz. Kein Mensch weit und breit, alles leer und dunkel. Unter unerträglichen Wehen erreichte ich die Klinik. Dann brach ich zusammen, und man beförderte mich auf einer Tragbahre direkt in den Entbindungsraum. Zwei Stunden darauf wurde unser Sohn geboren. Dicke Tränen liefen mir vor Glück die Wangen herunter. Die Schwester glaubte, ich sei enttäuscht und versuchte mich zu trösten. »En Jungchen ist doch auch jut«, meinte sie, »er kann Ihnen im Alter beistehen.« So hielt ich meinen Sohn voller Dankbarkeit weinend im Arm. Viktoria kam am nächsten Morgen mit Georg Wilhelm. Sie hoffte, nun mit ihrem kleinen Bruder spielen zu können und war bitter enttäuscht, als sie das kleine Bün-

110

del mit großen dunklen Augen neben mir im Bettchen sah. »Kleines Mannchen«, sagte sie mitleidig und wandte sich dann zu mir. »Hat er dir wehgetan?« fragte sie. »Nein«, antwortete ich, »ein Kind tut seiner Mutter nicht weh.«

Größer als die Begeisterung über den kleinen Bruder war die Freude, mit der Großmutter nach Cranz fahren zu dürfen. Ans Meer, nur eine Stunde entfernt. Am Abend fuhr auch Georg Wilhelm heim, stolz und glücklich über seinen Sohn.

Eine derartige Hitze hatten wir nur im Hochsommer erlebt. Neben der Klinik lag das Opernhaus, und ich hörte die Gesangsproben der Sänger, deren Fenster wie das meine geöffnet waren. Dann kam das Ballett. Immer wieder das gleiche »eins zwei drei vier – eins zwei – eins zwei drei vier«, so ging es stundenlang. Die Absätze mußten im Takt klappern, es nahm kein Ende. Aber es war mir lieber als die abgehackten Schritte der SS, die Ordnung hielten.

Nach acht Tagen fuhren wir heim. Wir bekamen dieses Mal auf Antrag und Befürwortung des Ortsbauernführers ein Taxi. Die Luft war zum Ersticken. Aber ich wagte es nicht, ein Fenster zu öffnen, aus Angst, ein Luftzug könnte unserem Sohn schaden. So lag er knallrot in den Armen der Kinderschwester und schrie so lange, bis sie das Fenster öffnete.

Vor der Auffahrt standen viele unserer Leute Spalier. Die Fahne mit dem Familienwappen war aufgezogen, und die Leute riefen: »Hoch lebe der junge Herr!« Mich schauderte es. Dieses kleine Bündel, das in seinem Kissen schlief, war bereits »der junge Herr«. War es nicht eine Anmaßung, hatte man vergessen, daß Krieg war? Wußte jemand, was die Zukunft brachte? Ich hatte Angst vor der Götter Neid, unser Glück in diesem ländlichen Frieden war unermeßlich.

Es sind die großen Momente in unserem Leben, die zählen. Als wir mit unserem Sohn ins Haus traten, war es einer der ganz großen.

Es gab Vanille-Eis und die ersten frischen Erdbeeren aus dem Garten.

Im Hause hatten wir einen sogenannten Bazar, es war ein großer Raum, wo man alles fand, was man brauchte und nicht brauchte. Da waren riesige Hutschachteln aus leichtem Sperrholz, wo man Hüte, noch aus dem vorigen Jahrhundert, aufbewahrte. Sie waren groß wie Wagenräder, aus Tüll mit falschen Rosen garniert. Es gab alte Uniformen von jungen Kadetten. In einem großen Karton eine Johanniteruniform, schwarz und weiß, Orden, Geschirr, Festkleider aus der Jahrhundertwende. So entdeckte ich auch einen alten Kinderwagen aus Korb geflochten, auf hohen Eisenrädern. Ich hatte ihn weiß streichen lassen, und unser Sohn ruhte friedlich in dem Gefährt seiner Vorfahren. Das Verdeck war hell abgefüttert, und ein Tüllschleier ließ keine Fliege herein. Nun stand der Wagen unter der Rotbuche, wenige Schritte von der Terrasse entfernt, wo wir Sekt tranken und auf das Gedeihen unseres Sohnes anstießen. Das Turmzimmer war nun das Reich unseres Kindes.

Die Ernte war eingebracht, es war bereits September, als wir die Taufe feierten, unser erstes großes Fest in Sporwitten. Die Familie war fast vollständig gekommen, nur mein Vater fehlte und mein Bruder, der nun wieder in einer Garnison auf Abruf wartete und diese nicht verlassen durfte. Aus Pommern kam Verwandtschaft angereist. Die nächsten Nachbarn erschienen per Pferd und Wagen. Alle Gästezimmer waren belegt. An Personal mangelte es nicht. Am späten Nachmittag war die Taufe. Im Saal war ein Altar aufgebaut. Der junge Pfarrer kam aus Wilten, unserer Pfarrgemeinde. Dort hatten wir in einer kleinen Kirche unser Kirchengestühl. Der Pfarrer hatte uns schon darauf aufmerksam gemacht, daß unsere Plätze meistens leer seien. Ich hatte ein schlechtes Gewissen, denn unsere Leute gingen pünktlich in die Kirche, während wir uns auf der Wippe vergnügten.

Der Sommer wollte nicht enden, es war ein festlicher Tag. In hohen Silberleuchtern brannten die Kerzen, alle Gäste waren versammelt, als Georg Wilhelm und ich, mit dem Baby im Arm, vor dem Altar Platz nahmen. Unser Täufling trug ein langes Taufkleid mit Spitzen und Tüllrüschen. Wir hatten es im »Bazar« entdeckt. Man wußte nicht, wer es zuletzt getragen hatte. Fräulein von Wrangel, die sonst Viktoria Musikunterricht gab, saß am Flügel und spielte ein Stück von Bach. Der Pfarrer sprach voller Enthusiasmus und Leidenschaft. Er sprach von Ehre und Treue, nicht nur zu sich selbst, sondern auch seinen Nächsten gegenüber; von der Verpflichtung, den Namen des alten Geschlechtes hochzuhalten, wie die Vorfahren es getan hatten. Dann wurde seine Stimme eindringlicher, er bat Gott um Gerechtigkeit und Frieden. In diesem Moment gab es einen furchtbaren Donnerschlag, alle Lichter gingen aus. Es herrschte Bestürzung.

Man hatte nicht bemerkt, daß der Himmel sich verdunkelt hatte und ein heftiges Gewitter ausgebrochen war. Der Blitz hatte in ein Gebäude im Hof eingeschlagen. Unsere elektrische Wasserpumpe war getroffen worden, und die ganze Elektrizität funktionierte nicht mehr. Das Festessen, das auf den elektrischen Herden zubereitet wurde, war noch nicht gar, kein Wasserhahn lief. Der alte riesige Küchenherd wurde wieder angezündet, um das Essen weiterzukochen. Überall wurden

Kerzen aufgestellt, und wie in früheren Zeiten fanden die Gäste die alten Petroleumlampen in ihren Zimmern.

Es war ein festliches Mahl. In der Mitte des Tisches stand ein hoher silberner Tafelaufsatz mit Blumen geschmückt. Zum ersten Mal hatten wir das kostbare Porzellan hervorgeholt, mit dem man mich, wie ich immer sagte, nach Sporwitten gelockt hatte. Es war ein Bestand des Gutshauses. Altes Berliner Porzellan, das aus der Zeit Friedrichs des Großen stammte und nur zweimal hergestellt worden war. Bunte, bemalte Putten schmückten die Deckel der Schüsseln und hielten graziös die Salzfässer. Reden wurden gehalten. Wir waren an diesem Tag trotz der politischen Ereignisse ein glücklicher und froher Kreis.

Diebe

Es war Ende November, als Theda mich anrief. Sie schlug mir vor, für ein paar Tage nach Berlin zu kommen. Ihr Mann, mein Bruder Enno, war noch in seiner Garnison. Wir waren erleichtert. Ruhe schien einzukehren. Nun mußte endlich Frieden werden. Aber wieder blieb es eine Illusion.

In Ostpreußen war ein ruhiger Herbst zu Ende gegangen. Ich fuhr nach Berlin, »drei Tage«, hatte Georg Wilhelm gesagt. Am Wochenende stand er in Nikolassee vor der Tür. Er wollte uns überraschen und mich abholen. Es herrschte große Freude, aber in Thedas Überschwang mischte sich ein wenig Traurigkeit. »Enno würde eine solche Überraschung nie einfallen«, meinte sie, »könnte er nicht auch einmal drei Tage seine

Garnison verlassen?« Wir trösteten sie und schlugen vor, »Paulchen« zu besuchen.

Es hatte sich vieles in Berlin verändert seit unserem letzten Besuch. Am Abend schien alles wie ausgestorben, die schwarzen Papierjalousien wurden sorgfältig heruntergelassen. Auf den Straßen sah man Soldaten und SS.

»Es ist jetzt oft Fliegeralarm«, sagte Theda, »die Engländer wollen eine Revanche für Coventry.« Wir fuhren in die Meinekestraße. Paulchen war hocherfreut über unseren Besuch und holte eine Flasche Champagner. An »unserem« Tisch saßen junge Offiziere. Von denen, die wir von früher kannten, war keiner mehr dabei. Wir wurden sehr lustig, und alle waren zuversichtlich. Ein junger Leutnant sagte: »Wir haben den Engländern gezeigt, was wir für eine Luftwaffe haben, und nicht zuletzt welch mutige Piloten, sie werden Frieden machen. Wir erkennen die Stärke und das Können der Royal Air Force an, schließlich tun wir unsere Pflicht und sind alle Kameraden.«

In diesem Moment gab es Fliegeralarm. »Wir trinken noch eine Flasche«, meinte Georg Wilhelm, »wir gehen nicht in den Keller.« Man hörte Einschläge und das Brummen der Flugzeuge. »Es lebe das Leben«, sagte einer. »Es ist alles Scheibenhonig«, war die Philosophie eines anderen. Theda saß mit leuchtenden Augen da, ihr gefiel diese Abwechslung und die Fröhlichkeit in unserer Runde. Sie war im September zwanzig geworden; ich dachte unwillkürlich an Sporwitten. Thedas Haar erinnerte mich an die Weizenfelder, wenn sie reif waren und in der Sonne glänzten, zu beiden Seiten des Birkenweges, der in den Wald führte. Neben ihr saß ein junger Fliegeroffizier, der ihre Hand hielt und auf sie einredete. Sie schüttelte den Kopf, und er schnitt sich eine Locke ab, die auf ihrer Schulter lag.

115

»Morgen muß ich wieder an die Front«, hörte ich ihn sagen.

Wir gingen. Wieder war alles ganz still und ohne Licht, als wir auf die Meinekestraße kamen. Wir fuhren nach Hause. Der Garten, der unser Haus umgab, lag in tiefer Dunkelheit, aber die hohen Kiefern zeichneten sich zart gegen den blauen Nachthimmel ab. Wir traten ins Haus. Georg Wilhelm öffnete die Tür zur Diele, und wir schalteten das Licht an. Eine heillose Unordnung empfing uns. Die Kommodenschubladen waren herausgerissen und umgestülpt, Handschuhe, Taschen und Seidentücher lagen auf dem Boden. »Diebe!« schrie ich. »Meine Perlen!« Ich faßte unwillkürlich an meinen Hals, aber ich hatte die Perlenkette extra zu Hause gelassen. Georg Wilhelm war ganz ruhig. »Wir wollen mal sehen«, sagte er und öffnete die Tür zum Salon. »Vorsicht, geh in Deckung!« hielt ich ihn zurück. Im Salon dieselbe heillose Unordnung. Grammophonplatten lagen verstreut, Bücher, Kissen, Theda konnte gar nichts sagen, sie war verstummt. »Jetzt wollen wir mal weitersehen«, sagte Georg Wilhelm und ging in Richtung Eßzimmer.

In diesem Moment ging die Tür auf. Ein junger Mann, groß und schmal, mit sorgfältig gekämmten dunklen Haaren, in tadellosem Smoking und weißem Hemd, mit gut gebundener Krawatte, stand vor uns. »Enno!« schrie Theda und flog ihm in die Arme. »Da sieht man ja, wie meine Frau sich amüsiert«, sagte Enno lachend. »Ich wollte dich überraschen, je länger ich wartete, desto einfallsreicher wurde ich.« Theda liefen vor Glück die Tränen über die Wangen. Georg Wilhelm und ich zogen uns bald zurück und ließen die zwei allein inmitten der heillosen Unordnung.

Wieder daheim

Am nächsten Tag fuhren wir wieder nach Ostpreußen. »Dies ist Landluft«, rief ich aus und war froh, als wir endlich aus dem »Lahmen August« stiegen.

Man fuhr Dung, der auf den Feldern ausgebreitet wurde und nun darauf wartete, von den weichfallenden Flocken eingebettet zu werden. Versig stand am Bahnhof, er wickelte uns in die Pelzdecken, die auf den Sitzen des Jagdwagens lagen. Marie hatte sie fürsorglich aus der großen Truhe geholt, die oben auf dem Flur stand, sie rochen nach Mottenpulver. Die Wege waren aufgeweicht, es war noch zu früh, um die Schlitten zu nehmen.

Unser Zug war pünktlich nach Fahrplan eingetroffen, Verspätungen gab es nicht. Viktoria empfing uns in der Halle und berichtete von den Ereignissen in der Wirtschaft. Unser kleiner Sohn schlief bereits, aber ich eilte schnell ins Kinderzimmer, um ihm einen Gute-Nacht-Kuß zu geben, ohne ihn zu wecken. Mir fiel dabei ein, wie unser Freund Tassilo seine Kinder immer munter machte, wenn wir gemeinsam nach einer durchfeierten Nacht in Berlin heimkamen. Tassilo wohnte im gleichen Haus wie wir, und der erste Weg war immer zu seinen Kindern. Die kleinen Mädchen schliefen fest, und er hielt ihnen einen Räucheraal vor die Nase. »Schaut nur das liebe Älchen«, redete er auf die Kinder ein, bis sie die Augen öffneten. Tassilo bewegte den Aal hin und her und hielt ihn an ihre Näschen, so lange, bis sie laut schreiend aufwachten.

Den Aal hatten wir im Morgengrauen auf dem Großmarkt gekauft, zusammen mit riesigen Blumensträußen. In Berlin war es damals Sitte, daß man nach einem Fest noch auf den Großmarkt ging, um Blumen zu kaufen. Die Herren in dunklen Mänteln, mit einer Melone oder elegantem Hut bekleidet, wir jungen Frauen in langer Abendrobe und in Pelzen, so wandelten wir zwischen den Verkaufsständen einher. Mir war es immer peinlich, wenn ich die müden Gesichter der Männer und Frauen sah, die morgens um drei Uhr ihre Stände aufbauten, während wir vergnügt und übermütig gefeiert hatten. Aber wir hörten nie ein unfreundliches Wort. Im Gegenteil, es schien ihnen ganz recht zu sein, wenn wir mit Armen voller Blumen davongingen.

Berlin war in weite Ferne gerückt – keine Blumen, keine Bomben, wir waren wieder in unserem geliebten Ostpreußen, dessen weite Felder langsam unter einer Schneedecke geborgen dalagen. Weihnachten rückte immer näher, die Wagen wurden gegen Schlitten ausgewechselt, und die Zeit der Jagden begann. Die Nachbarschaft wurde eingeladen, die Tafel festlich gedeckt, das schöne Porzellan aus der Zeit Friedrichs des Großen hervorgeholt. Der große silberne Tafelaufsatz stand in der Mitte des Tisches. Ich hatte ihn mit Blumen und Tannen geschmückt. Die Nachbarn, die am Polenfeldzug teilgenommen hatten, waren nun wieder zu Hause und bewirtschafteten ihre Güter. Man dachte nicht mehr an den Krieg, der für sie so schnell ein Ende gefunden hatte; man glaubte vielmehr daran, daß in Polen nun Ruhe und Ordnung eingekehrt seien. Auch die Umsiedlung der Balten aus ihrer Heimat, die nun den Russen zugestanden worden war, machte uns allen kein großes Kopfzerbrechen. Sie hatten ja alle neue Güter bekommen, größer und ertragreicher als die armseligen Restgüter, die man den ehemaligen Großgrundbesitzern gelassen hatte. Auch England, die Bombenangriffe, das Afrika-Corps ängstigten uns nicht. Wir lebten ja weit weg von alledem in Ostpreußen, wir hatten unseren

118

Frieden, unsere Wälder, die unendliche Weite der Natur. Hier fühlten wir uns geborgen und glaubten zu wissen, daß »alles gut werden würde«. Frankreich stellte keine Gefahr mehr dar, und England würde der Kriegszustand sicher auch nicht lange behagen. Mit Rußland war ja schon lange ein Nichtangriffspakt geschlossen worden, Frieden würde bald einkehren.

Und so erlebten wir unser Weihnachtsfest in freudiger Erwartung bei strahlendem Kerzenschein. Tagelang vorher duftete das ganze Haus nach frischgebackenem Pfefferkuchen, Zimt und Gewürzen. Schmantbonbons wurden aus Sahne und Zucker hergestellt, sie zergingen auf der Zunge. Im Saal reichte der Baum, den der Förster zusammen mit uns ausgesucht hatte, bis zur Decke. Auch auf dem Kamin und vor den hohen Spiegeln brannten Kerzen. Es war ein großer Luxus, denn Kerzen waren eine schwer aufzutreibende Rarität geworden, aber wir hatten noch genug davon aus der Zeit vor der »Lichtgebung«. Der Saal war sehr hoch und wirkte dadurch besonders feierlich. Bevor die Bescherung begann, wartete man voller Spannung im Eßzimmer. Alles war sehr geheimnisvoll. Georg Wilhelm und ich hatten die Tische vorbereitet. Nun standen sie alle in dunklen Kleidern mit weißgestärkten Schürzen, die Wirtin, Anna, Käthe, Lisbeth, Marie und Dorchen. Unser Emil fehlte. Georg Wilhelm ließ ein silbernes Glöckchen erklingen, die Flügeltüren wurden geöffnet, und alle kamen herein. Viktoria zuerst. Sie setzte sich an den Flügel und spielte ein Weihnachtslied: »Ihr Kinderlein kommet.« Wochenlang hatte Fräulein von Wrangel es ihr eingepaukt. Dann wurde »Stille Nacht« gesungen, und anschließend las ich die Weihnachtsgeschichte vor. Nun wünschte man sich »Frohe Weihnachten«, und jeder ging an seinen Tisch. Unser kleiner Sohn kreischte vor Freude. Er war nun bereits sechs Monate alt und

freute sich an all dem Lichterglanz. Später hatten wir
ein festliches Essen, wir waren allein mit den Kindern.
Es gab den berühmten Weihnachtskarpfen, der frisch
aus dem Kasten im Teich geholt wurde. Das Personal
erfreute sich an Gänsebraten. Viktoria durfte an diesem
Abend aufbleiben, solange sie wollte, unser Männlein
war sanft eingeschlafen und wachte auch nicht auf, als
Viktoria uns noch einmal ihr Weihnachtslied vorspielte.
Fräulein von Wrangel, die sich immer so große Mühe
gab mit ihrer Schülerin, hatte ihr während des Einübens
immer gedroht: »Jetzt bekommst du einen Mutzkopf
(ein paar hinter die Ohren), wenn du dich nicht besser
konzentrierst.« Unser gutes Fräulein von Wrangel war
ein rührender Mensch, und so blieben die Mutzköpfe
nur Drohungen.
Es war spät, als wir die letzten Kerzen löschten. Wir
hatten die schwarzen Papierjalousien hochgezogen und
schauten in den verschneiten Park. Es herrschte eine
Stille, die im Frost erstarrt zu sein schien, unsere Herzen
öffneten sich weit vor Dank, beieinander sein zu können.

Das neue Jahr hatte still begonnen, oft fuhren wir mit
dem kleinen Schlitten in den Wald, das Wild wurde belauscht. Manchmal kehrten wir mit einem Fuchs heim,
den Georg Wilhelm erlegt hatte. Es wurde schwieriger
in der Wirtschaft, weil viele unserer Leute eingezogen
wurden, zuerst die Jungen. Die Arbeiten im Walde
mußten getan werden, wir hatten eine Auflage vom
Staat, eine gewisse Menge Holz abzuliefern, und es tat
Georg Wilhelm weh, wenn mehr Bäume geschlagen
werden mußten, als ihm lieb war. Im Sommer war der
Kreisforstmeister aus Könisberg gekommen, um festzu-
legen, welche Menge Holz wir abliefern mußten. Georg
Wilhelm hatte mich gebeten mitzukommen, um den

Forstmeister von dem Aussuchen der Bäume, die zum Fällen vorgesehen waren, abzubringen. Wir fuhren im offenen Wagen, und unser Förster mußte die Bäume, die bestimmt wurden, mit einem Zeichen versehen. Es war ein Jammer um die schönen alten Bäume! Meine Einwände halfen nichts. Immer wenn ich versuchte, den einen oder anderen Baum zu retten, bestand der Forstmeister auf seinem Recht. Ich hatte verloren.

Inzwischen hatte Sophie geheiratet, den jungen, mutigen Flieger, von dessen Husarenstück wir während des Polenfeldzuges in unserem Ostpreußenblatt gelesen hatten. Es war eine kleine Hochzeit, über welcher der Schatten des Krieges lag, denn Jobst, Sophies Mann, wurde nach wenigen Tagen wieder zu seiner Einheit zurückbeordert.

Voller Hoffnung auf Frieden und Ruhe begann das Jahr 1941. Unser kleiner Sohn gedieh prächtig. Viktoria nahm nun teil am Unterricht auf dem Nachbargut. Morgens kam der Milchkutscher mit einem einspännigen Pferdeschlitten und fuhr sie zur Schule. Es ging die schneebedeckte Birkenallee entlang durch den tiefverschneiten Wald, das Ziel war in einer halben Stunde erreicht. Marie stand schon in der Halle und mahnte zur Eile, denn Viktoria kam immer in letzter Minute. Dick in Pelzdecken verpackt, trat sie jeden Morgen ihre Reise an.

Inzwischen machten Georg Wilhelm und ich unsere Rundfahrt. Auch für diese gab es einen sogenannten Wirtschaftsschlitten. Georg Wilhelm fuhr selber. Diese Fahrten genoß ich besonders, und langsam bekam ich einen Überblick über den Gutsbetrieb. Am besten gefiel es mir in unserem entlegenen Pellklack, wo die Schafe waren. Sie wurden im Winter geschoren, und ich bewunderte es, mit welcher Geschicklichkeit die Schafscherer ihre Arbeit verrichteten. In großen Haufen wurden dicke Wollfelle gestapelt. »Ein paar Tauben für die Herrschaften«, sagte der Schäfer. »Ich werde sie schnell herunterholen.« Unter den Dachbalken des Schafstalles flatterten Tauben, der Schäfer ließ eine lange Peitsche durch die Luft knallen, und schon fiel die erste Taube zu Boden. Das wiederholte er mehrere Male. »Wie grausam!« sagte ich zu Georg Wilhelm und war entsetzt, wie eine Taube nach der anderen nach einem Peitschenknall zu Boden fiel. »Bitte erlaube es nicht.« – »Du mußt unsere Leute verstehen, es ist ihre Art, so zu leben und für sie das Humanste, die Tiere schnell und gewissermaßen kunstvoll zu erledigen. Findest du es gemütvoller, wenn man den Tieren den Hals umdreht?« erwiderte er. Ein Sack mit Tauben wurde hinten in den Wagen gelegt, und weiter ging unsere Fahrt.

Im Winter war das Leben ein ganz anderes. Die Kühe standen im Stall. Wir hatten eingetragenes Herdbuchvieh, schwarz-weiß gefleckt. Jede Kuh hatte ihren Stammbaum, und es wurde genau Buch über sie geführt. Die Männer, die diese Kühe betreuten, hießen Schweizer. Sie waren seit Generationen in Ostpreußen, aber ursprünglich aus der Schweiz gekommen. Es gab einen Oberschweizer und mehrere Unterschweizer, sie trugen Kittel mit feinen rosa Streifen. Der Oberschweizer war mir nicht sympathisch, er hatte eine eingeschlagene Nase. »Er ist sehr tüchtig«, meinte Georg Wilhelm, »unsere Herde ist erstklassig gehalten.«

Man besuchte sich in der Nachbarschaft, mit Pferd und Wagen im Sommer, mit Schlitten im Winter. Für die verschiedenen Gelegenheiten gab es die entsprechenden Schlitten, so war es auch mit den Wagen. Ein hoher dunkelblauer mit roten großen Speichenrädern gefiel mir ganz besonders. Für wichtige Anlässe gab es eine

Glaskutsche, sie hatte schwere Glasfenster, die man herunterlassen konnte, und so war sie geschlossen. Auf allen Gütern gab es eine derartige Kutsche, im allgemeinen kam mit ihr die älteste Generation zu Besuch.

Viele der Gutsbesitzer, die während des Polenfeldzuges eingezogen worden waren, waren inzwischen zurückgekehrt und bewirtschafteten ihre Betriebe. Ostpreußen war ein fruchtbares Land, die »Kornkammer Deutschlands«. Wir alle waren »kriegswichtig«.

Einquartierung

Als es Frühling wurde, machte unser Sohn die ersten Schritte. Er war der Liebling von allen. Diesmal kam mit dem Frühling nicht nur das Erwachen der Natur; als die bestellten Felder ihr erstes junges Grün zeigten, kam eine Wende.

Unser Bürgermeister höchstpersönlich erschien aufgeregt auf seinem Fahrrad. Er war völlig hilflos. »Einquartierung von Truppen«, hieß die Parole. Georg Wilhelm beruhigte den guten Mann und half ihm bei der Organisation. Gott sei Dank waren die Scheunen leer, und es gab Platz genug für die Soldaten. Auch die Vorwerke wurden belegt. Die Offiziere wohnten bei uns, wir brachten sie in den Gästezimmern, im Flügel zum Park hin, unter. Im nächsten Morgengrauen marschierten sie ein. Müde, verstaubt und hungrig waren sie nach einem langen Nachtmarsch angekommen. Nachdem sie alle beköstigt worden waren, suchten sie ihre Strohlager auf, und dann herrschte Stille. Georg Wilhelm hatte die fünf Offiziere begrüßt und sie in ihrem Flügel zum Park eingewiesen. »Hier sind Sie ganz unabhängig«, erklärte er ihnen, »ein eigener Eingang geht direkt in den Innenhof und in den Park.« Er führte sie von der Halle durch unser Eßzimmer zu ihren Räumen. Nun herrschte auch dort Ruhe.

Als die Glocke die Mittagszeit ankündigte, wurde es überall lebendig. Unsere Leute waren neugierig und ängstlich. »Wieso die vielen Soldaten, es wird doch keinen Krieg geben?« fragten sie. Die Soldaten lachten und beruhigten sie. »Wir wollen den Kommunisten nur zeigen, daß wir da sind!« erwiderten sie. »Aber wieso marschieren sie denn nachts«, fragte ich Georg Wilhelm, »wenn sie von den Russen doch gesehen werden wollen?«

Dieser Abend ging früh zu Ende, man hatte wenig geschlafen, wir öffneten weit die Fenster, die Luft war lau, und man spürte den Duft des erwachenden Frühlings. Vom Hof her klang die Musik einer Ziehharmonika herauf, und man hörte das Lachen von jungen Stimmen. Die Offiziere wurden mit der Truppe verpflegt, auch sie schienen früh schlafengegangen zu sein.

Morgens saßen wir beim Frühstück, wie immer gegen halb neun Uhr. Georg Wilhelm war mit Viktoria schon zeitig auf dem Hof gewesen. Die Gespanne wurden eingeteilt, und die Arbeit begann wie immer. Viktoria erzählte aufgeregt von den Soldaten, von den vielen Pferden, die sie mit sich führten. Am interessantesten war für sie die Gulaschkanone.

Plötzlich wurde unsere Unterhaltung durch stampfende Schritte unterbrochen, die Türe wurde aufgerissen und fröhlich marschierten unsere Offiziere herein. Sie trugen blankgeputzte Reitstiefel, an denen Sporen glänzten, und ihre Schritte hallten auf dem Parkett. »Bleiben Sie ruhig sitzen«, sagte einer wohlwollend, als wir erstaunt aufschauten, und winkte freundlich herablassend mit der Hand. Sie durchquerten den saalartigen Raum und ließen die Tür zur Diele offen. Das Mädchen schloß beide Türen. »Sie scheinen sich wohl zu fühlen«, bemerkte Georg Wilhelm mit einem feinen Lächeln. »Das sind die Schlotbarone aus dem Ruhrgebiet«, erklärte er mir. »Schlotbarone?« fragte ich, »das habe ich noch nie gehört.« »Sie beherrschen die Industrie an der Ruhr und sorgen dafür, daß die Schornsteine rauchen. Es sind erfolgreiche Leute und Reserveoffiziere«, fügte er hinzu. Dieser Auftritt wiederholte sich nun jeden Morgen.

Wie immer ritten wir nach dem Frühstück aus. Zuerst den Sandweg entlang, der im Herbst zu Morast wurde. Die Felder zu beiden Seiten leuchteten im hellen Grün. »Wie gut die Saat steht«, meinte Georg Wilhelm. Die Schläge lagen wie ein weiter grüner Teppich zu unseren Füßen. Dann tauchten Reiter auf, sie galoppierten sorglos über die aufgehende Saat, die jungen Pflanzen stieben durch den heftigen Hufschlag nach allen Seiten. »Sie haben keine Ahnung von der Arbeit eines Landmannes, sie müssen sich austoben, dies ist für sie ein willkommener Ausflug«, sagte Georg Wilhelm, diesmal sorgenvoll. Im Vorbeireiten winkten sie uns fröhlich zu. Georg Wilhelm schaute mich liebevoll an, wir verstanden uns.

Als wir an den Roßgärten vorbeikamen, standen diese offen. Unsere Schlotbarone hatten die Holzbalken zurückgeschoben, um auf die großen, weiten Koppeln zu kommen, wo die jungen Pferde weideten. Sie hatten sie aber nicht wieder geschlossen. Unsere Fohlen, durch den fremden Besuch aufgeschreckt, waren in die Freiheit gestürmt. Mit viel Mühe wurden sie wieder eingefangen.

Nach vier Tagen zogen sie alle weiter, im Dunkeln und unbemerkt. »Kommen Sie auf dem Rückweg wieder!« rief ihnen Georg Wilhelm beim Abschied zu. »Aber bitte

vergessen Sie dann nicht, die Roßgärten zu schließen.«
Vergnügt winkend zogen sie davon. Dann war wieder
Stille.

Unser kleiner Liebling begann nun im Laufgitter her-
umzuspazieren, das man gegen den Korbwagen ein-
getauscht hatte. Marie betreute das »Männlein«. Ich
hatte sie überredet, diesen Posten zu übernehmen. Nun
konnte auch Viktoria bereits mit »Männlein«, wie sie ihn
nannte, spielen. Oft fuhren Dorchen und sie gemeinsam, jede mit einer leichten Sportkarre, die Kinder spa-
zieren, denn Dorchen war inzwischen Tante geworden
und mußte sich um das Baby ihrer älteren Schwester
kümmern. Aber die Geduld der Kinder endete schnell,
und so wurden die Kleinen bei Marie im Park abge-
geben.

Die Nachbarn

Wie immer hatten wir viel Besuch. Auch bekamen wir
eine neue Einquartierung. Die Soldaten blieben nur
eine Nacht und zogen dann weiter. Wir besuchten einen
unserer Nachbarn, Baron Goltz; sein Wald grenzte an
den unsrigen. Es war immer ein erfrischender Ausflug,
durch den kühlen Wald zu fahren, dann sah man schon
von Ferne das Dach des Herrenhauses und der Scheunen auf dem Gehöft. Man sprach von der Politik, besonders von den Aufmärschen gen Osten, welche die Russen abschrecken sollten. Niemand glaubte an Krieg. Es
wurden wieder junge Leute von uns einberufen und
ihre Arbeitskraft durch gefangene Polen ersetzt. Es kam
auch ein Franzose, Louis, als Ersatz für unseren Gärtner. Für diesen einen Franzosen lohnte es sich nicht,

einen Wachmann einzustellen wie bei den Polen, und so wurde er vom Nachbarort mitbetreut. Er bekam sein eigenes Zimmer über der Waschküche und trug den langen Schlüssel stolz an seinem Gürtel, hinten auf dem verlängerten Rücken, so daß man ihn schon von weitem erkennen konnte. Louis besaß viele Bücher über Gartenpflege, die er aus Frankreich geschickt bekam. Obwohl er nicht Gärtner von Beruf war, besorgte er die Gartenarbeit mit viel Geschick. Unser nächster Nachbar war Graf Eulenburg. Man konnte sein Gut zu Fuß erreichen, es war nur zwei Kilometer weit. Graf Eulenburg war eine große, aufrechte Erscheinung mit schneeweißen Haaren. Wir waren oft zum Abendessen bei ihm und der Gräfin Jeanne. Er hielt große Stücke auf Georg Wilhelm und nannte ihn seinen jugendlichen Berater. »Wir haben kein Schloß«, pflegte er zu sagen, »mein Haus ist steingewordenes Preußentum.«
Ebenfalls in unserer Nähe war das Gut von Baron von Buhl und seiner Frau. Sie hatten keine Kinder. Der Sohn seiner Schwester sollte einmal das Erbe übernehmen. Baron von Buhl erschien mir als ein würdiger älterer Herr. Er hatte schon gelichtete Haare, und ich ahnte nicht, daß er erst dreiundvierzig war. Seine Frau war sehr herb, mit schönen blauen Augen und einem edel geschnittenen Gesicht. Die Haare hielt sie in einem Knoten zusammen, und die Kleider trug sie lang. Ich habe beide nie lachen gesehen.
Während der großen Jagdessen herrschte bei uns immer unbeschwerte Fröhlichkeit, bei Buhls dagegen war alles sehr formell. »Ich habe schon immer Tage vorher Lampenfieber, ob auch alles klappt«, gestand mir die Baronin. »Geht es Ihnen auch so?« »Nein«, erwiderte ich unbefangen, »wieso sollte ich mich aufregen? Für die Küche ist die Wirtin verantwortlich, das übrige ist Sache des Personals. Man muß sie nur gut anlernen«, tröstete

ich sie. »Und gerade das fällt mir so schwer«, antwortete Baronin von Buhl.

Wir waren jung verheiratet, über allem stand unsere Liebe, und da wir glücklich waren, war uns der Alltag keine Last. In Georg Wilhelms Arbeitszimmer war nicht nur der Schreibtisch mit Schriftstücken übersät, auch auf dem Ledersofa, auf Tischen und Stühlen lagen Papiere zur Erledigung herum. Früher war es nur dem Diener Emil erlaubt, den Raum zu betreten und zu reinigen. Nun war dieser bei den Soldaten, und so blieb das Zimmer verstaubt. Marie rang die Hände. »Die verstorbene gnädige Frau hätte es nicht geduldet«, sagte sie mir verzweifelt. »Gut, Marie«, erwiderte ich, »Sie haben Eintritt zum Aufräumen.«
Der Sommer war zu verlockend, um ihn am Schreibtisch zu verbringen. »Komm, Georg Wilhelm, laß uns hinausreiten«, bat ich ihn. »Du bist eine zeitraubende Frau«, meinte er und schloß mich in seine Arme, »aber du hast recht.« Er drehte den Schlüssel seines Zimmers um und steckte ihn in die Tasche. Wir kamen erst mittags zurück, zufrieden und fröhlich.

»Krieg gibt es sicher nicht mit Rußland«

Wieder hatten wir Einquartierung. Es war ein Regiment, das direkt aus Frankreich kam. »Ich kenne den Oberst«, sagte Georg Wilhelm, »das ist eine nette Überraschung.«
Von neuem wurden die Offiziere im Gästeflügel einquartiert. Man hörte dieses Mal wenig von ihnen. Bescheiden verließen sie ihre Zimmer durch den Aus-

gang zum Innenhof. Kein »Bleiben Sie ruhig sitzen«
unterbrach unser Frühstück. Der Oberst wurde zum
Abendessen eingeladen. Sonnenverbrannt und aufrecht
erschien er pünktlich. Um den Hals trug er ein Ritterkreuz. Nach dem Essen saßen wir auf der Terrasse.
»Wofür haben Sie das Ritterkreuz bekommen?« fragte
ich neugierig. »Lassen Sie uns nicht vom Krieg sprechen«, erwiderte er, »wir wollen diesen Abend und
seine Ruhe genießen.« Er erzählte von gemeinsamen
Freunden aus Pommern, und wir tranken einen guten
Tropfen. Das Käuzchen rief klagend, aber man sah es
nicht. Es herrschte eine selbstverständliche Vertraut-
heit, und wir wurden alle schnell Freunde. »Sie teilen
das Abendessen mit uns, ohne besondere Einladung, sozusagen als Dauerauftrag«, sagte Georg Wilhelm herzlich, als wir uns trennten. »Die Jagd steht Ihnen zur Verfügung, sollten Sie im Herbst noch in Ostpreußen sein.«

Auch die übrigen Güter hatten Einquartierung, und jeder wollte mit seinen Offizieren glänzen. Einladungen
wurden gegeben zu Ehren der Offiziere. Baron Goltz
rief an. »Wir haben einen österreichischen General bei
uns, er ist hochinteressant und bestens informiert. Krieg
mit Rußland wird es bestimmt nicht geben. Wir erwarten Sie zum Abendessen, bringen Sie Ihren Oberst mit.«
So fuhren wir am nächsten Abend mit dem blauen Wagen in guter Stimmung durch den Wald. Der Kutscher
hatte seine Sonntagslivree mit den silbernen Knöpfen
angezogen, und auch den Pferden wurde das beste Geschirr angelegt, auf dem das Wappen glänzte. Wie
immer wurden wir mit großer Herzlichkeit empfangen.
Unsere Nachbarn hatten fünf Kinder, und so durfte Viktoria mit uns kommen.
In Ostpreußen wurde sehr früh zu Abend gegessen. In
alten Zeiten gab es dann gegen zehn Uhr noch ein gro-

ßes Nachtmahl mit Braten und Süßspeise. Das hatte man inzwischen abgeschafft.

Wir saßen auf der Terrasse, als der General erschien, klein, drahtig, mit scharfen Zügen, in denen tiefe Falten eingegerbt waren. »Küß die Hand, Gnädigste«, begrüßte er mich. Er war Mittelpunkt des Abends. Ohne viel auszusagen, führte er mit liebenswürdigen Phrasen die Unterhaltung an. Oberst von Resten saß an der Seite der Hausfrau, ich hatte den General neben mir.

»Wird es Krieg geben mit Rußland?« fragte ich den General. »Ganz sicher nicht«, erwiderte er überzeugt. »Es sind reine Abschreckungsmanöver, die wir machen. Hitler würde Rußland nie angreifen, außerdem besteht ein Nichtangriffspakt.«

Zurück fuhren wir bei verhangenem Himmel. Groß und schwarz standen die Fichten am Wegesrand, und man hörte die Hufe kaum auf dem weichen Moosboden. Die Pferde kannten den Weg und hätten ihn auch ohne den Kutscher gefunden, der sie am leichten Zügel lenkte. Wir sprachen nicht mehr, keiner wußte vom anderen, welchen Gedanken er nachhing. Ein kurzes »Gute Nacht«, und alle Lichter wurden gelöscht.

Am nächsten Spätnachmittag erschien unser Oberst auf der Terrasse. »Die schönen Tage von Aranjuez sind nun vorüber«, zitierte er. »Ich muß Abschied nehmen, heute nacht geht es weiter.« »Wohin gehen Sie denn?« fragte ich. »Ich kann es noch nicht sagen«, erwiderte er. »Es wird doch keinen Krieg geben?« Meine Stimme muß recht bang geklungen haben. »Das glaube ich nicht«, erwiderte er mit einem Blick auf Georg Wilhelm und mich, die wir eng beieinanderstanden. Dann wandte er sich an Georg Wilhelm. »Sollten Sie doch einberufen werden, dann geben Sie mir Nachricht, ich könnte mich für Sie einsetzen, schlimmstenfalls kommen Sie in mei-

130

nen Stab. Ich werde Ihnen meine Feldpostnummer mit-
teilen, wenn ich sie weiß. Schicken Sie mir mal eine
Karte, man freut sich so über jede Post.« – »Ich werde
Ihnen ein Päckchen schicken mit einer harten Wurst,
oder mögen Sie lieber Honig?« warf ich ein. »Der Honig
ist köstlich, wenn ich es mir wünschen darf«, erwiderte
unser Oberst. Es sollte in der Dunkelheit aufgebrochen
werden, so waren unsere gemeinsamen Abendessen zu
Ende. Georg Wilhelm holte eine Flasche Sekt aus dem
Keller. »Wir wollen noch ein Glas auf Ihr Wohl trinken«,
meinte er, »daß Sie Ostpreußen in guter Erinnerung
behalten und wir gemeinsam im Winter auf Damwild-
jagd gehen können.« Die Gläser klangen, und in uns
allen war eine Spannung, die sich keiner eingestehen
wollte.

»Findest du es richtig, daß ich ihm ein Päckchen schikken wollte?« fragte ich Georg Wilhelm. »Ja«, sagte er,
»erhalte dir diese Verbindung, er ist ein sehr anstän-
diger Mann, vielleicht brauchst du einmal einen
Freund, der dir beisteht«, fügte er hinzu. »Ich habe
dich«, antwortete ich voller Zuversicht. »Vielleicht brauchen wir ihn beide«, wollte er mich überzeugen. Es
dauerte nicht lange, andere Soldaten kamen und zogen
schnell weiter.

Nun konnte unser »Männlein« an meiner Hand laufen,
aber natürlich war er als Spielgefährte für Viktoria viel
zu klein. »Sie muß ein gleichaltriges Kind zum Spielen
haben, Dorchen tut ja alles, was sie will«, meinte Georg
Wilhelm. Wir fanden eine kleine Christa, die in Berlin
lebte, wo es nun schon oft Fliegeralarm gab. Christas
Eltern waren glücklich, daß das Kind in Ruhe bei uns
leben durfte.
Der Himmel meinte es gut, die Ernte stand voll auf den
Halmen. Ich glaubte, noch nie einen so schönen Som-

mer erlebt zu haben. In dieser Zeit war Georg Wilhelms Arbeitszimmer fast immer abgeschlossen. Der Schlüssel steckte in seiner Tasche. Die Papiere auf Tisch und Stühlen sollten sich ruhig von selbst erledigen. Wir wollten die Sommertage genießen.

Der 21. Juni 1941

Abends rief Theda an. Enno war eingezogen worden. Nach Ostpreußen, hoffte ich, aber wir hörten nichts von ihm. Mich befiel eine große Unruhe.

Der Bürgermeister kam angeradelt. »Strenger Befehl: Am Abend soll alles sorgfältigst verdunkelt werden«, hieß es. Und das in unserem Frieden! Ich war außer mir. Unsere Scheunen füllten sich, es war schwer, für durchziehende Truppen Platz zu schaffen.

Dann begann der Krieg mit Rußland! Es war der 21. Juni 1941. Niemand hatte ernsthaft daran geglaubt. Als die Nachricht vom Kriegsausbruch kam, mußte auch die österreichische Truppe aus der Nachbarschaft einrücken. Man suchte den so selbstsicheren General. Nirgends war er zu finden. Endlich entdeckte man ihn auf dem Friedhof der Familie. Er saß auf einem Grabstein des Erbbegräbnisses und weinte.

Nun wurde alles still bei uns. Unsere Soldaten waren schon weit im Feindesland. Eine Siegesnachricht übertraf die andere. Unsere Truppen stürmten vorwärts. Sie glaubten an Goebbels, der ständig im Rundfunk sprach. »Unsere Mütter, Frauen und Kinder müssen verteidigt werden gegen den Kommunismus, der uns bedroht«. Noch war es Sommer. »Bis zum Winter stehen wir in Moskau«, hieß es.

132

Theda rief an; sie hatte einen Brief von Enno bekommen, aus dem Osten. Enno schrieb, daß sie mit Sturmbooten einen großen See überquert hätten und nun in Rußland seien. Im Norden. »Wir haben es bis zuletzt nicht erwartet und sind in äußerster Anspannung. Als ›Kriegsberichter‹ kann ich nur das ›Hohe Lied‹ auf die Kameradschaft schreiben; sie ist es, die uns zusammenhält. Und der Gedanke an zu Hause; wir müssen unsere Frauen, unsere Heimat schützen. Und unsere Kultur. Was wir gesehen haben, ist ein Inferno; aber alles stürmt vorwärts – immer vorwärts. Meinen treuen Freund Otto, der, welcher uns immer wieder durch seine Lieder Mut machte, wenn wir glaubten, es ginge nicht mehr weiter, hat es zuerst getroffen. ›Ich hole dich‹, hat er noch tags zuvor gesagt, ›ich hole dich, wenn sie dir ein Bein abschießen!‹ Und dann hörten wir ihn singen:
›Ahoi Kameraden, ahoi, ahoi,
Lebwohl, blondes Madel, leb wohl, leb wohl!‹
So zogen wir weiter. Nun marschiert er mit uns, in seinem Regiment, unvergessen in seinem Lied, in seinem Leben und in seinem Sterben. Ich werde es dir vorspielen«, schrieb Enno weiter, »wenn ich Urlaub habe, bald hoffentlich! Fahre nach Sporwitten, dort werde ich dich in meinen Gedanken suchen, dort haben wir Frieden.«
Er war als Kriegsberichter eingesetzt worden. Sein General war auf ihn aufmerksam geworden und lud ihn manchmal zu sich ein. Enno beschrieb die kleinen Dinge am Rande des Geschehens. Er gehörte nicht zu den Scharfmachern der Partei, er trug eine andere Welt in sich.
Sie waren nun kurz vor Smolensk. Ein Aufklärungspanzer sollte eingesetzt werden, hieß der Befehl. »Unteroffizier Ork, ich brauche Sie noch für andere Aufgaben«, hatte der Oberst gesagt, »mir wäre lieber, Sie blieben

hier.« Mein Bruder wollte jedoch unbedingt mit den Kameraden gehen. Er fuhr mit. Sie waren zu acht. Ein Volltreffer zerstörte den Panzer. Er traf auch meinen geliebten Bruder. Seine einzigen Worte waren: »Wie geht es meinen Kameraden?« – dann schloß er die Augen für immer. Nur einer überlebte.

Die Nachricht traf uns furchtbar. So sehr, daß ich noch heute nicht darüber schreiben kann. Das Leben meiner geliebten Mutter war zerbrochen. Unser Haus war von Trauer erfüllt. Es geschah am 2. Juli 1941.
Theda wollte tapfer sein; ihr Leben, das kaum begonnen hatte, schien keinen Sinn mehr zu haben. Aber sie hatte keine Zeit, sich ihrem Schmerz hinzugeben, denn schon kam die grausame Wirklichkeit. Da Theda keine Kinder hatte, sollte sie zum Wehrdienst eingezogen werden, als Luftwaffenhelferin.
Und als ihr kurz nach Ennos Tod von ihrem Vetter, einem jungen Korvettenkapitän, mitgeteilt wurde, was er gelesen hatte, war sie restlos verzweifelt. Der »Stürmer«, die übelste Zeitung der Partei, griff eine Erzählung, die Enno geschrieben hatte und die im »Reich« veröffentlicht worden war, in unflätigster Weise an. »Enno Ork, ein jüdischer Liberalist übelster Sorte«, hieß es unter anderem. Der junge Korvettenkapitän zeigte Mut und schrieb an Goebbels, ob das der »Dank des Vaterlandes« sei, einen in seiner Pflichterfüllung gefallenen Soldaten derart herabzusetzen. Wenige Tage später klingelte es in Nikolassee. Vor Theda stand eine Abordnung von Goebbels mit einem großen Blumenstrauß, um sich für diesen »faux pas« zu entschuldigen. Gleichzeitig erhielt Theda die Einladung zu einer Heldenehrung. Sie wandte sich ab und ließ die Blumen liegen. »In diesem Lande werde ich nicht bleiben«, schwor sie sich. »Aber wie komme ich fort?« war ihr einziger Gedanke.

Es gelang – sie kam nach Portugal. Als sie mit der »alten Tante Ju«, diesem schwerfälligen Flugzeug, in Madrid landete, glaubte Theda zu träumen. Welch ein Lichterglanz empfing sie nach all den Jahren der Verdunkelung und der Fliegeralarme! Welch geschäftiges, frohes Treiben! Und weiter ging es nach Lissabon – die deutsche Gesandtschaft sei ihr neuer Arbeitsplatz, hieß es. Nun hatte für Theda ein ganz neues Leben begonnen. Aber die Sehnsucht nach ihren Lieben, die sie zurückgelassen hatte, die Sorge, wenn sie von den feindlichen Angriffen auf die Städte hörte, erfüllten sie mit Angst. Ein Zurück gab es nicht mehr, sie hatte hier ihren Platz auszufüllen, bis der Krieg vorüber war. Worin Thedas Arbeit bestand, erfuhren wir nicht, aber wir hörten von einem Canaris, der dort auch seinen Dienst tat und kein Freund von Hitler war.

Vor uns lag der Sommer in seiner Fülle. Wir hatten nun einen Mähdrescher, es war ein großes Ereignis, als er zum ersten Mal eingesetzt wurde. Wir waren der erste Betrieb in Ostpreußen, der einen solchen Mähdrescher besaß. Er mähte nicht nur das Korn, sondern drosch es gleichzeitig. Das Korn lief in Säcke, die an einem Hebel bereitgehalten wurden. Immer, wenn ein Sack voll war, wurde er zugebunden und abgeworfen. Der Bauernführer kam und einige Leute von der Behörde, es wurde ein Film gedreht, alles funktionierte perfekt. Viktoria war die erste, die auf dem Mähdrescher stand und alles fachmännisch beobachtete. Das Korn lag in Säcken auf dem gemähten Feld. Dann wurde es aufgeladen und in die Scheunen gebracht.

Der Krieg geht weiter

Die Kriegsberichte beunruhigten uns sehr. Man sprach vom »siegreichen Vordringen unserer tapferen Truppen«, aber nicht von den vielen Toten. Die Jugend glaubte an die mitreißenden Worte von Goebbels und Hitler. Eltern weinten um ihre Söhne. In den Großstädten waren schon Tausende durch die Bombenangriffe ums Leben gekommen.

Nun kam der gefürchtete Einberufungsbefehl für Georg Wilhelm. Er wurde zu einer Fliegertruppe als Fluglehrer nach Prenzlau beordert. Am 10. Mai 1941 war Rudolf Hess als Friedensengel über Glasgow abgesprungen. Er wollte Verhandlungen anknüpfen, die den Frieden mit England sichern sollten. Es war eine Idee, die keine Früchte trug. Langsam schwand auch unsere Hoffnung auf einen baldigen Frieden. Georg Wilhelm war Hobbyflieger, aber bis dahin hatte er keine militärische Ausbildung gehabt. Deshalb wußte man nicht so recht, wo man ihn einsetzen sollte. Die Kameraden, mit denen er die ersten zwei Monate zusammen war, standen bereits an der Front. Er kam sich irgendwie verloren vor. Dann mußte er zu einer Höhentauglichkeitsprüfung nach Berlin. Es war ein Hin und Her, ohne feste Bestimmung. So schrieb er mir fast täglich Briefe, und ich antwortete ihm. Wir beantragten Wirtschaftsurlaub. Hafer und Gerste waren bereits gemäht, in Berlin gab es Verzögerungen. In Sporwitten wurden immer mehr Leute eingezogen, und schon kamen die ersten russischen Kriegsgefangenen. Georg Wilhelm wurde dringend auf dem Gut benötigt, aber er blieb bei seiner Fliegertruppe. Mein Schwiegervater glaubte, mir beistehen zu müssen, und kam zu uns. Er hieß überall »der Major«, und auch seine Kinder sprachen von ihm als dem »Major«. Ich war tiefgerührt. Der Major war ein schwerkranker Mann, aber er ließ es sich nicht nehmen, jeden Morgen um sieben Uhr auf dem Hof zu stehen, um die Arbeitseinteilung zu überwachen. Unser neuer Inspektor hatte nicht die Erfahrung, ein so großes Gut zu bewirtschaften. Er war dankbar für manchen guten Rat, den der Major ihm geben konnte. Nach wenigen Wochen wurde mein Schwiegervater von einem heftigen Schüttelfrost ergriffen, ich rief den Arzt. Es gab keine Rettung, so schnell war die Krankheit fortgeschritten. Ich konnte niemanden von der Familie erreichen, Georg Wilhelm war gerade bei einer Übung und kam erst am nächsten Tag. Der gute Major starb in meinen Armen. Ich behielt ihn in Erinnerung als einen aufrechten und vornehmen Menschen, pflichtbewußt bis zum letzten. In seiner zurückhaltenden Bescheidenheit ist er mir immer ein Vorbild geblieben. Georg Wilhelm hatte seinem Vater kein liebevolles Wort mehr sagen können, auf keine Frage gab es mehr eine Antwort. Er kam zu spät – wie sein Bruder. Es war der 7. Oktober, als wir den Major auf seinem letzten Weg zum Erbbegräbnis begleiteten. Wieder waren wir alle vereint, die verwandtschaftlich mit der Familie verbunden waren. Aber dieses Mal war es nicht der frohe Anlaß wie zur Taufe unseres Sohnes. Es war die Trauer um einen lieben Angehörigen, der uns zusammenkommen ließ, und wir wußten, daß diese Lücke nicht mehr zu schließen war.

Georg Wilhelms Militärdienst war beendet, und man entließ ihn vorläufig, denn mit zweiunddreißig Jahren war er zu alt, um noch als Frontflieger ausgebildet zu werden.
Der Herbst 1941 brachte viele Veränderungen. Lebensmittelkarten wurden sehr gekürzt, und auf die Reichskleiderkarte gab es schon gar nichts mehr. Saatgut und

Kunstdung erhielt man nur auf Zuteilung und auch das nur spärlich. Man wurde aufgerufen, seine Skier und warmen Sachen abzuliefern. Der Winter stand vor der Tür, und die Kälte setzte früher ein als gewöhnlich. Die Auflage für den Holzeinschlag wurde höher.

Das Führerhauptquartier fand sich in Ostpreußen bei Rastenburg. Man war überzeugt, daß hier der sicherste Ort sei.

Der Herbst setzte früh ein und damit auch die Kälte. Unsere tapferen Soldaten, schlecht ausgerüstet für einen so frühen Winter, versuchten vergeblich, Moskau einzunehmen. Zwar wurde Moskau bereits am 7. Oktober eingeschlossen, und das diplomatische Corps hatte die Stadt verlassen, aber es gelang nicht, sie einzunehmen. Siegesmeldungen schrie Goebbels in alle Welt, auch Petersburg schien nicht mehr weit entfernt. Aber am 19. Oktober gab Stalin den Befehl, daß Moskau bis zum letzten Mann verteidigt werden müsse und kein russischer Soldat die Stadt verlassen dürfe. So verbluteten unsere Truppen und scheiterten am verzweifelten Widerstand des Gegners.

Am 11. Dezember erklärte Hitler gemeinsam mit Mussolini den Krieg an Amerika, denn sie wollten Japan, den Verbündeten der Achse, nicht im Stich lassen. Überheblich und selbstbewußt hatte der Duce seinem Volk vom Balkon des Palazzo Venezia zugerufen, der Dreierpakt sei der sicherste Garant für den Sieg, ein gerechter Friede mit den Völkern stünde bevor.

Wir waren sehr bedrückt, immer mehr Leute wurden eingezogen, und wieder kamen russische Gefangene. Die Arbeiten im Walde waren dringend, und wir erhielten eine höhere Auflage für den Holzeinschlag. An ein Auto war nicht mehr zu denken.

Wieder wurde es Weihnachten, aber diesmal wollte

keine frohe Stimmung aufkommen. Viktoria war mit lauter kleinen Heimlichkeiten beschäftigt, mit denen wir überrascht werden sollten. Oft hörten wir, wie sie ihr Weihnachtsstück mit Fräulein von Wrangel einübte. Unser kleiner Sohn war vergnügt und unserer aller Freude. Es schien alles wie im Jahr vorher und war doch ganz anders. Zwar erstrahlte der Baum in hellem Lichterglanz, Viktoria spielte ihr Weihnachtsstück, diesmal »Alle Jahre wieder kommt das Christuskind«. Ich las die Weihnachtsgeschichte vor, man sang »Stille Nacht«, und es duftete nach Gewürzen und Pfefferkuchen. Aber der Fröhlichkeit war eine stille Trauer gewichen, und wir dachten an die, die nicht mehr bei uns sein konnten und die uns doch so nahe waren.

Unser Freund Matthias schrieb von der Front, er war inzwischen General geworden. Seine Berichte klangen zuversichtlich. Er hatte harte Gefechte überstanden und schickte Fotos von der weiten Steppe Rußlands und von seinem Bunker im Schnee, wo er Weihnachten verbrachte. Er wünschte uns ein »frohes Fest« mit den Kindern, für die allein es sich schon lohne, Weihnachten zu feiern. Er mahnte Georg Wilhelm, sich ohne zu zögern an ihn zu wenden, falls er einberufen würde. Aber es blieb still bei uns, und die Sorge um die Einberufung blieb ein Alptraum. Wir waren weit weg von der grausamen Wirklichkeit in unserem stillen Ostpreußen.

Sophie lebte in Schlesien. Ihr kleiner Sohn, der ein zartes Kind war, brauchte ihre ganze Fürsorge. »Landluft und Ruhe wird Euch gut tun«, hatte ich ihr geschrieben und ihr vorgeschlagen, nach Groß-Sporwitten zu kommen. »Im Mai«, schrieb sie zurück, »wenn alles blüht, komme ich.« Es sollte anders kommen.

Im Januar hörten wir nun öfter das Brummen schwerer Flugzeuge. Dann gab es Fliegeralarm in Königsberg. Ich fühlte mich nicht wohl, und der Dorfarzt, der einzige weit und breit, der nicht Soldat war, kam, um mich zu untersuchen. Er verordnete erst einmal Röntgenaufnahmen. Man sah aber nichts, denn damals waren die Apparate nicht so perfekt wie heute. Der gute Dorfarzt schlug vor, den Blinddarm herauszunehmen, bei dieser Gelegenheit könne man dann ja nachsehen.

Im Krankenhaus

So kam ich anfangs Februar 1942 in eine Privatklinik nach Königsberg. Die großen Krankenhäuser waren alle mit Verwundeten belegt, die aus Rußland kamen, und so mußte ich zufrieden sein mit dieser Lösung. Es gab nur zwei Zimmer erster Klasse. Eines davon, ziemlich klein, wurde mir zugewiesen.
Es war ein großes Glück, daß meine geliebte Mutter bei uns war. So konnte ich Mann und Kinder leichter verlassen.
Ein Militärarzt, Dr. Rauch, operierte den Blinddarm. Dabei fand er viele kleine Steine, so daß er auch die Gallenblase entfernte. Ich war jung und sportlich, und so hatte ich keine Schwierigkeiten, die Operation zu überstehen, aber es war Krieg und alles sehr primitiv. Oft hatte ich Schmerzen, aber Dr. Rauch war nicht bereit, mir auch nur ein einziges Schmerzmittel zu geben. Mein Zimmer lag, etwas erhöht, direkt neben der Haustür. Man konnte durch einen Spalt der Verdunkelung sehen, wenn ich noch Licht hatte. Dr. Rauch machte immer nur nachts Besuche, zwischen zwölf und zwei Uhr, nachdem er die Soldaten im Lazarett verbunden hatte. Dann wurde der Verband gewechselt, oder er kam nur herein. »Warum schlafen Sie nicht«, fragte er. »Ich sah,

Sie haben noch Licht.« »Ich kann nicht schlafen«, erwiderte ich, »bitte geben Sie mir ein Schmerzmittel!« – »Ich gebe Ihnen kein Mittel, lieber werde ich bei Ihnen bleiben und Sie unterhalten, bis Sie schlafen. Von Ihnen erwarte ich mehr als von einer Köchin, die gleich jammert und schreit. Sie werden es ertragen, Sie haben Selbstbeherrschung und Disziplin, wie es Ihrer würdig ist. Wenn Sie sähen, was ich jeden Abend mit den unglücklichen Soldaten erlebe, die zerfetzt und verstümmelt eingeliefert werden – Sie würden Ihr Leiden gar nicht empfinden.« Ich sagte keinen Ton mehr. Dr. Rauch setzte sich an das Fußende von meinem Bett, völlig übermüdet und bleich. In seiner feldgrauen Uniform schlief er gleich ein, und ich hörte ein leises Schnarchen. Nun mußte ich auch das noch ertragen. Ich fühlte mich miserabel, sehnte mich nach Hause zu Mann und Kindern. Georg Wilhelm kam, so oft er konnte, er war fast immer betreten, wenn er an meinem Bett saß. Er wollte helfen und konnte es nicht. »Das Schlimmste ist, daß du so wenig sprichst«, meinte er. »Du mußt wieder so fröhlich werden wie früher, du hattest doch immer etwas zu erzählen.«

Mir wurden lauter gute Dinge mitgebracht. Honig, der wie Marzipan schmeckte; frische, selbstgebackene Brötchen, Spickgans und Gänseleberpastete, sonst nur für Festtage aufbewahrt. Es erfreute mich nicht. Ich hatte Sehnsucht nach meiner Familie. Ab und zu kam meine Mutter mit Viktoria. Es war immer eine unbequeme Reise mit dem »Lahmen August«. Ich konnte die Heimkehr nicht erwarten und wunderte mich, daß ich noch immer Schmerzen hatte.

Nun war es bereits Frühling geworden. »In acht Tagen können Sie nach Hause gehen«, meinte Dr. Rauch. »Das Drain nehme ich nun ganz heraus.« Wie immer war Dr. Rauch in der Nacht gekommen, hatte mich verbunden und das Drain herausgenommen. Die Schwester kam mit einem kleinen Wagen, auf dem die Instrumente und das Verbandszeug lagen. Dr. Rauch saß müde an meinem Fußende. Er kam erschöpft aus dem Lazarett. Nach einem Schmerzmittel fragte ich nicht mehr. »Morgen werden Sie ein wenig auf dem Bettrand sitzen. Die Schwester wird bei Ihnen sein«, meinte er, als er ermattet aus dem Zimmer ging.

Zuerst konnte ich nicht einschlafen. Ich hörte ein dumpfes Klopfen unter meinem Zimmer. Dann übermannte mich der Schlaf. Als ich erwachte, setzte ich mich aufrecht hin – endlich, nach zwei Monaten! An meiner Seite, fast hinter mir, ging das Fenster zur Straße. Ich sah das erste junge Grün an den Bäumen, die die Straße säumten, es war noch früh. Ein dunkler Sarg wurde aus dem Haus getragen, aus unserer Klinik! Das also ist der Frühling, dachte ich bestürzt, aber ich fühlte mich so leicht, als ob ich Flügel hätte. Mir war so wunderbar zumute, es war wie im Traume. Ich deklamierte mit klarer Stimme ein Gedicht, das ich gerne hatte:

> »Wie lange noch, dann fassen
> Wir weder Gram noch Joch,
> Du kannst mich doch nicht lassen,
> Du weißt es doch.
>
> Die Tage, die uns einten,
> Ihr Immer und ihr Nie,
> Die Nächte, die wir weinten,
> Vergißt du sie?«

Die Schwester kam herein, sie sah mich verdutzt an. »Nun, schon so munter?« meinte sie. »Sie wollen mir wohl davonlaufen. Aber erst wird Fieber gemessen, wie immer.« Ich war voller Leichtigkeit, ich hatte das Gefühl, immer größer zu werden, als ich aufrecht saß. Ich fürchtete geradezu, an die Decke zu stoßen. »In den nächsten Tagen darf ich nach Hause«, rief ich, »ich könnte auch fliegen, so leicht fühle ich mich.« Die Schwester nahm das Thermometer, schaute sehr ernst. »Wieviel habe ich?« fragte ich. »Es stimmt nicht, wir wollen noch einmal messen«, sagte Schwester Marga. Ich hatte 40 Grad. Mein Körper war voller roter Flecke. Ein anderer Arzt erschien. »Es könnte Scharlach sein«, hörte ich ihn flüstern. Georg Wilhelm kam, er sah so unglücklich aus. Es war kein Scharlach – es war eine Sepsis.

Ich kam wieder in den Operationssaal. Ein neues Drain wurde eingelegt ohne die kleinste Betäubung. Bis an die Leber. Ich fühlte, wie sich jedes Haar einzeln sträubte, es war entsetzlich. Nun lag ich wieder in meinem Krankenzimmer.

Die Felder waren bestellt, alles grünte und blühte, ich blieb in der Klinik. Es gab nun öfter Fliegeralarm. Die Patienten, die nicht wie ich ans Bett gefesselt waren, gingen in den Keller unter mir. Ich fühlte mich so verloren. Mein einziger Wunsch war, daß Georg Wilhelm bei mir bliebe.

Im April erhielt Sophie die Nachricht, daß ihr Mann in Rußland tödlich abgestürzt sei. Er war noch nicht dreißig, und man hatte ihn als jungen Major nach 167 Feindflügen mit den Auszeichnungen des Eisernen Kreuzes 1. und 2. Klasse und anderer hoher Kriegsauszeichnungen gerade zum Ritterkreuz vorgeschlagen. Er hat es nicht mehr erlebt, sein junges Leben endete in der Erfüllung seiner Pflicht als Soldat. Seine Kameraden sahen seine Maschine brennend abstürzen, ohne ihm im Geschützfeuer zu Hilfe eilen zu können. So kam Sophie erst im Herbst zu uns.

Es war Mai, als mein Telefon klingelte. Ich war glücklich. »Liebling, kommst du?« rief ich voller Freude. »Ich muß Sie enttäuschen«, hörte ich eine Stimme, »ich bin Matthias von Resten, ich habe hier in der Nähe zu tun. Ich wollte Ihnen in Sporwitten guten Tag sagen. Ich habe gerade mit Ihrem Mann gesprochen, er berichtete mir, daß Sie krank seien und bat mich, Sie zu besuchen. Würde es Ihnen in einer Stunde passen?« – »Wie nett«, antwortete ich, »natürlich, ich freue mich.« Kurz darauf rief Georg Wilhelm an: »Matthias wird dich besuchen, in deinem Schrank steht noch eine Flasche Sekt, trinkt sie zusammen aus, es wird dir gut tun. Matthias muß morgen wieder an die Front, und dann komme ich.«
Matthias kam. Mit einer etwas gezwungenen Fröhlichkeit begrüßte er mich. »Aber gnädige Frau, was machen denn Sie für Geschichten. Nun müssen Sie aber schnell gesund werden!« Wir tranken ein Glas Sekt. Unser Freund stieß auf meine Gesundheit an. »Daß Sie schnell heimkommen zu Ihrem Mann und den Kindern«, sagte er. Dann wurde er sehr ernst. »Falls der Krieg länger dauert und Ihr Mann doch noch eingezogen wird, lassen Sie es mich wissen. Ich könnte in meinem Stab ein Auge auf ihn halten, so weit es mir möglich ist, ich stehe im Norden von Rußland. Ihn als Gefreiten ohne jede Kriegserfahrung in diesen Hexenkessel zu beordern, wäre furchtbar. Sie ahnen nicht, wie entsetzlich dieser Krieg ist. Ich möchte Ihnen ihr Glück bewahren«, fügte er hinzu, »die wenigen Tage in Sporwitten haben mich sehr beeindruckt. Diese Harmonie zwischen Ihnen und Ihrem Mann, zusammen mit den Kindern, ist etwas Seltenes.« Matthias wurde gelegentlich ins Hauptquartier bestellt, und so wußte ich, seine Worte waren keine leeren Phrasen. Wir tranken ein zweites Glas. »Jetzt trinken wir auf das baldige Ende des Krieges«, prostete ich Matthias zu, »ich werde Ihnen Honig schicken und

schreiben, wie es in Sporwitten geht«, fügte ich hinzu.
»Und wenn Sie im Hauptquartier sind, so wissen Sie,
sind Sie immer bei uns willkommen.« – »Ihr Mann hat
mir das gleiche gesagt, ich danke Ihnen. Es ist gut zu wissen, wo man Freunde hat«, erwiderte er. »Was halten
Sie denn von Hitler?« fragte ich. »Ich bin kein Politiker,
ich bin Soldat, meine Pflicht ist, mit der richtigen Strategie und den geringsten Verlusten die Stellung zu halten
oder zu verbessern. Das Leben eines jeden Soldaten ist
mir eine Verpflichtung«, war seine Antwort. Er erzählte
mir von den weiten Steppen Rußlands, von den großen
Seen, von der unendlichen Einsamkeit.

Ich war müde geworden, ich lag nun schon drei Monate
auf dem Rücken. Ich wurde nachts verbunden, wenn
der Arzt erschöpft von den Verwundeten kam. Der Sekt
hatte das Seine getan, ich war ruhig eingeschlafen. Als
ich aufwachte, war ich allein. Matthias war leise hinausgegangen. Ein Zettel lag auf meinem Bett. »Gott behüte
Sie, werden Sie bald gesund«, darunter sein Name und
seine Feldpostnummer. »Ich habe einen Freund gewonnen«, dachte ich glücklich, »er wird uns alle beschützen.« Und wieder schlief ich erleichtert ein.

Am nächsten Tag kam Georg Wilhelm. Ich erzählte
ihm, was Matthias mir gesagt hatte und daß er sich sofort bei ihm melden müsse, falls eine Einberufung käme.
»Hier ist seine neue Feldpostnummer.« Ich übergab ihm
den Zettel. Georg Wilhelm sagte: »Wir werden dann
sehen, vorläufig werde ich in Sporwitten gebraucht. Das
wichtigste ist, du kommst nun bald nach Hause. Es ist
leer ohne dich, bitte bemühe dich, laß mich nicht länger
allein.« Georg Wilhelm machte nie viele Worte, aber in
seiner Stimme lag soviel Innigkeit, daß es mich
schmerzte. Er litt genauso wie ich.

Als nachts der Arzt kam, sagte ich ihm, ich müsse nun
heim. »Solange aus Ihrer Wunde noch all das Zeug

herauskommt, wovon ich Sie befreie, dürfen Sie nicht
fort«, sagte er ernst. Er verband mich, es war schon zwei
Uhr nachts. Die Verwundeten brauchten seine Hilfe,
und da die Transporte sich häuften, kam Dr. Rauch
immer später.

Ein Spion wird gefangen

Als unser kleiner Sohn zwei Jahre alt wurde, es war am
11. Juni, war ich wieder daheim. Ich konnte es kaum fassen, wieder zu Hause zu sein. Ich hatte Sporwitten bei
Schnee und Eis verlassen, und nun blühte und grünte
alles. Mein »Männlein« wich nicht von meiner Seite.
Mit sicheren Schritten lief er nun herum, Viktoria war
sehr stolz auf ihn und fühlte sich ganz als Puppenmutter,
nur daß ihre Puppe lebendig war und auf alle ihre kleinen Späße reagierte.
Meine Mutter hatte Tränen in den Augen, als sie mich in
die Arme schloß. Georg Wilhelm war glücklich wie ich
selbst. Ich konnte es noch gar nicht glauben, wieder bei
meiner Familie in unserem schönen Haus zu sein. Überall standen Blumen, die Mädchen kamen in ihren frisch-
gestärkten Schürzen, um mich zu begrüßen. Ich war
überwältigt von all der Aufmerksamkeit und der Liebe,
die mich umgaben.
Nach acht Tagen kam Dr. Rauch persönlich zu uns heraus. Er war sehr zufrieden und erlaubte mir die erste
Ausfahrt. Dr. Rauch hat nie eine Rechnung geschickt.
Nach drei Wochen war ich völlig verwandelt, ich fühlte
mich so frisch wie nie zuvor.

Nun hatte Georg Wilhelm ein Motorrad. Ein Auto gab
es nicht mehr. Ich war noch nie mit einem Motorrad ge-

fahren, lernte aber schnell, mich hinten auf den Sitz zu schwingen. Wenn wir nicht zu Pferde waren, fuhren wir mit dem Motorrad. Wir benötigten es für die kleinen Besorgungen in unserer Kreisstadt Bartenstein oder zu den Fahrten zum Bürgermeister, denn wir bekamen für alles, was wir brauchten, Bezugsscheine. An Essen mangelte es nicht, aber schwieriger war es, Schuhe, Seife und Putzzeug zu bekommen.

Diesen Sommer hatten wir wie immer viel Besuch. Der Maler Mathei, der ein Porträt von mir malen sollte, kam im August. Er wollte den ständigen Bombenangriffen entfliehen. Dann kam auch Paulchen, der jedes Jahr ein paar Wochen bei uns verbrachte. Denn in Berlin wurden die Fliegerangriffe immer bedrohlicher. Auch meine Mutter blieb noch bei uns. Verwandte aus Pommern kamen und gingen.

Georg Wilhelm überließ unserem Maler oft sein Motorrad, mit dem er dann zum Baden fuhr. Mittags erschien er zum Essen. Eines Tages kam er nicht. Als er um drei Uhr noch immer nicht zurück war, ritten Georg Wilhelm und ich an unseren Badeplatz. Wir sahen gestikulierende Menschen. Es war ein kleiner Auflauf von Leuten. In der Mitte stand unser Freund – splitternackt. Was war geschehen? Ganz ordentlich hatte unser Maler das Motorrad unter einem Baum versteckt, denn es war ja ein »Dienstrad«, und Sprit gab es nur auf Scheine für Dienstfahrten. Dann sprang er ins Wasser, vergnügt und frei, wie Gott ihn geschaffen hatte. Später machte er einen kleinen Lauf.

Ein alter Bauer hatte das Motorengeräusch vernommen, dann den nackten Mann erspäht. Er hatte es den anderen Leuten erzählt, in der festen Überzeugung, ein Spion sei aus einem Flugzeug abgesprungen. Er habe genau das Motorengeräusch gehört. So hatte man den nackten Mann eingefangen, um ihn als Kriegsbeute abzuliefern. Gott sei Dank konnte Georg Wilhelm alles überzeugend aufklären, und wir ritten vergnügt heim, während unser Maler auf dem Motorrad den Rückweg antrat.

Abends saßen wir auf der Terrasse. Die Nächte waren warm und trocken. Wenn es Vollmond war, wurden die Windlichter nicht angezündet. Die Kieswege leuchteten in hellem Weiß und verloren sich im Dunkel der alten Bäume. Die Fenster waren weit geöffnet, auch die Tür zur Terrasse. Das Musikzimmer stand leer. Das Mondlicht fiel direkt auf den polierten Flügel, der geschlossen war, seitdem Enno in Rußland seine letzte Ruhestätte gefunden hatte. Seine Musik fehlte uns, er lebte mit uns. Ich nahm seinen kleinen Gedichtband und las eines seiner Gedichte:

Zypressen in der Nacht

Wenn spät die Kronen schweigender Zypressen
Im Schleierlicht des Monds den Himmel streifen,
Sind alle Wiesen, die das Haus umsäumen,
Von Nebelwolken silbern überhaucht.
Dann haben wir Tag und Stunde vergessen
Und stehen stumm und können nichts begreifen
Und schauen fragend zu den alten Bäumen,
Die in ein rätselhaftes Licht getaucht.

Es war sehr still geworden. Unsere Mutter war leise nach oben gegangen.

Besuch von Irene

Meine Freundin und Schwägerin Irene kam zu Besuch, ihr Sohn Peter hatte Ferien, die sie gemeinsam bei uns verlebten. Peter war siebzehn, er trug lederne, kurze

Hosen. Sie waren grau mit Hirschhornknöpfen. Dazu
Sandalen mit weißen Socken. »Du wirst schnell Farbe
bekommen bei uns auf dem Land«, ermunterte ich ihn.
Irene war sehr glücklich, ihren Sohn bei sich zu haben.
Nach einer gescheiterten Ehe war er ihr ganzes Glück,
ihre ganze Hoffnung. Peter war ein sehr lieber Junge,
zwischen Mutter und Sohn herrschte ein inniges Verstehen. Wir verlebten eine herrliche Woche, Viktoria und
Peter ritten um die Wette, er war ein Landkind und auf
dem Pferd zu Hause. Nach kurzer Zeit war der Traum
zu Ende. Peter bekam einen Einberufungsbefehl und
wurde Soldat. Irene war noch stiller geworden.
Oft fuhren wir an die Allee zum Schwimmen, manchmal nahmen wir Dorchen mit, ein Picknick wurde eingepackt, die langen Sommertage waren immer noch zu
kurz für uns. Irene war immer etwas abwesend, sie wartete auf Nachricht von ihrem Sohn, auch wir vermißten
seine Fröhlichkeit. Es waren die letzten Tage im August,
als wir das Blaubeerfest feierten. Die Beeren waren reif,
und alle Angestellten des Hauses fuhren mit einem
Leiterwagen, auf dem Bänke aufgestellt waren, in den
Wald. Gebratene Hühner wurden mitgenommen, Ge-
tränke und Zuckerkuchen, der tags zuvor gebacken war.
Große Milchkannen standen auf dem Gefährt, sie wurden mit Beeren gefüllt zurückgebracht. Viktoria und
Dorchen fuhren mit dem Leiterwagen, wir mit Marie
und unserem »Männlein« nahmen den Wirtschaftswagen. Wir sammelten alle ein. Die Mädchen sangen
ihre Volkslieder, jeder war glücklich. Unser Förster
begegnete uns. Auch er hatte zwei Milchkannen voll
gesammelt, die er auf unseren Wagen lud. Aber er hatte
es einfacher als wir. Es war Sitte, daß, wer immer auch
Beeren pflückte, einen Beerenschein vorzeigen mußte.
Diesen bekam er, wenn er einen Liter Beeren abgeliefert hatte. Dann konnte jeder so viel pflücken, wie er

wollte. So füllten sich des Försters Kannen ohne Mühe. Wir alle kamen zufrieden und erschöpft heim.

Der Sommer wollte kein Ende nehmen, er schien mir noch nie so schön gewesen zu sein. Georg Wilhelm war bei mir. Ich empfand es als große Gnade und vertraute auf Gott, nur er konnte alles zum Guten wenden. Bei uns war es ruhig, die Scheunen waren gefüllt, Truppen kamen jetzt keine mehr.

Georg Wilhelm war draußen, als das Telefon schrillte. Es war ein stiller Sommertag – Irene saß auf der Terrasse. Ich eilte in die Halle, um den Hörer abzunehmen. Eine fremde Stimme war am Apparat. »Wer sind Sie?« hörte ich. Ich sagte meinen Namen. »Bitte sagen Sie Frau von C., ihr Sohn, der Soldat Peter von C., sei für die Ehre des Vaterlandes in Rußland gefallen. Bringen Sie es ihr vorsichtig bei«, fügte er hinzu.

Ich konnte und wollte es nicht glauben. Ich ging auf die Terrasse. »Du bist ja ganz blaß«, sagte Irene. Ich nahm Irene in meine Arme. »Peter ist tot«, stieß ich hervor und begann bitterlich zu schluchzen. Irene war wie versteinert, alles in ihr wurde zu Stein, selbst ihre weit aufgerissenen Augen. Sie war unbeweglich, sagte kein Wort. Ganz langsam stand sie auf, aber sie schwankte nicht. Stumm ging sie hinaus. Ich ließ sie gehen. Irene reiste ab.

»Ich kann nicht abseits stehen«

Georg Wilhelm stand vor mir in seinem Zimmer, er sollte sich wieder in Prenzlau bei den Fliegern melden, zum Heimatdienst. »Wie soll ich jemals meinem Sohn in die Augen blicken können, wenn er mich fragt: ›Und wo

150

warst du während des Krieges, Papa?‹ Soll ich ihm antworten: ›Hinter der Front, ich machte den Fluglehrer‹, während Millionen von Soldaten in vorderster Linie ihr Vaterland verteidigen. Ich kann nicht abseits stehen, bitte verstehe mich, Swintha. Ich habe zwei Möglichkeiten: Entweder gehe ich zu den Panzergrenadieren, oder ich gehe zur überschweren Artillerie. Man will mich bei der überschweren Artillerie einsetzen, da ich Mathematik beherrsche, man muß das Ziel mit mathematischer Genauigkeit erfassen. Die überschwere Artillerie steht hinter der Front, das ist eine Art Lebensversicherung, dann müßte ich sofort antreten. Gehe ich zu den Panzergrenadieren, hätte ich noch drei Wochen Urlaub, wir könnten noch herrliche Sommertage gemeinsam verleben«, fügte er hinzu. »Bitte Swintha, entscheide du! Ich wäre für die Urlaubstage, wir würden uns eine wunderbare Zeit machen«, schlug Georg Wilhelm vor. »Ich kann es nicht entscheiden, die Last der Verantwortung ist zu groß«, erwiderte ich unsicher. »Laß uns den Sommer genießen«, sagte Georg Wilhelm, »ich gehe zu den Panzergrenadieren.«

Wir hatten herrliche Wochen, es war, als sollte das ganze Glück eines Lebens in dieser Zeit eingefangen werden, die uns geschenkt war. »Wenn ich bei den Panzergrenadieren bin, werde ich erst einmal meinen Drill in Insterburg bekommen. Dann folgt der Einsatz an der Front, der dauert sechs bis acht Wochen, danach komme ich auf einen Offizierslehrgang nach Potsdam, Swintha, dahin kommst du auch, du bist nicht lange allein«, tröstete mich Georg Wilhelm. »Unsere Truppen stehen vor Stalingrad, und wenn Stalingrad genommen ist, hat auch der Krieg ein Ende.«

Die Kämpfe um Stalingrad hielten mit unerbittlicher Stärke an, aber der Russe ergab sich nicht. Die Nachrichten wurden gefälscht, manchmal erwischten wir einen ausländischen Sender, aber er wurde gestört, und es gab hohe Strafen, wenn man dabei ertappt wurde. Anfang September rückte Georg Wilhelm in Insterburg ein, zum Wochenende kam er mit dem Motorrad heim. Es gab immer neue Gründe, die den Sonnabend-Sonntag-Urlaub rechtfertigten. Einen Zentner Erbsen für die Truppe, ein Schwein als Extraration. Als Georg Wilhelm das erste Mal heimkam, sah er recht müde aus. Sein erstes Training war ein Nachtmarsch von dreißig Kilometern. Dabei mußten sie einen Fluß durchschwimmen, und da die Nächte schon kühl wurden, war das Marschieren in der feuchten Uniform gewiß nicht leicht. Genau wie damals bei meinem Bruder Enno war Georg Wilhelms erster Weg ins Bad. Die Uniform hing an seinem schlanken Körper, und die Knobelbecher wurden bereits in der Halle ausgezogen! Marie trug sie fort.

Bald erschien er in einem leichten Anzug. Unser »Männlein« strahlte, er wußte, sein Vater würde ihn zu sich aufs Pferd setzen wie das letzte Mal. Marie hatte die Hände gerungen und war mit wehenden Röcken hinter dem trabenden Pferd hergelaufen, verzweifelt rufend. Am Sonntag gingen wir zur Wippe, wir nahmen die Kinder mit, es war ein warmer Septembermorgen. Der Tag verging viel zu schnell, und wieder nahmen wir Abschied.

Georg Wilhelm tat seinen Dienst, und wir zählten die Tage bis zum Wochenende. Noch immer war es fast sommerlich. Wir hatten nun einen neuen Inspektor bekommen, er war früher beim Arbeitsdienst in führender Stellung. Man wußte wenig von ihm, die Kreisbauernschaft hatte ihn uns zugeteilt, da Georg Wilhelm beim Militär war. Unser alterprobter Inspektor war im Krieg geblieben.

Eines Nachmittags gab es Alarm. Die Glocke, die sonst die Mittagspause einläutete, schrillte ununterbrochen. Die Schmiede brannte! Kein Löschen half, sie brannte bis auf die Grundmauern nieder. Ich rief die Kommandantur an, und Georg Wilhelm wurde benachrichtigt. Mit dem Erfolg, daß er zehn Tage Sonderurlaub bekam.

Er strahlte, als er mit seinem Motorrad vorgefahren kam. »Das hast du gut gemacht, Liebling«, sagte er und drückte mich fest an sich. »Du hast die Schmiede für mich angezündet!« Wir lachten und waren überglücklich über diesen unvorhergesehenen Urlaub. »Der Krieg geht zu Ende, ohne daß ich draußen war«, meinte Georg Wilhelm. »Stalingrad wird bald eingenommen sein, aber die Opfer sind groß.«

Es folgten lange Gespräche mit dem Inspektor, der etwa fünfzig Jahre alt war. Warum er nicht im Krieg war, wußte niemand. Es wurde angeordnet, wie die Schmiede wieder aufzubauen war, man redete über die Wirtschaft, und dann war Georg Wilhelm nur noch für uns da.

Wir hörten kein Radio in dieser Zeit, wir waren der Propagandareden müde und wollten auch nicht an den Krieg denken. Abends saßen wir allein auf der Terrasse, meine Mutter hatte sich zurückgezogen, sie sagte, Viktoria warte auf sie. Paulchen war im Saal verschwunden, er stellte all die Blumen, die er auf den Wiesen gepflückt hatte, in hohe weiße Meißen-Vasen. Der Kontrast der einfachen Feldblumen in den großen Empire-Vasen vor den hohen Spiegeln war schöner als jeder anspruchsvolle Rosenstrauß. Unser Maler war in Richtung Teich verschwunden. Ab und zu hörten wir das Wiehern und Scharren aus dem Pferdestall. Das Käuzchen saß in der Rotbuche, und manchmal vernahm man sein wehmütiges Klagen. Ich hatte mich nun daran gewöhnt, es wurde zu einem Liebeslied, wie Georg Wilhelm mir einmal gesagt hatte.

»Wir sollten noch ein Kind haben«, sagte ich zu Georg Wilhelm, »auf ein Gut gehören viele Kinder, und wir haben soviel Freude an unserem Sohn.« – »Ich möchte dich nicht allein lassen, wenn du ein Kind erwartest, laß erst den Krieg beendet sein, und dann bin ich immer bei Dir«, war Georg Wilhelms Antwort.

»Weißt du schon, wohin deine Truppe kommt?« fragte ich besorgt. »Nein, das erfahre ich erst, wenn wir aufbrechen«, erwiderte er. Nun sprachen wir nicht mehr vom Krieg.

Zwei Tage später nahmen wir Abschied, Georg Wilhelm war in eine andere Garnison gekommen, nicht weit entfernt von uns. Ich war sehr unglücklich, als ich allein ins Haus zurückkehrte.

Sophie war mit ihrem kleinen Sohn gekommen. Sie erzählte von den Fliegerangriffen auf Breslau, sie war müde und abgespannt und freute sich nun auf die Erholung und unseren Frieden.

Wenige Tage später rief Georg Wilhelm an und sagte, er sei nun im Aufbruch, er könne aber noch einmal herüberkommen. Diesmal kam er mit einem Militärkraftrad. Als er in den Park einbog, wartete ich schon auf der weißen Bank vor dem Hause. Es war bereits Oktober, mit einem Mal war es Herbst geworden, die Sonne wollte nicht mehr recht wärmen, es wurde schon früh dunkel. »Eigentlich sind wir schon unterwegs, ich schicke so schnell wie möglich meine Feldpostnummer«, begrüßte er mich. »Weißt du schon, wohin es geht?« fragte ich. »Nach Stalingrad«, antwortete er.

Ich war wie vom Donner gerührt. »Stalingrad, um Gottes willen, du mußt dich von unserem General anfor-

154

dern lassen, bitte schreibe ihm sofort«, war meine erste Reaktion. »Bis wir da unten sind, ist Stalingrad sicher gefallen«, meinte Georg Wilhelm. »Ich kann ihm ja später immer noch schreiben.« Meine Mutter hatte mir gesagt, daß ein Soldat eine tapfere Frau brauche, ich dürfe es meinem Mann nicht schwermachen und meine Sorge nicht zeigen. Sie kenne es von meinem Vater her. Man müsse die Zähne zusammenbeißen. So heuchelte ich Zuversicht, aber in meinem Herzen war ich sehr kleinmütig.

Diesmal dauerte der Urlaub nur wenige Stunden. Die Kinder wurden umarmt und geküßt. »Sorge gut für die Mutter«, sagte Georg Wilhelm zu Viktoria, »und gib acht, daß sie sich mittags ausruht!« Viktoria versprach es. »Und du, mein Sohn, mußt deiner Mutter immer eine Stütze sein«, sagte er zu unserem Jungen und streichelte über seinen Pagenkopf. »Ja, Papa«, hörten wir sein Stimmchen. Marie kam und weinte. »Unterhalte meine Frau gut, damit sie nicht auf dumme Gedanken kommt und froh bleibt wie bisher«, rief Georg Wilhelm unserer Mutter, Sophie und Paulchen zu. Dann waren wir einen Moment lang allein im Herrenzimmer. »Georg Wilhelm, soll ich dem General schreiben? Stalingrad ist ein Kessel, der fast zu ist«, versuchte ich ihn zu überreden. Er hatte aber seine Entscheidung getroffen. »Man schickt Entlastung, wir haben noch unsere Luftwaffe, ich kann die Kameraden nicht im Stich lassen. Swintha, es war so rührend, als wir ausrückten und durch die Stadt marschierten, kamen Frauen und Kinder, sie steckten uns Blumen an die Uniform und brachten uns Päckchen mit Eßwaren und selbstgebackenen Kuchen. Sie hatten Tränen in den Augen, sie wußten, wir gehen nach Stalingrad. Hab Vertrauen, Swintha!« Ich zeigte mich zuversichtlich, und wir machten Pläne für »später«.

Ich stand in der Haustür, als Georg Wilhelm abfuhr. Er war schon an der Ausfahrt, als er zurückkam. »Hast du etwas vergessen?« fragte ich besorgt. »Ich möchte, daß du meinen Ring trägst, bis ich zurückkehre, er ist besser aufgehoben bei dir.« Er zog seinen Wappenring vom Finger und gab ihn mir. Dann fuhr er schnell davon.

Als ich ins Eßzimmer kam, sagte Sophie zu mir: »Du siehst ja sorgenvoll aus, als ob das Schlimmste passiert wäre. Denk doch an die anderen Frauen, die schon jahrelang auf ihre Männer warten.« Sophie wußte nicht, wie weh mir ihre Worte taten. Sicher wollte sie mir auf ihre Art Mut machen. Sie hatte ein völlig anderes Leben als ich, sie brauchte sich nicht vor der Götter Neid zu fürchten. Meine Mutter tröstete mich liebevoll, wie es immer ihre Art war. Noch einmal rief Georg Wilhelm von irgendwo unterwegs an, dann blieb es still.

Briefe aus Stalingrad

Weihnachten 1942. Es war wie ein Hohn, wir saßen im strahlenden Kerzenschein, das Haus war warm. Wieder roch es nach Pfefferkuchen und Gewürzen. Wieder läutete das Silberglöckchen, aber diesmal hielt ich es in der Hand. Die Leute kamen etwas betreten in den Saal. In ihren Augen standen Tränen, als sie mir »frohe Weihnachten« wünschten und »wir hoffen, unser Herr kommt bald zurück« ihren Wünschen hinzufügten. Alle sahen auf mich, als ich, wie immer, die Weihnachtsgeschichte vorlas. »Nur nicht nachgeben, zeige Sicherheit«, ermutigte ich mich selbst. Ich schluckte ein paar Mal tief, bevor ich begann. Meine Stimme blieb klar bis zum Ende. Aber ich war froh, als ich mit meinen Kindern bald allein war.

Sie waren mit ihrem Spielzeug beschäftigt und merkten nicht, daß ich nun schon zum -zigsten Male Georg Wilhelms Brief las. Er schrieb, daß er diesen Brief durch einen ausfliegenden Verwundeten befördern ließ, da jede Möglichkeit, Post zu schicken, im Moment ziemlich aussichtslos sei. Seine Worte waren voller Innigkeit, und er schien nur darum besorgt, daß wir ein schönes Weihnachtsfest feiern und es wirklich mit Freude verbringen würden. Besonders den Kindern müsse Weihnachten immer in bester Erinnerung bleiben. »Dieses Fest bleibt doch für uns alle unauslöschlich in unserem Herzen, und man bewahrt es sich noch heute. Auch wir haben im Kriege Weihnachten ohne unseren Vater gefeiert, und trotzdem trage ich diese Festtage als die schönsten meiner Kindheit in mir. Seid von Herzen froh, wir wollen den Herrgott bitten, daß er uns ein gemeinsames, schönes Jahr schenkt. Lade Dir Besuch ein, sonst wirst Du mir noch schwermütig, das darfst Du nicht, mein Swinthalein, wir werden uns das Leben schön machen, wenn ich wieder bei Dir bin.« Und weiter: »Sicherlich würde ich Dir jetzt nicht gefallen, seit vierzehn Tagen sind wir nicht mehr aus den Kleidern herausgekommen, und ich bin unrasiert, aber das sind kleine Schönheitsfehler, die können wir schnell beheben. Unter den Seligpreisungen der Bibel ist die Kameradschaft vergessen worden, sie ist hier unser einziger Trost.«

Georg Wilhelm klagte nicht, er schrieb nichts von den harten Einsätzen, der Not, dem Elend. Im November kam er direkt in den Hexenkessel Stalingrad, gerade noch, bevor sie restlos eingeschlossen wurden. 21 Tage war er im Viehwagen unterwegs gewesen.

Als die Kinder schlafengegangen waren, saß ich noch lange allein unter dem brennenden Kerzenbaum. Langsam verlöschte ein Licht nach dem anderen. Meine Ge-

157

danken gingen in die weiten Steppen Rußlands, von Schnee und Eis verweht, von Bomben aufgewühlt, wo unsere tapferen Soldaten unter Aufgebot aller Kräfte, hungernd und geschunden, dem Feinde standzuhalten versuchten. Zu ihnen gehörte mein geliebter Mann.

Das Haus war ganz still; ich öffnete die Haustür, der Schnee glänzte im Licht des zunehmenden Mondes wie zahllose Kristallsternchen. Aber es war ein fahles, milchiges Licht, was der Landschaft etwas Wehmütiges gab. Das Haus, wo die Polen lebten, war noch erleuchtet. Ihre Lieder klangen herüber. Sie sind geborgen, dachte ich, sie haben die Not überstanden. Als ich nach oben ging, war mein Körper müde und schwer.

Silvester hatte ich mit den Kindern Blei gegossen. Die Figuren, die im Wasser erstarrten, wurden gedeutet. Es gab einen Vogel mit ausgebreiteten Schwingen. Natürlich bedeutete es, daß der Vater nach Hause fliegen würde. Ein Schuh – die Heimkehr von Georg Wilhelm. Jeder Gegenstand deutete auf die Rückkehr von Georg Wilhelm. Es gab Punsch und Pfannkuchen. Die Nachbarn waren nun größtenteils wieder zu Hause. Man hatte mich eingeladen, aber ich wollte allein sein mit den Kindern.

Georg Wilhelm war der einzige aus unserem Kreis, der in Stalingrad war. Unsere Güter waren kriegswichtige Betriebe und ihre Besitzer jetzt meistens in erreichbarer Nähe bei den verschiedenen Wehrkreiskommandos.

Nochmals kam ein Brief, wieder hatte ein Verwundeter ihn mitgenommen, auf Verdacht. Am 30. Dezember 1942 schrieb Georg Wilhelm: »Mein geliebtes Swinthalein, gehört habe ich ewig nichs von Dir, Briefe, Päckchen und andere erfreuliche Dinge kommen nicht durch. Es war ein trübes Weihnachtsfest, und die Leute konnten nichts Rechtes mit sich anfangen. Zu lange

Fastenzeiten beeinträchtigten die gute Stimmung. Neu-
jahr wird es nicht besser werden, aber einmal muß sich
das Blatt ja wenden. Jetzt ist ein Fortkommen von hier
ganz unmöglich, unsere Hoffnung ist unsere Luftwaffe.
Ich hoffe, Ihr konntet Weihnachten in Freude verleben!
Verfressen, wie man jetzt ist, habe ich die ganze Zeit an
Schmantbonbons gedacht, von denen ich sicher ohne
Hemmung fünfzig Pfund verschlingen könnte. Es ist ja
zu blödsinnig, man hat ja gar nicht gewußt, wie gut es
einem ging. Man lernt das Brot ehren und achten, auch
das kann gut sein fürs Leben. Auch das Gebet ›Unser täglich Brot gib uns heute‹ bekommt einen ganz primitiven
Sinn. Nun, wir hoffen, daß wir diese Prüfung bald überstanden haben und die Zeiten auch für uns wieder besser werden. Bleibe guten Mutes!«
Ich hoffte und wartete. Als ich einen Brief erhielt, war
das Kuvert mit Lehm verschmiert, es war Georg Wilhelms Handschrift. Der Brief war bereits im Dezember
geschrieben. Es war sein Testament. Er legte alles in
meine Hände . . . »Mein Wunsch ist, daß mein Sohn
einmal das Gut übernimmt, wenn er gerät. Ob er gerät,
entscheidet meine Frau«, las ich. Damals ahnte ich
nicht, daß mir das Schicksal diese Entscheidung abneh-
men würde. Auch Viktoria war in der Erbfolge wie sein
eigenes Kind eingesetzt worden. Ich sollte in all meinen
Handlungen und Entscheidungen uneingeschränkt frei
sein. Er empfahl mir unseren Nachbarn, Baron Buhl, als
Berater. Ganz zum Schluß stand: »Es ist mein Wunsch,
daß meine Frau sich wieder verheiratet.« Dazu ein paar
liebevolle Zeilen für mich, dieses sei nur vorsorglich gedacht.
Ich war fassungslos. Ich hatte auch keine Haltung mehr.
Ich war hilflos und verzweifelt. Ich zog mich zurück und
sagte, ich hätte Fieber. Viktoria brachte mir Zitronen-
saft. Diese Früchte waren eine große Seltenheit. Vikto-

ria wollte immer bei mir sitzen und mich mit kleinen Scherzen unterhalten und verstand nicht, daß ich nicht lachen konnte. Am Abend sagte mir unser Sohn gute Nacht. Wie er sein Ärmchen um meinen Hals legte, fühlte ich Trost und Hoffnung in mir. Dieses geliebte Kind gerät bestimmt, wie konnte Georg Wilhelm daran zweifeln?

Am nächsten Morgen fuhr ich mit Viktoria im Wirtschaftsschlitten über die Vorwerke. Ich ließ mich über alles orientieren, ich hatte eine Verpflichtung. Die Wirtschaft mußte tadellos laufen. Wenn Georg Wilhelm zurückkehrte, sollte er seine Freude haben. Abends, wenn die Arbeit beendet war, ging ich ins Büro, wo Fräulein Wippler arbeitete. Der Inspektor kam, er berichtete, er erklärte. Fräulein Wippler überwachte den Verkauf, alle Anschaffungen, die Bezugsscheine, die Ablieferung. Sie war ein nettes junges Mädchen. Es war ihre erste Stelle bei uns. Sie war noch sehr jung, pflichtbewußt und bescheiden. Sie zahlte die Löhne aus, führte über alles große Bücher. Ihre Eltern hatten ein Schokoladengeschäft in Chemnitz. Oft kam ein Paket mit Süßigkeiten, und sie brachte den Kindern von ihren Schätzen.
Jedesmal, wenn das Telefon klingelte, stürzte ich an den Apparat. Ich glaubte, es könne eine Nachricht von Georg Wilhelm sein – nichts. Immer wieder war es eine neue Enttäuschung, wenn das Telefon läutete. Hatte Georg Wilhelm nicht am 7. Dezember geschrieben: »Heute sitze ich in einem Lazarettbunker. Ich habe Gelbsucht und soll baldmöglichst gen Westen abtransportiert werden. Wenn alles klappt, wie ich es mir denke, komme ich nach Königsberg ins Lazarett zu Dr. Rauch. Es kann sein, daß ich früher da bin als dieser Brief, den ich mit einem Verwundeten schicke. Hier ist tiefer Winter, viel Schnee und Sturm. Sorge Dich nicht, begeht nur ja

Weihnachten festlich, auch wenn ich nicht in der Nähe sein sollte.«

Selbst wenn nun schon sechs Wochen seit diesen Zeilen vergangen waren, eilte ich jedesmal voll Spannung ans Telefon, wenn es klingelte. Und wie oft klingelte es. Es klingelte selbst in meinen Träumen. Aber die so sehnlichst herbeigewünschte Nachricht blieb aus. Ich faßte einen Entschluß. General Kersten, er mußte mir helfen können. Saß er nicht an wichtigster Stelle im Reichsluftfahrtministerium in Berlin?

Ich dachte an die Segelpartien, die wir zusammen mit Viktor und seinen Kameraden auf dem Wannsee gemacht hatten. Wo er so gerne den jungen Frauen den Hof machte. Und an seinen Besuch damals in Staaken, wo er Viktor und mich so unerwartet überrascht hatte. Und später meine Gastrolle in der Wilhelmstraße im Luftfahrtministerium.

So fuhr ich nach Berlin. Ich wohnte in Nikolassee. Theda war in Portugal, aber es war gut, daß ich gekommen war, denn man wollte das Haus beschlagnahmen. Ich konnte Thedas Wohnung retten, denn auch Ursula, meine baltische Freundin, lebte nun dort, da sie in einem Ministerium dienstverpflichtet war. Es sah aber schlimm aus, Fensterscheiben waren zerbrochen, sie hatten den Luftangriffen nicht standgehalten. Glas gab es nicht. Mit Hilfe eines Soldaten, den man mir zugewiesen hatte, vernagelten wir die Fensterläden, die auch nur noch locker in den Angeln hingen. Paulchen hatte mich nach Nikolassee begleitet. Er konnte manchen guten Rat geben. Wie glücklich war ich, wenigstens am Abend mit Ursula zusammen sein zu können.

Das Erzählen nahm kein Ende. Wir sprachen von der lustigen Zeit damals mit Georg Wilhelm, als wir Weihnachten gemeinsam feierten und Ursula, als Chaperon, von Georg Wilhelm immer mit »Stalinowna« aufgezogen wurde. Wie sie die Hände rang und »Erbarmung« rief, wenn er es zu toll trieb. Ursula war fest überzeugt, daß Georg Wilhelm lebte. Ihr Optimismus übertrug sich auch auf mich. Wir tranken Bärenfang, den ich mitgebracht hatte, und ich war voller Zuversicht.

Paulchen hatte eine Reissuppe gekocht. »Ruf mich an, wenn du aus dem Luftfahrtministerium kommst, bestimmt mit guten Nachrichten. Ich werde dich in den Zug setzen«, meinte er. Wir hörten Fliegeralarm und versuchten, Paulchen zurückzuhalten. »Ich gehe«, meinte er, »der Alarm wird nicht lange dauern.« Es war ein feuchter, nebeliger Januarabend, als er in der Dunkelheit verschwand.

Am nächsten Morgen fuhr ich bereits früh zusammen mit Ursula in die Stadt. Diesmal nicht mit dem Auto, das besaßen nur noch kriegswichtige Betriebe und die Spitzen von Militär und Partei. Wir fuhren mit der Stadtbahn bis zum Potsdamer Platz. Überall sah man zerschossene Häuser. Ganze Straßenzüge konnte ich nicht wiedererkennen. Vor den Lebensmittelgeschäften standen die Leute Schlange. Die Menschen sahen vergrämt, müde und ängstlich aus. Junge Frauen in Uniform lachten und benahmen sich recht auffällig. Ich ging die Linden hinunter, vorbei am Adlon, aus dem es rauchte. Ein verbrannter Geruch lag über der Straße.

Als ich ins Luftfahrtministerium kam, fühlte ich mich verloren und unglücklich. Ich sehnte mich nach Hause. Ein Mann in Uniform begleitete mich, nachdem er meine Papiere kontrolliert und telefonisch Rückfrage gehalten hatte. Er klopfte und öffnete mir die Tür. Ich schloß sie sorgfältig hinter mir. Mir schien der Weg bis zu dem großen Schreibtisch, hinter dem nunmehr »General« Kersten saß, unendlich weit. Meine Füße sanken in schweren Velour, mit dem das riesige Zimmer ausge-

162

legt war, es schien mir, als hätte ich Eisen an den Sohlen. Schließlich erreichte ich den Schreibtisch, und damit auch den General, der sich erhob. »Wie schön, Sie einmal wiederzusehen«, sagte er, als er mich begrüßte. Er küßte mir die Hand und musterte mich wohlwollend. Kersten war klein, und daran konnte weder die schöne Generalsuniform noch der riesige Schreibtisch etwas ändern. »Setzen wir uns«, forderte er mich auf, »wie geht es Ihnen, Sie sehen gut aus.« Er bot mir etwas zu trinken an. »Sie leben in Ostpreußen, ein herrliches Land, ich bin manchmal dort, dienstlich.« Aha, dachte ich, in der Wolfsschanze bei Hitler, aber ich sagte es nicht. »Wissen Sie noch, Ihr Gastspiel vor Jahren im Luftfahrtministerium«, erinnerte er mich lachend. »Sie waren noch so jung und kannten nichts vom Leben. Das ist jetzt gewiß anders, Sie werden wissen, daß das Leben zum Leben da ist. Auch heute sind Sie noch sehr jung, aber in Ihrer Jugend liegt der Reiz der Erfahrung.« – »Ich bin sehr unglücklich«, erwiderte ich, »ich warte täglich auf eine Nachricht von meinem Mann. Ich weiß seit Ende Dezember nichts von ihm. Stalingrad ist eingeschlossen, er soll ausgeflogen sein, aber er hat sich nicht gemeldet. Ich bin gekommen, um Sie zu bitten, mir zu helfen. Sicher können Sie Nachforschungen anstellen und ihn suchen. Sie sitzen doch hier an einer sehr wichtigen und einflußreichen Stelle, bitte sagen Sie mir, wie steht es um Stalingrad?«
Der General machte ein sehr wichtiges und geheimnisvolles Gesicht, dann hob er an zu sprechen. »Wir leben im Kriege, meine Gnädigste, und wie Sie wissen, gibt es im Kriege Kugeln, und manche treffen. Ich kann gar nichts für Sie tun, Ihr Mann ist einer unter vielen Soldaten. Ich bedaure, Ihnen nicht helfen zu können.« – »Können Sie nicht Nachforschungen anstellen, ob er vielleicht auf einem Verbandsplatz eingeliefert ist?« bat

163

ich nochmals. »Im Krieg muß man mit allem rechnen«, sagte er nur. »Es tut mir leid, Nachrichten kommen nicht aus dem Kessel, und wenn, dann sind sie geheim.« Ich kämpfte gegen die Tränen und hoffte, er würde es nicht sehen. Er sollte es keinesfalls sehen. »Das ist alles«, sagte ich und stand auf. »Ich bedaure, Ihre kostbare Zeit in Anspruch genommen zu haben.« – »Ich hoffe, wir sehen uns nochmals, wie lange sind Sie in Berlin?« fragte Kersten. »Ich fahre heute abend noch nach Ostpreußen«, sagte ich. Zum Abschied küßte er mir beide Hände, und ich wandte mich zum Gehen. Wieder dieser weite Weg über den dicken Velour. Tausendmal lieber wate ich durch den Lehm in Ostpreußen, dachte ich. Nur raus. Plötzlich fühlte ich, wie eine Hand mir sanft und leicht vom Hals aus über den Rücken streichelte. Zart und leise. Ich wandte mich zur Seite. Kersten ging neben mir, ich hatte seine Schritte auf dem weichen Teppich nicht bemerkt. Ich eilte schnell zur Tür und schloß sie.

Als ich im Zug saß, kam der ganze Jammer der Verlassenheit und des Krieges über mich. Aber auch die Hoffnung erwachte wieder, als ich mich Sporwitten näherte. Vielleicht ist eine Nachricht da. Dieser Gedanke beflügelte meine Heimkehr. Wie froh war ich, als ich wieder daheim und bei meinen Kindern war. Meine Müdigkeit und alle Strapazen der Reise waren vergessen, kaum hatte ich die Kinder begrüßt, eilte ich an den Schreibtisch, um die dort aufgestapelte Post zu überfliegen. Einen Brief mit dem Stempel einer Feldpostnummer öffnete ich voller Erregung. Die ersehnte Nachricht endlich, war mein einziger Gedanke! Meine Hoffnung wich einer grenzenlosen Enttäuschung. Nichts von Georg Wilhelm. Es war ein Brief von General von Resten.

Enno hat geheiratet

Die Nehrung

Schlittenfahrt

Marie mit ihrem
»Herzensjungen«

Marie mit Viktoria und
Männlein

Der Hausherr mit Rita

Paulchen

Ulrike mit einem jungen
Kälbchen

Der Vater hat photographiert

»Verehrte, liebe gnädige Frau! In den letzten Tagen habe ich viel an Sie gedacht. Ob Ihr Mann noch aus Stalingrad herausgekommen ist. Ich hoffe es so sehr. Auch wenn er sich jetzt nicht meldet, geben Sie die Hoffnung nicht auf . . .«

Also doch jemand, der dir helfen kann und will, dachte ich. So bin ich doch nicht ganz verlassen. Warum kam ich nicht eher auf diese Idee? Als die Kinder schliefen und das Haus in tiefer Ruhe lag, setzte ich mich an meinen Schreitisch und schrieb dem General von meiner großen Sorge. Es war schon Mitternacht, als ich mich zur Ruhe begab. Ein neuer Hoffnungsstrahl ließ, mich voller Zuversicht einschlafen.

Als der General antwortete, fühlte ich neues Vertrauen in mir. Er wollte Nachforschungen über höchste Stelle veranlassen, ich müsse den Glauben an eine höhere Macht haben und nicht daran zweifeln, daß sich alles zum Guten wenden würde. Nicht Verzagtheit, sondern Mut und Tapferkeit müßten mir für meine Kinder und für meine Aufgaben Kraft geben.

Am 5. Februar fiel Stalingrad – alles blieb stumm.

Es war März geworden, als ich die Nachricht erhielt, daß Georg Wilhelms Vetter Jürgen, der zuletzt mit ihm in Stalingrad gewesen war, in Berlin-Grunewald im Oskar-Helene-Heim verwundet lag. Er hatte Georg Wilhelm zuletzt gesehen. Er konnte mir eine Nachricht geben.

So fuhr ich nach Berlin, voller Hoffnung, die mich für diese schwere Reise stark machte. Die Züge waren überfüllt; Flüchtlinge, Militär, die Menschen hingen wie Trauben auf den Trittbrettern, einige saßen auf dem Dach. Ich stand auf den Verbindungspuffern, auf der sich hin- und herschiebenden Eisenplatte. Am Morgen traf ich am Bahnhof Zoo ein. Der getreue Paul erwar-

165

tete mich. Meine Beine waren geschwollen. Er bereitete mir ein kühlendes Fußbad. Paulchen sah müde und abgehärmt aus. Er machte mir einen Kaffee und gab mir etwas zu essen. Da saß ich nun in der Bar, wo ich so viele frohe Stunden erlebt hatte, meine Füße in einer großen Schüssel kalten Wassers, voller Hoffnung, endlich die ersehnte Nachricht von meinem Mann zu bekommen. Paulchen redete mir gut zu, auch er war voller Zuversicht und ließ es sich nicht nehmen, mich zu begleiten. Es war Frühlingsanfang. Das erste junge Grün schmückte Bäume und Sträucher. Viele Häuser und Straßenzüge waren große Trümmerhaufen, aber auch hier blühten ein paar Zweige. Wir fuhren mit der U-Bahn bis zum Grunewalder Oskar-Helene-Heim. »Ich mache einen kleinen Spaziergang«, sagte Paulchen. »Ich warte auf dich mit guten Nachrichten.«

Mein Herz klopfte, als ich das Oskar-Helene-Heim, das nun ein Lazarett war, betrat. Zimmer 68, sagte ich immer wieder vor mich hin, ohne es zu bemerken. Ich klopfte und trat ein. Jürgen lag mit verbundener Hand in seinem frischbezogenen Bett. Seine Frau machte sich strahlend mit kleinen Hilfsdiensten zu schaffen. Sie schauten sich glücklich an. »Jürgen, wo ist Georg Wilhelm, du hast ihn zuletzt gesehen, was weißt du von ihm, wie geht es ihm?«

»Dein Mann lebt nicht mehr«, war seine Antwort. »Und wenn du ihn lieb hast, darfst du ihm nicht wünschen, daß er noch lebt – es war die Hölle.« – »Warum hat man es mir nicht gesagt«, antwortete ich verzweifelt. »Niemand hatte den Mut, sie wollten dich hinhalten«, antwortete er.

Er erzählte mir, daß er noch bei Georg Wilhelm war, als dieser mit dem Sanitätskraftwagen abtransportiert wurde zum Ausfliegen. Jürgen hatte ihm seine Abschiedsbriefe mitgegeben, denn er rechnete nicht mehr damit, seine Familie wiederzusehen. Dann war alles anders gekommen. Statt Georg Wilhelm kam Jürgen verwundet zurück. Sein Flugzeug kam heim. Nachdem es beim Start in einem Bombentrichter steckengeblieben war, erschien es wie ein Wunder, daß es doch noch gelang.

Wie ich das Zimmer verließ, weiß ich nicht mehr. Als ich aus dem Lazarett trat, stand Paulchen neben mir. »Sieh, wie schön die Krokusse blühen«, machte er mich aufmerksam, »der Frühling kommt wieder, trotz Bomben und Ruinen.« Der Frühling verschwamm vor meinen Augen, ob Krokusse oder Primeln, es war, als ob sich ein Schleier über alles gelegt hätte. Ich sage es niemanden, nahm ich mir vor, für uns lebt Georg Wilhelm weiter.

Die Rückfahrt war noch schlimmer als der Weg ins »Reich«, der so voller Hoffnung war, in mir war alles leer und tot.

Ich spürte keine Aufregung, als der Zug auf offener Strecke hielt und alles hinauseilen mußte, da feindliche Flieger Bomben warfen. Man sollte hinter einer Böschung neben dem Geleise Schutz suchen. Es herrschte ein furchtbares Durcheinander, eingeklemmt in ein Menschenknäuel wurde man in einer Woge von schutzsuchenden, verzweifelten Menschen hinweggetragen. Den Einschlag der Granaten vernahm ich nicht – ich hörte nur Jürgens Stimme: »Er ist tot, es war die Hölle.« Es war eine Reise, die nicht enden wollte. Und dann war ich wieder in Sporwitten, zu Hause bei meinen Kindern. Hier war Friede, hier war Geborgenheit.

Flüchtlinge

In diesem Sommer hatten wir viel Besuch. Wir waren
für alle eine Insel des Friedens. Nun hatte ich eine
ganz andere Verantwortung, aber ich wußte ja, diese
Aufgabe hatte ich zu erfüllen, für meinen Mann, für
unseren Sohn? Es war eine Verpflichtung, die mich
stark machte.

Der Kreisbauernführer hatte mir nun einen Berater zur
Seite gestellt. Er sollte den Lauf der Wirtschaft überwachen. Es war ein entfernter Nachbar, der mir nie
sympathisch war. Wenn er kam, ritten wir gemeinsam
über die Vorwerke, dann zog er sich mit dem Inspektor
ins Büro zurück, wo auch Fräulein Wippler an der Lage-
besprechung teilnahm. Nach einem guten Mittagessen
gab es einen Kaffee, den Theda aus Portugal geschickt
hatte, und die beste Flasche Cognac wurde hervorgeholt. Dazu eine gute Zigarre. Anschließend ging er.

Fräulein Wippler warnte mich. Sie meinte, unser Berater verstände sich zu gut mit dem Inspektor. Es war so.
Sie hatten sich gegen mich und meine Interessen ver-
bündet. Der gut »rollende« Eber wurde gegen den des
Beraters umgetauscht. Der seine war mit unserem nicht
vergleichbar. Unsere »Huckgans« wanderte zum Nachbarn. Auf unseren Gänseeiern saß nun eine Pute. Ich
hatte inzwischen gelernt, daß eine gute Huckgans mit
unendlicher Geduld auf ihrem Nest ausharrt, um die ihr
unterlegten Eier auszubrüten. Der Pute aber wurde es
zu langweilig, auf dem Nest der fremden Eier zu sitzen.
Wenn sie aufstand, flößte ihr die Wirtin einen Cognac
ein. Der Erfolg blieb nicht aus. Ihr Kopf wackelte hin
und her, dann taumelte sie brav wieder auf ihr Nest.

Unser Berater wurde für mich zum Alptraum. Er merkte
meine Skepsis und wurde arrogant. Er bekam auch eine

sogenannte »Entschädigung« für seine Nachbarhilfe. Er war ein Aristokrat ohne aristokratische Gesinnung. Wo früher mein Mann vor den Arbeitern auf dem Feld den Hut zog, hörte man nur ein »Heil Hitler«.

Aber es gab auch vergnügliche Momente. Meine Mutter war bei uns. Paulchen machte, wie immer, seine Ferien bei uns in Sporwitten. Wir saßen beisammen mit meinem Berater bei Kaffee und Cognac im Gartenzimmer. Es war ein angeregtes Gespräch. Man unterhielt sich über Berlin von früher, über Künstler und die guten Theater. Und dann darüber, wie sehr sich die Stadt verändert habe. Die Angst vor den Bombenangriffen. »Sie arbeiten sicher in einem Ministerium«, meinte Baron S., indem er sich an unseren Freund Paulchen wandte. »Nein«, sagte Paulchen und schwieg. »Dann sind Sie Wissenschaftler?« fragte der Baron. »Ich habe eine Bar in der Meineckestraße«, erwiderte Paulchen nun. Stille. Mein Berater verschluckte sich an seinem Cognac. »Wie interessant«, sagte er, »geben Sie mir Ihre genaue Adresse. Ich werde Sie bei meiner nächsten Reise nach Berlin besuchen. Haben Sie auch attraktive Frauen?« wollte er wissen. »Nein, da muß ich Sie enttäuschen«, erwiderte Paul lachend.

Nach dem Fall von Stalingrad gab es eine Wende. Von dem siegreichen Vordringen in Rußland wurde nun nicht mehr gesprochen, man berichtete von erbitterten Kämpfen, um die Stellung zu halten. Die Bombenangriffe im Westen nahmen an Härte zu. Familien wurden evakuiert – nach Ostpreußen. Hier in unserem schönen Lande herrschte noch Ruhe.

Wir hatten nun viele Flüchtlinge. Frauen und Kinder aus Berlin. Ich richtete für sie den Flügel zum Park unten ein und oben mein Boudoir. Sie konnten von oben die schmalere Treppe benutzen und hatten ihren eigenen

Eingang direkt zum Innenhof. Diesen hatten sie nun völlig in Beschlag genommen und dort eine Art Sommercamp für sich eingerichtet. Sie waren alle frohen Mutes, fast übermütig von Glück, aus dem Bombenhagel Berlins nun in unser friedliches Ostpreußen gekommen zu sein. Eine junge Frau in weißen Shorts schlug Rad. »Wir werden diesen Ostpreußen das Beten austreiben, sie müssen lernen, wie man lebt«, verkündeten sie überlegen. Sie gingen mit kurzen Höschen bekleidet über den Hof, besichtigten alles. Sie waren sehr sauber, sehr unbeschwert. Die Gefangenen, die Wachmänner, sahen ihrem Treiben mit sehnsüchtigen Augen zu. Für alle war nicht Platz im Haus. Einige wurden in anderen Häusern untergebracht. So auch eine kleine, blonde Frau mit ihrem dreijährigen Sohn. Seine blonden Locken umrahmten sein Gesichtchen. Sie wohnten über der Waschküche. Man richtete ihnen ein nettes Zimmerchen ein. Es war nah am Dorfteich. Dort hatte auch unser Franzose sein Reich und unser polnischer Schmied. Es war eine große Belastung für Fräulein Wippler, für alle Lebensmittelkarten zu besorgen, Decken und vieles mehr. Der Weg zum Bürgermeister erforderte immer den ganzen Vormittag. Ich achtete nun auch auf strengste Verdunkelung, denn ab und zu warfen feindliche Flieger Bomben ab, Gott sei Dank nicht bei uns.

Eines Morgens meldete man mir zwei Herren von der Partei, die schon im Büro auf mich warteten, »Bei Ihnen wohnt eine Frau Kunze«, sagte der eine. »Sie kommt aus Berlin. Wir müssen die Frau verhaften, sie hat sich mit dem Polenschmied eingelassen. Die beiden haben ihr Liebesnest ja auch sehr ungestört. Die Frau hat gegen das Rassengesetz verstoßen. Einen Polen als Liebhaber! Vor allem müssen wir ihr das Kind fortnehmen. Wir möchten Ihnen vorschlagen, die Patenschaft zu übernehmen und den Jungen in Ihr Haus zu nehmen. Das Kind ist ja nicht schlecht«, fügte er trocken hinzu. »Es muß nur geformt werden.« Ich sah den kleinen, hellgelockten Jungen vor mir, mit seinem sanften Gesichtchen, dazu die Mutter, eine kleine, freundliche Frau. »Ich kann diese Aufgabe nicht übernehmen«, antwortete ich. »Ein Kind gehört zur Mutter, sie sorgt gut für den Kleinen. Sie zerstören nicht nur das Leben der Mutter, sondern auch das des Kindes. Bitte finden Sie eine andere Lösung. Bringen Sie die Frau mit ihrem Kind auf einem anderen Gut unter«, bat ich die SA-Männer. »Ich übernehme die Kosten.« Ich ging zum Schreibtisch und übergab dem Mann einen größeren Schein. Er zögerte, bevor er das Geld einsteckte. »Wir werden sehen, was sich machen läßt, dieses Weib hätte einen Denkzettel verdient. Es ist eine Schande und ein Verrat am Führer.« Ich bat beide in Georg Wilhelms Arbeitszimmer. Ich fragte sie nach ihren Familien, und sie erzählten stolz von ihren Kindern. Sie schlürften Thedas Kaffee aus Portugal. »Sie haben ein Herz, ich wußte es«, sagte ich befriedigt. »Kümmern Sie sich schnell um eine andere Unterbringung, ich bin Ihnen sehr dankbar.«

Am nächsten Morgen fuhr Frau Kunze mit ihrer armseligen Habe und ihrem kleinen Sohn, den sie fest im Arm hielt, mit dem Milchwagen nach Schönbruch. Von dort aus kam sie auf eins der weiter entlegenen Güter. Wir sitzen alle in einer Falle, wir, die wir nicht dazu gehören, keiner ist mehr frei, dachte ich. Wir können nur noch unsere Pflicht tun, für die, welche wir lieben. Das Netz ist zu fein gesponnen, wer versucht, es zu zerreißen, wird liquidiert. Wir lebten in Angst und konnten uns nur passiv verhalten.

171

In diesem Juni kam René. Er war ein alter Jugend-
freund, ein Balte. Er hatte gerade geheiratet, und beide
waren glücklich, bei uns sein zu können. René war ein
junger aktiver Offizier. Er kam direkt aus dem Westen.
Manchmal ritten wir über die Felder. Sonst sah ich ihn
und seine Frau wenig, sie waren im Walde und kamen
strahlend mit Beeren und Pilzen zurück. Am Abend
saßen wir auf der Terrasse und philosophierten oder
lauschten der Stille.
Eines Morgens saßen wir im Gartenzimmer. René war
sehr in sich gekehrt. »Ich hatte einen schrecklichen
Traum«, gestand er mir. »Diesmal wird es mich
schlimm erwischen. Sage nichts zu meiner Frau.« Ich
versuchte, ihm seine düsteren Gedanken auszureden.
Am frühen Nachmittag traf ein Telegramm ein, René
mußte sofort seinen Urlaub abbrechen und zu seinem
Regiment zurückkehren. Er kam nach Charkow, er gehörte zu den Tigerpanzern. Als ich wieder von René
hörte, lag er in einem Lazarett, man hatte ihm ein Bein
abgeschossen und die linke Hand verletzt. Für ihn war
der Krieg zu Ende, aber ein mühsamer Weg begann ins
Ungewisse.

Die Partei regiert

Unser Inspektor hatte die Gutsrendantin eines Nachbarn geheiratet. Sie war nicht mehr ganz jung, aber sehr
ehrgeizig und tüchtig. Sie wurde mir gefährlich. Es
wurmte sie, daß ihr Mann mir, der soviel Jüngeren, Bericht erstatten und sich meinen Anordnungen fügen
mußte.
Eines Tages rief der Kreisbauernführer an. Er verlangte

172

mich zu sprechen. Er erklärte mir, daß eine Anzeige gegen mich vorläge und mir wahrscheinlich die Führung des landwirtschaftlichen Betriebes aberkannt würde, das heißt, die Anerkennung des Betriebsführers, die ich im Frühjahr bekommen hatte. »Ihr Inspektor wird in diesem Falle die Gutsverwaltung übernehmen«, bestimmte er. Der Ortsbauernführer sagte sich bei mir an zur Überprüfung der Sachlage, zusammen mit dem Kreisleiter und irgendwelcher Ober- oder Unterführern. »Außerdem gelten Sie als politisch unzuverlässig«, fügte er hinzu, »Sie sind unsozial gegen die Flüchtlinge und haben eine Mauer errichten lassen, um sich von diesen armen Menschen zu distanzieren.«

Er war hart und entschlossen, ich wußte, er hatte mich in der Hand. Nein, niemals würde ich das Werk von Georg Wilhelm aufgeben. Ich hatte keine Mauer errichten lassen, sondern lediglich den Korridor am Ende bis zu meinem Boudoir durch eine Bretterwand abschließen lassen. Die Treppe zu meinem Boudoir gehörte den Flüchtlingen, somit waren alle ungestört.

Ich war sehr niedergeschlagen. Ich rief in meiner Verzweiflung Graf Eulenburg, meinen väterlichen Freund, an. Er wollte mit dem Ortsbauernführer reden. Die Nacht konnte ich nicht schlafen. »Wie wird das enden?« fragte ich mich, und ich schluchzte bitterlich. Man wird mich ausschalten, vielleicht wartet sogar das KZ auf mich?

Mein kleiner Junge schlief tief und fest. Ich hatte sein Bettchen nun in meinem Schlafzimmer. Ich stand auf und atmete tief die milde Luft einer warmen Sommernacht. Die Fenster waren weit geöffnet, der Park lag still und friedlich. Von weitem hörte man das Quaken der Frösche im Teich. Das Käuzchen schwieg. »Er ist tot«, hörte ich Jürgen zu mir sagen. »Wenn du ihn liebst, wünsche ihm diese Erlösung.« »Wir werden ihn trotzdem suchen, und niemand wird erfahren, wie es wirklich ist«, dachte ich. »Er steht hinter mir, er wird mir helfen. Mein Gott, mein Gott, warum hast du mich verlassen«, war mein Gebet zum Nachthimmel, der mit Sternen übersät war. Ich setzte mich an den Schreibtisch, stellte eine Kerze neben mich, um mein Kind nicht zu wecken, und schrieb:

> Du gabst allen Glanz des Lebens,
> Du gabst alle Angst und Not,
> Ist all mein Hoffen vergebens,
> Wie blühen die Rosen so rot.

> In unserem stillen Garten
> Glänzet wie Tränen der Tau,
> In mir das große Warten,
> Suchen im endlosen Grau.

> Halt mich wie einst an den Händen,
> Wenn auch im Dunkel wir gehen
> Wege, die niemals enden,
> Schatten um Gräber wehen.

> Kam im Erbarmen sich neigen
> Tröstend zu dir der Tod?
> Alle Antwort ist Schweigen,
> Alle Hoffnung ist Gott.

Nichts regte sich in unserem stillen Park, und auch ich fand endlich Ruhe.

Am nächsten Morgen war ich ganz gelassen. »Wenn die Herren von der Partei kommen, bieten wir nichts an«, sagte ich dem Mädchen, das mich erstaunt ansah, denn so etwas gab es sonst nicht bei uns auf dem Lande.
Ich empfing die Abordnung. In dem Zimmer, das wir so oft abgeschlossen hatten, um in die schöne Natur zu reiten und unsere Jugend und unser Glück zu genießen.

Ich saß auf dem braunen Ledersofa. »Heil Hitler«, begrüßten sie mich. »Nehmen Sie Platz«, erwiderte ich. Den Ortsbauernführer kannte ich ja, er war im Grunde ein guter Bauer und Familienvater, der treu den Anweisungen der ihm übergeordneten Führer Gehorsam leistete. Dann kam der Kreisleiter. Er war mit unangenehm und fremd. Zu meinem Erstaunen erschien auch unser Oberschweizer in brauner Uniform mit Tressen. Er stand verlegen und wagte nicht, sich hinzusetzen. »Setzen Sie sich doch, Nowak«, ermunterte ich ihn, »wir kennen uns doch seit Jahren.« Einer in brauner Uniform, der andere in Feldgrau. Er war Soldat. Auch der Inspektor gehörte zu ihnen. Der Kreisleiter verlas die Anklage. Ich sei nicht linientreu. Im Hause und auf dem Felde grüßten wir nicht mit dem »Gruß des Führers«. Ich ließe mir teure Modelle aus Königsberg kommen, wenn andere nichts anzuziehen hätten. Ich habe mit den Franzosen-Gefangenen französisch gesprochen, während eine Unterhaltung strengstens verboten war. Und das Schlimmste, ich habe mich vor den armen Flüchtlingen durch eine Mauer geschützt, und sie seien erbärmlich untergebracht.

Die ersten Anklagen wurden schnell bereinigt. Man merkte, woher all diese Vorwürfe kamen, von unserer Inspektorsfrau. Die Modelle aus Königsberg entpuppten sich als Kleider von in Sporwitten gewebten Stoffen, deren Wolle wir nach Ablieferung zurückgeliefert bekamen. Und wer wollte mir verbieten, daß eine Frau Lagerpusch aus Königsberg kam und mir und den Kindern Kleider nähte? Ich fand alle Anschuldigungen niederträchtig und gemein. Ich saß sehr hochmütig auf meinem großen Ledersofa, um mich herum diese Typen, die hofften, einen guten Fang zu machen. Sie widerten mich alle an. »Meine Herren«, hob ich an, indem ich jeden einzelnen betrachtete, »wie ich sehe, tragen Sie alle die Uniform der Partei. Nur einer ist Soldat. Ich nehme an, Frontsoldat. An Sie wende ich mich nun mit der Bitte, die Frau eines Kameraden, der in Stalingrad geblieben ist, zu schützen. Ich tue meine Pflicht, weiter nichts. Vor diesem Inspektor und seiner ehrgeizigen Frau bewahren Sie mich bitte.« Der von mir angeredete Soldat, im Range eines Hauptmanns, den ich um Schutz ersuchte, war sichtlich geschmeichelt. Er sagte etwas von Gerechtigkeit und Ordnung, die man aufrechterhalten müsse, und schloß mit: »Selbstverständlich werden wir eine Lösung finden. Wir wollen erst mal sehen, wie die Flüchtlinge untergebracht sind.« Wir gingen durch das Eßzimmer in den Flügel zum Park. Die Zimmer waren aufgeräumt, der Sommer lächelte durch die geöffneten Fenster, vor denen Stockrosen und Malven blühten. »Und wo ist die Mauer?« fragte jemand. »Es gibt keine Mauer«, erwiderte ich, »es gibt eine Bretterwand.« Wir gingen die Treppe hinauf nach oben, man besichtigte mein ehemaliges Boudoir, von dem man bis zu dem Teich hinübersehen konnte. Dann war der Flur zu Ende, mit Brettern vernagelt, die übertapeziert waren. »Das ist eine sehr praktische Lösung«, meinte der Hauptmann, »so ist jeder ungestört.« – »Das dachte ich auch«, erwiderte ich.

Lehrjahre

Ich blieb Betriebsführer. Mein Inspektor kam auf das Gut meines ehemaligen Beraters und konnte dort Wiedersehen mit dem »gut rollenden« Eber feiern. Der Kreisbauernführer setzte einen neuen Inspektor ein. Er war gewissenhaft und fleißig.

176

Baron Buhl hatte sich bereit erklärt, unser Gut mitzube-
treuen. Er erfüllte damit den letzten Wunsch von Georg
Wilhelm. Als ich bei Baron Buhl von einer Vergütung
sprach, wurde er sehr ungehalten und ärgerlich, er war
geradezu entsetzt. Er war ein vornehmer Mann und
wahrer Aristokrat.

Für Fräulein Wippler und mich begann nun ein hartes
Leben, trotzdem fühlten wir uns geborgen und glücklich. Wir wurden ohne Rücksicht eingespannt, es gab
kein Herausreden, Tatsachen zählten. Die Wirtschaft
blühte. Obwohl nun schon fast alle Männer Soldaten
waren, lief alles wie am Schnürchen. Ich hatte großen
Respekt vor Baron Buhl, er wußte alles und war perfekt.

Die Schläge wurden zum Teil neu eingeteilt, die Arbeiten und die Erträge wurden im voraus berechnet, ebenso die Ausgaben für Saatgut und alles andere. Einmal,
als wir nach dem Ritt über die Vorwerke den Rückweg
durch den Park abschnitten, lag ein weißes Stück Papier
auf dem Rasen. Es wurde von einem leichten Wind
bewegt. Meine Rappstute scheute. »Wenn Sie nicht
Ordnung im eigenen Park halten können, wie wollen
Sie dann ein großes Gut bewirtschaften?« hörte ich
Baron Buhls verärgerte Stimme. »Geben Sie Ihrem
Gärtner exakte Anweisungen. Wenn ich nochmals Unordnung im Park sehe, lohnt es sich nicht, Sie weiter zu
beraten.« Ich bekam einen roten Kopf und versprach
Besserung.

Wir hatten nun hundert russische Gefangene mit zwei
Wachmännern. Sie lebten in ein paar Backsteinhäusern, die leerstanden. Die Gefangenen hatten ihre
eigene russische Köchin. Sie verrichtete ihre Arbeit zur
Zufriedenheit des Inspektors. Der einzige Russe, der
keinen Wachmann hatte, war Petrus. Er war zweiter

177

Gärtner und arbeitete mit Louis, dem Franzosen. Beide hatten einen Posten, um den sie beneidet wurden. Aber der Gemüsegarten war auch ihr ganzer Stolz. Unsere Leute kauften das Gemüse, das sie nicht selbst anbauten, und freitags wurde der Ertrag des Gartens auf den Markt nach Friedland gebracht. Dann fuhr der Milchkutscher mit. Oft hörte man die Lieder der zufriedenen Gärtner bis in den Park schallen, einmal war es ein melancholisches russisches Volkslied, ein anderes Mal ein lustiges französisches. Beide Gefangenen hatten ihre gegenseitige Muttersprache gelernt.

Eines Mittags kam der Wachmann zu mir, die russischen Gefangenen seien unzufrieden. Sie wollten nicht essen. Das Essen sei schlecht, die besten Zutaten behielte die Köchin. Die Männer wollten mich sprechen. Ich ging zu den Russen, die vor ihren leeren Eßgeschirren saßen. In einem Kessel dampfte die Erbsensuppe. Ich ließ mir einen Teller geben und aß die Suppe mit Vergnügen. Sie war wirklich gut, und ich überzeugte mich, daß auch genug Fleisch darin war. Nun löffelten auch die Russen ihre Suppe und waren zufrieden. »Vielleicht sehnen sie sich nach ihren russischen Fleischpiroggen«, dachte ich und erinnerte mich an die schönen Kohl- und Fleischpiroggen damals im Baltikum. Diese armen Teufel sollen auch einmal etwas Gutes haben, und so gab es am Sonntag ihr vertrautes Nationalgericht. Alle waren zufrieden.

Baron Buhl kam mindestens dreimal in der Woche. »Später komme ich weniger«, meinte er, »wenn Sie gut eingearbeitet sind und alles so läuft, wie ich es mir wünsche.«

Baron Buhls Gut war bekannt in der Gegend als eines der bestgeführten. Auch seine Schwester verwaltete ihr Gut Sophiental vorbildlich. Ich gab mir die größte

Mühe; je mehr ich verstand, desto mehr faszinierte mich die Arbeit.

Meine Rappstute Elster war ein sehr unberechenbares Reitpferd, und Baron Buhl bestand darauf, für mich ein anderes zu kaufen. Die Elster sollte dem Beamten überlassen werden. Meine neue Rappstute hieß Russa, auch sie hatte den Trakener Brand, sanft und weich am Zügel war sie ein wunderschönes Pferd, wir wurden schnell Freunde. Einmal bewunderte Baron Buhl eines der dreijährigen Remonten, und ich sagte: »Betrachten Sie das Pferd als das Ihre«, froh, mich einmal erkenntlich zeigen zu können. Unwirsch antwortete er: »Sie haben nichts zu verschenken, die Remonten gehören zum Gut.« Er ließ mir keine Möglichkeit, ihm meinen Dank zu zeigen. Vielleicht machte es ihm Freude, wenn er ab und zu einen Bock schoß oder ein anderes Stück Wild erlegte, aber auch das gehörte ja zu den Pflichten, denn wir hatten einen hohen Abschuß frei und mußten entsprechend das Wild abliefern. »Laden Sie den General von Resten ein«, sagte er, »er ist ein passionierter Jäger, sicher ist er manchmal im Hauptquartier. Dann kann er uns von der Front berichten, oft mache ich mir Sorgen.«

Ich schrieb an Matthias. »Vielleicht klappt es im Winter, wenn das Damwild zum Abschuß frei ist«, antwortete er.

Einmal brachte Baron Buhl seinen Neffen mit, er war vierzehn und saß sicher auf seinem Pferd. Als wir über die Vorwerke ritten, durfte auch Viktoria mit uns kommen. Später tranken wir Tee zusammen, und dann ritten Onkel und Neffe zurück nach Postehnen.

Als ich mit Viktoria ins Haus zurückging, bemerkte ich scherzhaft: »Den netten Jungen kannst du einmal heiraten, dann sind wir später immer ganz nah beieinander.« »D e n ?« erwiderte sie verächtlich, »niemals«. –

179

»Warum denn nicht?« wollte ich wissen. »Der steigt ja von der verkehrten Seite aufs Pferd«, antwortete sie.

Es war Sonntag, es herrschte Ruhe, die Hitze lag brütend auf den reifen Feldern, selbst unsere lebhaften Berliner hörte man nicht. Unser Männlein hielt seinen Mittagsschlaf, so wie scheinbar alle. Nichts regte sich, und ich stellte mir vor, so müsse Dornröschen sanft eingeschlafen sein, eingewiegt von dem süßen Duft der Lilien, die weiß im Park leuchteten. Eine große Hecke wuchs um das Haus, so hoch und dicht, daß ich völlig eingeschlossen war. Plötzlich stand Georg Wilhelm vor mir. Er hatte die Hecke zerschlagen, und nun waren wir endlich wieder beieinander. Auch mir waren die Augen zugefallen.

Ein Klingeln weckte mich aus meinem Traum. Am Haupteingang gab es keine Klingel, so konnte es nur an der Tür zum Wirtschaftsflügel sein. Ich erhob mich und öffnete. Vor mir stand ein großer, breitschultriger Mann. Er fragte mich in gebrochenem Deutsch, ob er mich sprechen könne. Ich erinnerte mich, es war einer unserer Polen. »Kommen Sie ins Büro«, sagte ich und öffnete die Tür. Er schloß sorgsam die Tür zu unserem Eingang. Sie hatte auf jener Seite keine Klinke, nur einen großen schwarzen Knopf. Ich war gefangen, es lief mir kalt den Rücken herunter. Er trat ins Büro, schloß vorsichtig auch diese Tür. »Er wird mich ermorden«, war mein einziger Gedanke, »niemand ist in der Nähe.« Mit langsamen Schritten kam er auf mich zu und ergriff meine Hand. Er war ein Hüne. »Jetzt wird er mir die Gurgel zudrücken, diese riesige Hand, es ist für ihn ein Kinderspiel«, schoß es mir durch den Kopf. Meine Hand lag eiskalt in der seinen, so, als ob sie gar nicht zu mir gehörte. Ich brachte keinen Ton hervor. Der Pole beugte sich tief über meine Hand und küßte sie. Dann

180

ließ er sie los. In ehrerbietiger Haltung bat er um Urlaub – seine Mutter, sein Haus – es schien dringend. »Gehen Sie natürlich, es ist wichtig, nein, nicht drei Tage, das ist nicht genug, bleiben Sie eine Woche. Ich werde alles regeln, holen Sie sich morgen Ihren Urlaubsschein!« Meine Worte überstürzten sich. Eine tiefe Verbeugung, er verschwand glücklich.

Ich war erleichtert, ich konnte nicht zurück in unseren Flügel, die Tür war zu. Ich ging durch den Wirtschafts-flügel hinaus in den Hof. Überall tiefe Stille. Ich bog in den Park ein und fand die Terrasse offen, meine Knie zitterten. Leise ging ich nach oben in mein Schlafzim-mer, wo unser Sohn schlief. Vorsichtig öffnete ich die Tür. Das Licht fiel von den Fenstern des Innenhofes auf den großen weißen Teppich, auf dem eine Gestalt lag. »Um Gottes willen«, rief ich, »Marie, was ist los?« Ich glaubte, sie sei tot. Ganz verschlafen antwortete sie mir: »Der junge Herr wollte doch so gerne, daß ich vor sei-nem Bett liege.« Strahlend war unser Sohn erwacht und schaute triumphierend auf Marie zu seinen Füßen. »Marie, das dulde ich nicht«, sagte ich streng. »Lassen Sie uns jetzt allein.« Es ist Zeit für einen Wechsel, be-schloß ich innerlich.

Besuch aus Breslau

Als meine Schwester Elisabeth mit Mann und Kind aus Breslau kam, war es bereits Oktober. In Breslau war ständig Fliegeralarm, bei uns sollten sie Ruhe und Er-holung finden. Elisabeths Mann hatte, nach harten Kämpfen an der Front, Urlaub, genau zur Zeit der Herbstferien ihres Töchterleins Ulrike. Die Kleine war sechs Jahre alt und gerade Ostern zur Schule gekommen. Wir alle genossen das Zusammensein. Die warmen, sonnendurchfluteten Tage lockten zu großen Rundfahrten. Ulrike war selig, Viktoria schleppte sie überall hin. Das schönste waren die jungen Kälber, die umarmt und geküßt wurden. Zu unseren Ausfahrten durfte auch unser kleiner Sohn mitkommen. Viktoria erklärte alles voller Eifer. »Bist du eine Königin?« fragte mich Ulrike, und ihre graublauen Augen glänzten voller Glück und Bewunderung. »Jeder ist ein König, der ein Stück Land sein eigen nennt«, erwiderte ich, »aber man muß auch mit seiner Erde leben und dafür arbeiten.« – »Du bist eine Königin«, rief Ulrike, »ich möchte hierbleiben!« Alle wollten bleiben. Aber der unerbittliche Ernst kam. Der Urlaub von Elisabeths Mann ging zu Ende, und der Schulbeginn wartet auf Ulrike.

»Bleib bei uns«, wollte ich Elisabeth überreden. »Laß doch die dumme Schule, Ulrike fährt mit Viktoria zusammen zum Unterrricht, im ersten Schuljahr wird noch so wenig verlangt. Hier habt ihr keine Bombenangriffe, und dein Mann wird auch beruhigt sein an der Front, euch hier in Frieden zu wissen.« Die Eltern waren für Ordnung und daher für die Rückkehr. Wir ließen die kleine Familie ungern fahren. Ich hatte eine besondere Liebe zu Ulrike. Nun war es wieder still bei uns, aber ständig kamen durchziehende Soldaten, die einen Tag bei uns rasteten. Die Kriegsberichte wurden immer besorgniserregender. Die Katastrophe für unser Vaterland hatte mit Stalingrad begonnen. Im Norden schienen unsere Heere dem Druck der Russen standzuhalten. Matthias schrieb. Ohne daß ich es mir selbst eingestand, waren seine Briefe ein Teil meines Lebens geworden und vermittelten mir Ruhe und Geborgenheit. Er wußte immer einen Rat, einen Ausweg. Die Funktionäre der Partei bedrängten mich. Sie wollten

182

mich demütigen und verfolgten alles, was auf dem Gut geschah. Ich wußte, Georg Wilhelm stand hinter mir, er war bei mir, aber ich suchte und erreichte ihn nicht, er war in einer anderen Welt, und alles blieb leer und ohne Antwort. Ich schrieb an Matthias. Er schrieb zurück, daß die Dinge, die uns so schwer belasten, nicht mit Philosophie zu lösen seien, man müsse an die Gesetzmäßigkeit alles Lebens glauben und auch lernen, das Leid zu bejahen. Wenn wir meinen, wir hätten den Tiefpunkt erreicht, könne es nur noch aufwärts gehen. Ich glaubte, der tiefste Punkt meines Lebens sei überschritten, tiefer konnte ich nicht mehr sinken. Ich fühlte, mein starker Wille würde mir helfen, meinen Pflichten nachzukommen, ich brauchte mich dem Leben mit seiner reichen Fülle nur zuzuwenden. Die Natur in ihrer Vielfalt und Schönheit, die Ritte über die Felder, der Wald, der mich schützend aufnahm. Gab es nicht genug, was zum Leben lockte? Ich saß nicht in rauchenden Trümmern, meine fröhlichen Kinder waren meine Begleiter, nein, ich durfte nicht mit meinem Schicksal hadern, ich mußte es annehmen, mit allen Kräften und allem Willen, der mir zu Gebote stand.

Elisabeths Mann war wieder an der Front in einer fast ausweglosen Stellung. Sein Töchterlein Ulrike ging brav zur Schule und holte sich Masern. Ihre zarte Konstitution hatte keine Abwehrkräfte, sie starb im November 1943. Das Leid der Eltern war ohne Grenzen. Es war ein großes Unglück für unsere ganze Familie. Die Trauer war unser ständiger Begleiter.
Elisabeths Mann kam in ein Reservelazarett in Breslau. So konnte er dort ab und zu seine Frau sehen. Beide stützten sich in ihrem festen Glauben. Er schrieb mir am 10. Dezember 1943: »Man muß wieder von vorne mit dem Leben anfangen, dem man keine Freude mehr ab-

gewinnen kann. Und doch muß man sich, trotz aller Schwere, zur Pflicht bekennen, diesen Lebensweg weiterzugehen, bis er uns in ein besseres Jenseits führt.«

Nun sammelte er Kräfte, um für einen neuen Einsatz bei einem Grenadier-Ersatzbataillon in Schneidemühl in Posen eingesetzt zu werden. Inzwischen war er Hauptmann geworden, ich wußte, was auf ihn wartete, der Russe durfte nicht durchbrechen, kein Opfer war zu groß. Ich schrieb an den General, unseren Freund. Hatte er sich nicht auch für Georg Wilhelm eingesetzt, wenn auch vergeblich? Von ihm ging soviel Kraft und Sicherheit aus, ich war überzeugt, er könne Elisabeths Mann schützen. So kam unser Professor in den Generalstab eines Armeekorps unter den Schutz unseres Freundes.

Schlittenfahrten

Nachts hörte man nun öfter das Brummen von Flugzeugen, aber sonst war es still bei uns. Wir lebten mit den Gefangenen, als ob sie seit Generationen ihrer Arbeit bei uns nachgingen. Sie hatten sich eingewöhnt und waren gute Arbeiter. Unsere Männer standen an der Front. Viele würden nie mehr heimkehren. Baron Buhl gab seine Anweisungen, und trotz aller kriegsbedingten Schwierigkeiten lief die Wirtschaft sehr gut. Es war ein harter Winter. Das neue Jahr 1944 brachte bittere Kälte und viel Schnee. Wir fuhren nur mit Schlitten. Oft versanken die Pferde bis zum Bauch im Schnee. Dann wurden sie unruhig und begannen, mit wilden Sprüngen davonzujagen. Einmal kippten wir um. Als wir uns aus dem flockigen Weiß aufrappelten, wir steck-

ten ja in großen Fußsäcken, begann ein fröhliches Gelächter. Selbst von unserem guten Versig war nur noch
der Kopf unter der großen schwarzen Pelzmütze zu
sehen. Die Pferde waren mit dem umgekippten Schlitten in weiter Ferne, wurden aber durch die Barriere des
Roßgartens aufgehalten. In dieser Zeit sahen wir viel
Damwild, das sich friedlich an den Futterstellen im
Walde versammelte. Einmal zählte ich über vierzig
Tiere.

Unser Freund Tassilo kam aus Schlesien zum Abschuß,
er war den ganzen Tag draußen, und man sah ihn fast
nur zu den Mahlzeiten. Von den zum Abschuß freigege-
benen Stücken mußten wir einen großen Teil abliefern,
aber für unsere Tafel blieb immer genug. Auch im Park
hatten wir eine Futterstelle. Das Damwild wurde ob der
Härte des Winters ganz zutraulich, und einmal, als wir
mit dem Schlitten in den Park einbogen, bemerkten wir
eine ganze Herde, die langsam und stolz hinter unserem
Schlitten herzog und sich zur Futterkrippe begab. Es
kamen auch viele Fasane und ein Albino-Damhirsch,
ganz weiß, mit einem starken Geweih. Er erschien uns
wie im Märchen.

Im Haus war es warm und schön. Unser Männlein
wurde nun bei seinem Namen Mortimer genannt. Er
war nun bald vier Jahre alt. Marie hütete ihn wie ihren
Augapfel und war immer sehr eifersüchtig, wenn sie
ihren Liebling bei Versig im Pferdestall fand. Dort war
es immer am schönsten und viel interessanter als bei
den braven Spaziergängen im Park. Versig setzte den
Jungen auf ein Pferd, er wollte ihn zu einem Mann
machen. Die Meerschweinchen, die Viktoria im Kutsch-
stall einquartiert hatte, erschienen unserem guten
Versig sehr unstandesgemäß für die edlen Pferde. Er
hatte sich sehr dagegen gewehrt, mußte sich aber fügen.
Seine stille Rache war, Maries Schützling im Stall zu ver-

stecken, wenn sie ihn suchte. Der Kleine saß dann ganz
still im Stroh, bis Marie laut rufend verschwunden war.
So war eine stille Freundschaft zwischen Versig und
Mortimer entstanden. Unser alter Nachtwächter hieß
Strauß. »Vogel Strauß, Vogel Strauß«, rief unser Sohn
ihm zu. Marie war empört. Versig lachte, hatte doch er
es Mortimer beigebracht.

»Wir müssen eine Jagd geben«, sagte Baron Buhl. »Es
muß alles weiterlaufen wie bisher.« Es gab eine Jagd,
die Nachbarn kamen, und eine große Strecke von Hasen
und Fasanen wurde erlegt. Abends das festliche Essen.
Baron Buhl vertrat den Jagdherrn. Er saß an meiner
Seite und hielt eine sehr schöne Rede. Er sprach von
Georg Wilhelm, und wir erhoben das Glas. Es kamen
Einladungen zu anderen Jagden. Ein großes Essen bei
Herrn von Gottberg. Ich wollte nicht gehen, aber man
überredete mich. Ich fuhr im Mahagonischlitten. Versig
lenkte die Pferde und saß hinter mir. Ich wurde in die
blaue Samtdecke, die mit Pelz gefüttert war, einge-
wickelt. Ich trug meinen Innenpelz und darüber noch
ein großes Pelzcape. Versig steckte in seinem langen
Fußsack. Es war eine herrliche Fahrt in der Dämme-
rung eines frostklaren Wintertages. Der Schnee, der die
Felder zu beiden Seiten der Straße bedeckte, schimmerte in einem Blau, das langsam ins Violett überging.
Das hellerleuchtete Gutshaus empfing uns wie in alten
Zeiten, man dachte nicht an Alarm – Rußland war weit.
Man traf die Nachbarn, auch die entfernteren. Die
Damen hatten ihre Männer an der Seite. Es war
Februar, man spürte nichts von der bitteren Kälte
draußen. Eine leuchtende Blumenpracht, wohin man
sah. Das Gewächshaus hatte alle seine Schätze hergege-
ben, war es doch auch dort wohlig warm. Es gab ein er-
lesenes Menü. An die silbernen Vorlegebestecke waren

186

Alpenveilchen gebunden, weiß und rosa. Ich wurde sehr still. Meine Kehle war wie zugeschnürt, die Gänseleberpastete, die ich sonst so gerne aß, blieb mir im Halse stecken. Der Lichterglanz, die Blumen, die Fröhlichkeit und klingenden Gläser erschienen mir in weiter Ferne. Ich hatte Georg Wilhelms Brief vor Augen, als er schrieb: ». . . es ist bitterkalt, aber wir liegen geschützt in Erdlöchern. Nachts kommen unzählige Mäuse, die sich über unser Brot hermachen, sie sitzen in Ärmeln und Stiefeln. Es wird schon um vier Uhr dunkel, und die Kerzen sind knapp, wir müssen sie schon früh löschen, und wenn die kleinen Tierchen, die entsetzlich piepsen und quieken, endlich müde sind, ist es Mitternacht. Dann kommen auch wir zur Ruhe. Kannst du mir ein Paar Pulswärmer schicken, ich gab meine einem Kameraden, er kam nicht zurück . . .«

Ich hielt durch, bis das Essen vorüber war, dann fuhr ich heim. Die frische Luft tat mir gut. Dick verpackt saß ich im Schlitten. Die Luft war ganz trocken, ich spürte die Kälte nicht. Der Mond stand am hellen Nachthimmel, unzählige Sterne bedeckten ihn. Alles war hell und leuchtend. Jetzt schimmerten die weiten Felder wie glänzendes Silber, unterbrochen von schneebedeckten Baumgruppen. Wir sausten über die vereiste Straße, die Pferde witterten den heimatlichen Stall. Nur das Schellengeläut unterbrach die Stille. Ich hörte Versigs Stimme hinter mir: »Wenn gnä' Frau erlauben, der liebe Gott wird es schon recht machen. Nur nicht traurig sein, wir sind bald zu Hause.«

Ich erhielt kurze Zeit später einen Brief von Baron Buhl.

»Sehr verehrte gnädige Frau!
Es ist sicher völlig unkorrekt, aber ich muß Ihnen sagen, wie sehr ich mich doch freute, daß Sie in der Buchführungsrechnung etwas fanden, was überflüssig ist. Ich

muß Sie loben. Ich hoffe, Sie nehmen mir dies nicht übel, und weiß andererseits, daß Sie einen schwierigen Winter mit mir hatten. Man merkt jetzt, daß es sich gelohnt hat. Als Landmann würde man sagen: ›Der Boden wird gar.‹

Mit den besten Empfehlungen bitte ich, Ihnen die Hand küssen zu dürfen, und bin Ihr gehorsamster

Buhl.«

Ich war glücklich. Es schien mir, als habe ich ein schweres Examen gut bestanden. Es war ja reiner Zufall gewesen, daß ich diesen Fehler entdeckte, denn ich hatte nie etwas nachgerechnet und ließ Fräulein Wippler sich über die Zahlen den Kopf zerbrechen. Diese Anerkennung gab mir große Sicherheit, die mich mit Stolz erfüllte.

Der Frühling kam spät in diesem Jahr. Der Winter wollte kein Ende nehmen. Der Himmel war durchsichtig und zart blau. Die Sonne leuchtete strahlend, aber sie schenkte keine Wärme. Die Luft war rein und würzig. »Wie in den Bergen«, dachte ich. Skijöring konnten wir nun nicht mehr machen. Die Skier waren lange abgeliefert für unsere Soldaten. Wir fuhren mit dem Wirtschaftsschlitten. Oft begleiteten mich die Kinder. Es wurde Dung gefahren, und die Leute arbeiteten im Walde. Wieder hörte man die schweren Flugzeuge, aber bald folgte Stille. Die Rationen wurden knapper bemessen, aber wir hatten genug zu essen. Pakete wurden gepackt und gen Westen geschickt. Manchmal sandte Theda Kaffee aus Portugal. Das große Schlachtfest war vorüber. Die Würste hingen im Kamin. Schinken und Speck wurden in Schönbruch beim Schlachter geräuchert. Für das nächste Jahr war vorgesorgt wie immer. Im Keller standen die gefüllten Weckgläser mit Gänse-

Weißauer und Schweinefleisch säuberlich aufgereiht. Andere mit Leberwurst, die nach pommerschem Rezept zubereitet war. Manchmal wurde ein Wildschwein geschossen, dann wurde das Fleisch in eine Beize gelegt. Ich überließ alles der Wirtin und kümmerte mich nicht selbst um die Zubereitung wie die anderen Gutsfrauen, die diese Dinge sehr ernst nahmen. Mich interessierte die Außenwirtschaft weit mehr.

Wieder waren Russen gekommen, Weißrussen, wie uns der Bürgermeister sagte. Er wurde immer kopfloser und verteilte die Familien. Sie sollten bei uns angesiedelt werden. Wir hatten zwei Häuser in Talskeim freigemacht. Unsere Leute waren enger zusammengerückt, da die Männer und Söhne im Kriege waren. Alles wurde von der Partei überwacht, und so teilte man die Russen einfach in Familien ein. Wenn ein Mann keine Frau hatte, so wurde ihm ohne Zögern eine andere zudiktiert. Es hieß, sie seien vor ihren eigenen Landsleuten geflüchtet. Die Männer waren kräftig und gute Arbeiter. Die Frauen kamen ins Büro, um ihre Lebensmittelkarten zu empfangen. Sie sahen sauber und ordentlich aus mit ihren Tüchern, die sie sich um den Kopf gebunden hatten. Es gab Bezugsscheine für Gummistiefel und warme Jacken. Wir mußten sie besorgen. Jede Familie bekam zum Anfang ein Schwein. Unsere Frauen halfen beim Schlachten und Zerlegen. Das Fleisch wurde in einer Tonne mit Salzlake eingelagert, es sollte, wie es bei uns üblich war, für Monate reichen. Nach vier Wochen hatten die Russen bereits alles aufgezehrt. Sie lernten sehr schwer, ihre Lebensmittel einzuteilen.

Die Berliner Flüchtlinge hatte man fortgeschickt in Richtung Sachsen. Wir mußten den Platz zu anderweitiger Verwendung freihalten. Es dauerte nicht lange, da kamen die ersten Siedler aus dem Memelland sowie

Flüchtlinge aus dem Kreise Schloßberg und auch aus Königsberg, wo man vor den Bomben flüchtete. Die aus dem Memelland waren stille, bescheidene Menschen. Abends hielten sie eine Andacht und sangen ein Kirchenlied.

Frontgespräche

Als es Frühling wurde, kam er mit aller Macht. Überall grünte und blühte es in verschwenderischer Pracht. Das zarte Grün der Linden mischte sich mit den hellrosa Blättern der Rotbuche. In ihrem Schutze hatte unser Sohn seine ersten Monate verbracht, im alten Kinderwagen seiner Vorfahren. Hier würde im Sommer das Käuzchen wieder seinen Platz suchen. Die Kastanien blühten, und der starke Duft des Flieders berauschte uns.

Der Schnee war schnell geschmolzen, und auf dem Weg zum Erbbegräbnis versank man im Schlamm. Eine Kommission kam und musterte die Pferde aus, die von der Wehrmacht requiriert wurden. Ich durfte mein Reitpferd behalten, und auch das von Viktoria blieb in Sporwitten, da es auch zum Ziehen des Wirtschaftswagens verwendet wurde. Auch die Kutschpferde blieben, sie waren lebenswichtig für uns. Die Remonten, die wir sonst dreijährig verkauften, wurden nun schon eher, viel zu früh, eingezogen. Jetzt war es auch schwieriger, mit der Bahn zu fahren, aber irgendwie kam man doch ans Ziel. So auch unsere Mutter. Im Juni war sie plötzlich da. »Ich muß sehen, wie es euch geht«, meinte sie, und »wir wollen den Geburtstag unseres Jungen gemeinsam feiern.« – »Es ist alles ruhig bei uns, der Frühling war nie so schön, wir werden einen herrlichen

Sommer haben«, erwiderte ich. »Du siehst gut aus«, fuhr die Mutter fort, »ich machte mir Sorgen, du hattest so einen unglücklichen Ausdruck, eher traurig, langsam wirst du wieder meine frohe Tochter.« »Matthias ruft mich oft nachts an. Ich habe ihm versprochen, nicht nachzugeben und mich nicht unterkriegen zu lassen. Wir wechseln ein paar Worte, aber ich weiß – ich bin nicht allein. Matthias steht an der Front im Norden von Rußland. Meistens wache ich kurz vorher auf, dann läutet das Telefon. ›Ein Frontgespräch‹, sagt das Fräulein vom Amt, und dann höre ich schon Matthias frohe Stimme. Er steht in sehr harten Kämpfen. Auch er braucht mich«, fuhr ich zögernd fort. Bald darauf kam ein Brief von Matthias. Er schrieb sehr oft, und ich antwortete ihm. Er berichtete kaum von den schweren Kämpfen, die seinen vollen Einsatz erforderten. Er schrieb mir über seine Einstellung zum Leben, zur Kunst, schickte immer einen anregenden Artikel – die Philosophie beschäftigte ihn sehr. Und auch, wieviel ich ihm bedeute. Oft legte er ein Gedicht bei, das seine Gedanken für mich wiedergab. Er hatte es irgendwo gelesen. So auch dieses:

> Du bist die Erde, ich der Baum,
> Der fest in ihr verwurzelt steht.
> Du fühlst die Macht des Sturmes kaum,
> Der hart durch meine Krone weht.
> Du spürst den Frost der Sterne nicht,
> Kennst nicht das große Einsamsein.
> Dir leuchtete Gottes mildes Licht
> Wie Sternenglanz und Mondenschein.
> Du hütest wie die Erde mich,
> Gibst meinem Leben Kraft und Sinn.
> Ich aber streue über Dich
> Die Blüten meiner Zweige hin.

Ich fühlte mich geborgen.

Als Matthias wieder anrief, sagte er nur: »Ich muß deine frohe Stimme hören, es war ein schwerer Tag, aber dem Russen gelang es nicht durchzubrechen. Als ich von meinen Soldaten zurückkam zu meinem kleinen Blockhaus, begrüßte mich nur ein schwarzes gähnendes Loch. Ein Volltreffer hatte alles zerstört. Man baut mir ein neues, diesmal wird es unter der Erde sein.«

Ich konnte nach diesem Gespräch nicht einschlafen. Ich war so fest davon überzeugt, daß Matthias nichts zustoßen könne und dankte Gott für diese Fügung. Ich wußte nun, daß es mehr als Zuneigung war, was mich mit Matthias verband.

Ich dachte an das schöne Gedicht von Morgenstern:

> Aus roten Morgenwolken blüht
> Der blaue Tag in blasser Seligkeit.
> Und über Not und Leid
> Erhebt sich mein Gemüt
> Zu Dir.

Matthias war sehr glücklich, als ich ihm dieses Gedicht sandte.

Endlich konnte man wieder auf der Terrasse sitzen. Dem Frühling folgte der Sommer sehr schnell. Es kamen Soldaten, die zogen weiter, ohne sich aufzuhalten. In Berlin waren die Bomben ohne Unterlaß gefallen. Meine Mutter gestand mir nach wenigen Tagen, daß sie gekommen sei, um die Kinder abzuholen. »Merkst du denn nicht, euer Paradies Ostpreußen ist in Gefahr. Wenn die Russen von Norden durchbrechen, wird niemand mehr sie aufhalten können. Dann seid ihr verloren. Du hast eine Verantwortung für die Kinder, Swintha. Komm mit ihnen zu mir, es ist Platz genug.« – »Und das Gut, die Leute, soll ich sie im Stich lassen? Ich kann nicht. Die Kinder sind glücklich hier und ich auch. Nirgends in der Welt wären wir besser aufgehoben. Matthias steht mit seiner Armee im Norden. Er wird die Russen abwehren. Wir werden dann gehen, wenn er uns nicht mehr schützen kann«, war meine feste Überzeugung. Meine Mutter redete mir ins Gewissen, und ich versprach, die Kinder vorzuschicken, wenn die Sommerferien beginnen würden. So hatte ich erst einmal Zeit gewonnen und ein besorgtes Mutterherz getröstet.

Nachts klingelte das Telefon. »Ein Frontgespräch.« »In drei Tagen muß ich im Hauptquartier sein«, hörte ich Matthias' Stimme. »Morgen gegen Mittag ist mein Flugzeug in Königsberg. Kannst du kommen? Es wäre eine kleine Abwechslung für dich. Wir essen gemeinsam. Ich könnte zwei Tage nach Sporwitten kommen, und wir würden versuchen, den Bock zu erwischen. Wenn du mich haben willst«, sagte er froh. »Also morgen um ein Uhr im Park-Hotel in Königsberg!« Ich war glücklich.

Am nächsten Morgen fuhr ich nach Königsberg. Fräulein Wippler hatte mir einige Bezugsscheine mitgegeben, und ich sollte versuchen, Gummistiefel für die Russen aufzutreiben. Ich war schon früh gefahren, damit ich alle Besorgungen vor ein Uhr erledigen konnte. Der »Lahme August« brachte mich sicher in die Hauptstadt. Zuerst ging ich zu Schwermer, um etwas für die Kinder zu erstehen. Die Auswahl war nicht groß, aber auf Zuckerkarten gab es rosa Kringel mit Liebesperlen verziert und ein Marzipanbrot. Dann lief ich von einem Geschäft zum anderen, und endlich erwischte ich zwei Paar lange Gummistiefel auf meine Bezugsscheine. Es gab kein Papier, so mußte ich die Stiefel in die Hand nehmen. Ich hatte mich sorgfältig angezogen, ein helles Mantelkleid mit einem passenden hellgrauen Hütchen, mit einem kleinen zart-lila Schleier. Dazu trug ich weiße Glacéhandschuhe, noch aus Friedenszeiten. In der Hand hielt ich die langen schwarzen Gummistiefel. »Ich bin zu früh«, dachte ich, »ich werde die Stiefel gleich beim Portier abgeben, vielleicht gibt er mir eine Tüte.« In diesem Moment stand Matthias neben mir, auch er war zu früh gekommen. Es war ein frohes Wiedersehen. »Die Schuhe passen nicht zu dir«, sagte Matthias und nahm sie in die Hand. »Aber sie passen auch nicht zu einem General mit Ritterkreuz«, rief ich vergnügt. Matthias nahm zur Rechten meinen Arm, und an seiner Linken baumelten die langen schwarzen Stiefel, die mit einem Bindfaden zusammengebunden waren. So kamen wir ins Park-Hotel. Wir aßen auf Karten. Es war ziemlich bescheiden, aber es störte uns nicht. Matthias sah so jung aus. Er war schon Ende vierzig, aber ich empfand den Unterschied nicht.

Nach dem Essen wurden wir mit einer großen schwarzen Limousine abgeholt, mit einer Militärstandarte am linken Kotflügel. Es ging nach Sporwitten. »Welcher Kontrast, diese grünen gepflegten. weiten Felder, die heilen Kirchtürme der kleinen Dörfer, die Häuser, die so sauber in der Sonne glänzen«, sagte Matthias, »es lohnt sich, lieber noch ein paar Jahre in diesem Dreck auszuhalten und für unsere Kultur und unser Land zu kämpfen, als auch einmal in so einem Elend zu versinken, ohne Hoffnung«, hörte ich Matthias. »Der Abstand ist zu kurz. Ich komme aus einer zerschossenen Stadt, der Frühling ist noch nicht da, man versinkt im Schlamm. Nur wenige Flugstunden – der Wechsel ist überwältigend.« Wir näherten uns unserem Gut. Vor den Haustüren der kleinen Häuser standen große umgestülpte Milchkannen zum Trocknen auf einem Holzgerüst, und der Flieder blühte in den kleinen Gemüsegärten.

Wir waren früher angekommen und wurden noch nicht

erwartet. Der Chauffeur stellte das Gepäck in die Halle. Wir gingen durch das Gartenzimmer auf die Terrasse und hörten fröhliches Lachen. Dorchen und Viktoria schwangen ein Seil, und meine Mutter sprang graziös über das Seil, ehe es den Boden berührte. Wir hörten das Zählen und das Lachen. Die Mutter war dem Park zugewandt und hatte uns nicht kommen hören. »Bravo«, rief Matthias, als die Kinder siebzig zählten. Der Großmutter war es höchst peinlich, so überrascht zu werden, als sie Matthias begrüßte. »Darf ich es auch einmal versuchen?« fragte Matthias. Die Kinder schwangen das Seil; bei jedem Sprung wippte das Ritterkreuz, als der »General« es meiner Mutter nachmachte. Ich selber versuchte es gar nicht, um mich nicht zu blamieren.

Als unser Besuch nach oben ging, um sich frisch zu machen, sagte unsere Mutter: »Swintha, ich war ganz erschrocken in dem Moment, als der General vor mir stand, so ähnlich ist er Georg Wilhelm.«

Als die Sonne unterging, fuhren wir hinaus, um den Bock aufzuspüren. Ich lenkte die beiden Rappstuten, die weich am Zügel gingen. Wir bogen in den Wald ein. Das Moos schimmerte hellgrün, und der Duft der Maiglöckchen vermischte sich mit dem von frischen Tannenspitzen. Wir warteten in der Stille der Dämmerung. Matthias erzählte von den Kämpfen um die Stadt, die zwar erobert, aber immer wieder gegen den Ansturm der Russen verteidigt werden mußte. »Da draußen ist ein ganz anderes Leben, man muß mit sich selbst sehr hart sein und sich mit dem Leben so auseinandersetzen, daß man immer bereit ist, sein Schicksal anzunehmen«, sagte er. Matthias hatte die Flinte neben sich gelegt. Er erhob sie nicht, als der Bock heraustrat und friedlich äste. »Der Tag soll still zu Ende gehen, es ist genug, daß wir beieinander sind, möge dieser Friede um uns ein Zeichen sein für unsere Zukunft.« Zum ersten Mal

195

spürte ich, wie schwer Matthias an den Belastungen der Zeit trug. Wir fuhren heim. Versig nahm uns die Pferde ab, als wir ins Haus gingen. Die Kinder warteten schon, unser Sohn war nun groß genug, um mit uns die Mahlzeiten einzunehmen. Er bestand darauf, das Ritterkreuz umzubinden, und Matthias legte es ihm um den Hals. Er saß ganz stolz und aufrecht und war darauf bedacht, daß seine kleinen Hände die Gabel manierlich hielten. Viktoria hatte die Idee, ihren Rauhhaardackel dem »General« mitzugeben. »Dann sind Sie nicht so allein in dem großen Rußland«, meinte sie mit ihrem warmen Herzen. »Ich habe meine zwei Pferde und gehe abends noch oft in den Stall, um ihre weichen Schnauzen zu streicheln. Aber ich nehme dein Bienchen gerne mit, sie darf mit mir im Bunker wohnen«, sagte Matthias, »sie wird es gut bei mir haben.«

»Die Kinder kommen nun bald zu mir«, unterbrach meine Mutter das Gespräch, »finden Sie es nicht auch besser? Ich möchte auch Swintha bei mir haben, aber sie meint, ihr Platz sei hier.« — »Bis zu den Sommerferien vergeht noch einige Zeit, wir lassen den Russen nicht durchbrechen, wir werden Ostpreußen schützen, Groß-Sporwitten wird kein Feind betreten«, antwortete Matthias. Die Mutter war beruhigt.

Es war noch zu kühl, um den Abend draußen zu verbringen. Wir gingen in den Saal. Hier war es nicht kalt, trotzdem hatten wir den Kamin angezündet. Wir saßen in den tiefen Sesseln und schauten in das flackernde Feuer. Matthias holte aus seiner Tasche einen dreiteiligen Ikon, der zusammengeklappt war. Als ich ihn öffnete, erblickte ich die fein eingelegte Emaillearbeit in zartem Blau auf dem goldenen Hintergrund. »Er ist für dich, Swintha«, sagte Matthias. »Die Russen haben ihn mir geschenkt, als Dank, daß ich ihnen ihre Kirche zurückgegeben habe. Die Kirche hatte bis zur Einnahme der Stadt dem russischen Militär als Waffendepot gedient. Der Turm war zerschossen. Ich habe das Gotteshaus wieder herrichten lassen, und nun ist es allen wieder zugänglich. Das Volk ist sehr fromm, und auch in den ärmsten Hütten stehen Heiligenbilder«, erzählte Matthias. »Auch ich gehe, so oft es mir möglich ist, in diese Kirche, aber leider ist man in meiner Stellung selten allein.«

Ich betrachtete den kleinen Taschenaltar mit Andacht. Dann sprachen wir von Georg Wilhelm. »Dein Mann hat mir geschrieben«, sagte Matthias, »es war Dezember 42. Ich habe ihn damals sofort angefordert. Sein Vorgesetzter, Rittmeister Michael, wollte meinem Wunsch umgehend nachkommen, aber der Kessel war zu und an ein Fortkommen nicht mehr zu denken. Er vertröstete mich auf die erste Möglichkeit. Auf die haben wir vergeblich gewartet.« – »Seine Maschine wurde abgeschossen, er wurde krank ausgeflogen«, erwiderte ich. »Ich weiß es«, sagte Matthias, »es wurde mir berichtet. Ich habe Nachforschungen angestellt, ich hoffte, dir eine gute Nachricht geben zu können.« – »Und warum hast du es mir nicht gesagt?« fragte ich. »Ich brachte es nicht übers Herz, ich konnte es dir nicht sagen, die Zeit sollte alles mildern.«

Matthias war sehr ernst geworden. Er nahm meine Hände in die seinen. »Kannst du nicht einmal deinen Schatten verlieren?« fragte er behutsam. »Ich kann es nicht«, erwiderte ich, ich fühlte mich hilflos, als mir die Tränen in die Augen stiegen. »So will ich ihn dir tragen helfen, du bist nie allein, das sollst du wissen, ich werde immer bei dir bleiben.« Als Matthias gute Nacht gesagt hatte, fühlte ich in mir Glück und Verzweiflung. Ich fand keine Ruhe, ich schrieb ein Gedicht:

Schließ die Augen,
Laß das Fragen.
Hör nur, was die Herzen schlagen,
Sind wir Welle, sind wir Meer?
Zwischen Wollen und Entsagen,
Zwischen Liebe und Begehr
Von der Sehnsucht sanft getragen.
Sind wir Blüten, sind wir Bäume
Oder Schatten zarter Träume?
Weißt Du, ob man wirklich liebt?
Sterne ziehen ihre Bahnen,
Unsere Herzen wollen ahnen,
Daß es einen Himmel gibt.

»Ich werde es ihm schicken, wenn er wieder an der Front ist, später«, war mein Gedanke.

Am nächsten Tag lud ich einige Nachbarn zum Essen ein. Graf Eulenburg kam mit Gräfin Jeanne. Auch Baron Buhl mit seiner Frau. Sie wollten etwas hören, sozusagen aus »erster Quelle«. Der General erschien ihnen wie ein Prophet, auch wenn er keine Prophezeiungen machte. Eulenburgs sprachen von ihrem Sohn, der nicht zurückgekehrt war. Man merkte, daß jeder in der Runde besorgt war, ohne es auszusprechen.
Nun reiste meine Mutter ab, zu Elisabeth, die ein Kind erwartete. Nach zwei Tagen mußte auch Matthias aufbrechen. »Ich fürchte, man will mir moralisch das Rückgrat stärken, wie anderen Generälen, die zu erscheinen haben. Hitler ist mißtrauisch, diesmal bin ich auf eine Ordensburg beordert, weiter südlich. Fünf Tage sind vorgesehen. Am Montag werde ich wieder hier sein, dann können wir noch einen Sommertag gemeinsam genießen, in Frieden und in der Stille, bevor ich wieder bei meinen Soldaten bin«, sagte Matthias. »Gehst du so in deiner Felduniform und mit deinem Käppi?« fragte

198

ich. »Ich bin Frontsoldat und gehe zurück an die Front. Ich mache keine Ausnahme«, erwiderte Matthias. »Übrigens, man hat mir ein Gut in Posen angeboten, als Geschenk vom Staat. Ich habe abgelehnt. Sicher denkst auch du wie ich, Swintha«, fügte er hinzu. »Ich hätte es auch nicht angenommen«, bekräftigte ich seine Worte. »Ich habe die Leute verärgert«, sagte Matthias lachend. Dann nahmen wir Abschied.

Zwei Tage später erhielt ich ein Telegramm. »Eintreffe Montag gegen neun Uhr.« Wir werden das Wild belauschen und den Krieg vergessen, dachte ich. Kein Kreisbauernführer kann mich bevormunden, Matthias wird mit den Leuten reden. Er wird dafür sorgen, daß der Inspektor nicht wieder abberufen wird. In vier Tagen ist er wieder bei mir. Ich ritt mit Viktoria in den Wald. Wir pflückten einen großen Strauß Maiglöckchen. Ich werde sie in sein Zimmer stellen, überlegte ich. Am nächsten Tag läutete das Telefon, schon früh. Es war das Telegrafenamt. »Ankomme bereits heute gegen 14 Uhr, Matthias«, wurde mir vom Telegrafenamt aus Königsberg mitgeteilt. Schon heute, dachte ich voller Freude und Erwartung. Nun haben wir drei herrliche Sommertage!

Um elf Uhr läutete wieder das Telefon. Ein Gespräch aus Königsberg. Es war Ursula! »Swintha, kann ich zu dir kommen? Ich kann nicht mehr, ich bin am Ende meiner Kraft. Ich brauche ein paar Tage Ruhe bei dir. Diese ständigen Bombenangriffe sind so zermürbend, ich will nur ausruhen.« »Natürlich kommst du, ich schicke dir den Wagen nach Georgenau. In zwei Stunden kannst du hier sein, wenn du gleich den Zug erwischt. Ich erwarte einen guten Freund, Matthias, er wird fast zur gleichen Zeit ankommen. Wenn du ihn zufällig triffst, sprich ihn an. Er ist groß und schlank, in Generalsuniform, braungebrannt, er sieht gut aus, du wirst ihn sofort erkennen.

Er hat zwei Sterne auf den Achselstücken, trägt ein Käppi. Wahrscheinlich kommt er auch mit dem »Lahmen August«. »Komme ich ungelegen?« höre ich Ursulas Stimme. »Im Gegenteil«, rief ich, »beeile dich!«
Versig holte Ursula pünktlich ab. Ich erwartete sie an der Haustür, damit ich auf jeden Fall das Telefon nicht verpassen würde. Ursula kam allein. Es war ein herzliches Wiedersehen! Das Telefon blieb still. Als wir um vier Uhr beim Kaffee saßen, wurde ich unruhig. Wir schwatzten und schwatzten, aber meine Gedanken waren nicht bei der Sache. Ich war nervös. »Ursula, es ist etwas passiert«, sagte ich, »Matthias meldet sich nicht.« »Du siehst Gespenster«, versuchte Ursula mich zu beruhigen. »Nichts im Leben wiederholt sich, ihm ist nichts zugestoßen.« Aber alles blieb still.
Der Abend kam. Meine Unruhe steigerte sich. In der Nacht konnte ich nicht schlafen, Matthias war mir so nah, aber ich suchte ihn, ohne ihn zu finden. Angst schnürte mir das Herz zu. »Großer Gott«, überkam es mich, »laß ihn bei mir bleiben, gib mir ein Zeichen.«
Am Morgen meldete sich unser Franzose Louis bei mir. »Permettez, Madame«, sagte er, »ich habe heute nacht, wie immer, die ausländischen Nachrichten gehört. Der General von Resten ist auf dem Flug nach Königsberg abgestürzt. Mit anderen Generälen. Die Namen konnte ich nicht verstehen. Der General war immer sehr freundlich mit mir«, fuhr er fort, »wenn er meine Blumen im Garten bewunderte.« Damit ging er.
»Auf dem Flug zu mir«, hämmerte es in meinem Kopf. »Auf dem Flug zu mir von Stalingrad, auf dem Flug zu mir von diesen Bonzen.« Ich war wie versteinert, und als ich aufstehen wollte, vermochten meine Beine mich fast nicht mehr zu tragen.

Begegnung im Wald

Ende Juli kamen neue Flüchtlinge. Die Leute aus dem Kreise Schloßberg mußten weiterziehen, ohne ihre Männer, die zu alt waren, um in den Krieg geschickt zu werden. Jetzt wurden sie an die Grenze zum »Schippen« beordert. So zogen die Unglücklichen weiter mit ihren Fuhrwerken, die mit all ihrer Habe beladen waren und mit ihren Gefangenen, einem ihnen selbst unbekannten Ziel entgegen.

Baron Buhl rief aus Postehnen an: »Kommen Sie an das Ende der Birkenallee, die zum Walde führt. Nehmen Sie Ihre Russa, wir werden dann gemeinsam über die Vorwerke reiten.« Baron Buhls Stimme klang anders als gewöhnlich, er schien mir nervös.

Als ich den Wald erreichte, wartete Baron Buhl bereits auf mich. Er war vom Pferd abgestiegen und führte es am Zügel. »Kommen Sie«, sagte er, »es ist besser, man sieht uns nicht. Es sieht sehr ernst aus«, beschwor er mich, »es ist Ihre Pflicht, mit den Kindern zu Ihrer Mutter zu fahren, ob sie später noch herauskommen, weiß niemand. Die Gelegenheit ist günstig, es sind noch Sommerferien. Das Gut betreue ich, ich werde mich wie für mein eigenes einsetzen. Ihre Verantwortung für die Kinder ist größer als alles andere. Sie müssen gehen, und zwar bald.« Er holte eine goldene Taschenuhr aus seiner Tasche, an einer schweren Goldkette, und gab sie mir. »Nehmen Sie sie mit, sie ist mir ein teures Andenken, bewahren Sie sie gut. Ich hoffe, Sie können sie später meiner Frau geben, sobald es möglich sein wird, werde ich sie mit Pferd und Wagen gen Westen schikken, im Moment ist es ausgeschlossen. Und dieses ist der Schmuck meiner Frau«, fuhr er fort, indem er eine Schachtel öffnete, die mit dunkelblauem Samt bezogen

201

war. Ein leuchtend weißer Brillant an einer Platinkette
lag auf einem hellen Seidenkissen. »Es ist ein altes Fami-
lienstück, ich möchte es Ihnen anvertrauen.«
Baron Buhl war sehr bewegt, so ernst hatte ich ihn noch
nie gesehen. Er drehte sich nach allen Seiten um, bevor
er mir die Schachtel in die Tasche schob. »Haben Sie
Vertrauen, Gott behüte Sie und Ihre Kinder«, vernahm
ich noch seine Stimme, als er weiter auf die Vorwerke
ritt.
Ich lenkte meine Russa im Schritt heim. Mit überwachen Sinnen nahm ich die Schönheit der Landschaft
in mich auf. Der hohe blaue Himmel über den weiten
Feldern, das kleine Eichenwäldchen mitten zwischen
den Roßgärten, die Fohlen, die fröhlich weideten, die
Kühe, die neugierig an den Zaun kamen und mit ihren
langen Schwänzen die Fliegen vertrieben. Am Erbbegräbnis stieg ich ab, meine Russa folgte mir am langen
Zügel. »Ich werde die Kinder fortbringen«, sagte ich
mir, »aber das ist kein Abschied für immer.«
Als ich ins Haus trat, hörte ich vergnügtes Lachen. Viktoria kam mir mit Dorchen entgegen. Sie hatten sich mit
langen Roben verkleidet, die sie im Bazar gefunden
hatte. Sie waren aus der Jahrhundertwende mit Batist-
rüschen und Corsagen, sie sahen allerliebst aus, mit
Tüllschleiern auf ihren blonden Haaren. Auch Mortimer war herausgeputzt, mit einer Soldatenmütze auf
dem Kopf in einer hellblauen Kadettenuniform mit
leuchtend roten Aufschlägen. Die Jacke reichte fast bis
auf den Fußboden, die Ärmel hatte Marie umgenäht.
Die Kinder hatten den Jungen in hohe Reitstiefel gesteckt, in denen er restlos versank. »Wir werden die
Sommerferien bei der Großmutter verbringen«, sagte
ich abends, »es wird eine schöne Reise werden.« –
»Kommen wir auch wieder zurück?« fragte Viktoria.
»Erst wollen wir die Ferien genießen«, meinte ich.

Marie kam mit und auch Lisbeth, die so unglücklich war, seit ihr Verlobter gefallen war. Ich glaubte, die Abwechslung würde ihr gut tun. So fuhren wir gen Westen, ins »Reich«. Fräulein Wippler hatte mir noch gut zugeredet, sie würde auf dem Posten sein, ich solle mich nicht sorgen. Pakete mit Eßwaren hatten wir schon vorgeschickt, trotzdem schleppten wir noch viel mit uns. In Berlin hatten wir drei Stunden Aufenthalt, zu kurz, um nach Nikolassee herauszufahren. Da wir am Bahnhof Zoo ankamen, beschloß ich, mit den Kindern in den Zoo zu gehen, Marie und Lisbeth blieben im Wartesaal bei den Gepäckstücken. Die Kinder hatten noch nie exotische Tiere gesehen und waren begeistert von den Elefanten und Löwen. Als wir aber vor dem Affenkäfig standen, wurden Mortimers dunkle Augen immer größer. Die Affen lausten sich und sprangen herum und zeigten ungeniert ihre violetten Hinterteile. Mortimer drehte sich um und war in der Menschenmenge verschwunden. Viktoria und ich riefen ihn und suchten nach ihm, wir bekamen keine Antwort. Schließlich fanden wir ihn im Gebüsch versteckt. »Die Tiere sind mir zu häßlich«, meinte er angewidert. »Ich bin lieber bei Versig und den Pferden im Stroh. Überhaupt, Sporwitten ist schöner, ich möchte wieder nach Hause.«
Nach mühseliger Reise kamen wir endlich bei der Mutter an. Wir wurden mit viel Liebe empfangen, und Sophie hatte alles für die Kinder aufs beste hergerichtet.

Sie war bereits mit ihrem kleinen Sohn bei unserer Mutter. Schlesien war nun oft das Bombenziel der feindlichen Flugzeuge. Die Familie rückte näher zusammen. Viktoria wurde in der öffentlichen Schule angemeldet, was für sie neu und aufregend war. Unser Mortimer spielte mit seinem dreijährigen Cousin, aber es langweilte ihn schnell. Ihm fehlte Versig, die Pferde, all die Dinge, die für sein kleines Leben wichtig waren. Marie, die Getreue, war für ihn das Stück Heimat, als ich die Kinder verließ – später! Selbst der »alten gnädigen Frau«, unserer Mutter, deren Einfallsreichtum so unerschöpflich war, gelang es nicht ganz, den Kindern die Heimat zu ersetzen. Lisbeth, die Jungwirtin, hatte Heimweh. Obwohl sie nachmittags mit Marie und den drei Kindern im Kurpark spazierengehen durfte und die Kurmusik helles Entzücken bei ihr hervorgerufen hatte, bat sie mich, mit mir zurückkehren zu dürfen. »Lisbeth, bleiben Sie hier«, versuchte ich sie zu überreden. »Warten Sie, bis die russische Armee abgewehrt ist, sie könnte Ostpreußen überrennen, dann werden Sie nicht mehr herauskommen.« Aber Lisbeth weinte bitterlich; wie gerne hätte auch ich es getan, aber ich durfte es nicht.

Sophie nahm den Haushalt in die Hand. Sie verstand es, die Vorräte, die wir geschickt und auch noch mitgebracht hatten, gut einzuteilen. Sie gab sich die größte Mühe, uns ein Gefühl von Heimat zu geben, aber es gelang nicht. Ich schlief die Nächte schlecht und dachte an Ostpreußen, und mein einziger Gedanke blieb Sporwitten. Es stand für mich fest, daß ich zurückfahren würde. Die Kinder werde ich bald nachholen, malte ich mir aus, ich hatte überstürzt gehandelt. Es kamen Briefe von Fräulein Wippler. Sie schrieb fast täglich. Wenn das Telefon funktionierte, rief sie an. »Kommen Sie wieder zurück?« fragte sie. »Es ist so leer ohne Sie und die Kinder, auch die Leute fragen nach Ihnen. Man hat Angst, Sie lassen uns allein.« Fräulein Wippler schickte Geld – reichlich. Die Überweisungen kamen an.

Rückkehr

Es war August, als ich ein Telegramm erhielt. »Baron
Buhl ist am 8. August verhaftet worden, Wirtschaft läuft
normal.« Dies war das Zeichen für mich zum Aufbruch.
Ich versuchte zu telefonieren, aber es gelang mir nicht.
Dann kam ein Anruf aus Schneidemühl von Georg Wilhelms Bruder, der in der Nähe ein Gut hatte. »Fräulein
Vippler hat mich angerufen, in Sporwitten herrscht ein
großes Durcheinander. Ich werde sofort hinfahren und
nach dem Rechten sehen. Ich bin schneller dort als Du.
Komme erst nach Schneidemühl. Ich werde Dir berichten, wie alles steht. Warte mit Deiner Abfahrt!« Lisbeth
war glücklich, daß wir nun endlich fuhren. Ich nahm Abschied von den Kindern. »Ich hole euch bald nach«, trö-
tete ich sie, »oder ich komme zurück.« Auch die Mutter
und Sophie beruhigte ich. »Vielleicht komme ich ja gar
nicht bis Sporwitten, dann kehre ich gleich in Schneidemühl um.«
Es war ein herrlicher Augusttag, als ich mit Lisbeth aufbrach. »Wir werden eine Nacht in Reckahn bleiben«,
hatte ich mich entschlossen. »Ich habe es Urchen, Viktors Großmutter, fest versprochen, wenn ich in der
Nähe bin.«
So verließen wir in Brandenburg an der Havel den Zug.
Ein offener Jagdwagen mit hohen Rädern wartete auf
uns. Die Pferde waren schon ungeduldig, denn wir
hatten Verspätung. Unser Weg führte uns durch die
Streubüchse« Brandenburgs mit ihren Sandwegen.
Die Körner des Sandes knirschten unter den Rädern,
niedrige Kiefernbüschel säumten die Wege. Die Heide
begann, in zartem Rosa zu blühen. Wir waren ganz still
geworden. Lisbeth saß mit leuchtenden Augen an meiner Seite. Die Schönheit der Natur nahm sie ganz gefan-

205

gen. Sicher dachte sie an Ostpreußen, an ihre Heimat, an unser Leben auf dem Lande, das uns schon nah schien. Meine Gedanken machten eine lange Reise aber auch sie endeten zu Hause in Sporwitten.

Urchen stand schon in der Haustür, als wir vor dem schönen Barockschloß anhielten. Draußen war es fas unerträglich heiß. Aber nun empfing uns eine herrlich Kühle. Urchen umarmte mich innigst, aber sie war ent täuscht, daß Viktoria nicht bei mir war. »Das nächst Mal, wenn ich die Kinder zurückhole«, tröstete ich sie. Später ging ich in den Park, allein. Die Allee entlang de Plane, dem kleinen Fluß, zum Erbbegräbnis. Alles wa wie früher, dachte ich – elf Jahre sind vergangen – si waren für mich eine Ewigkeit. Über Viktors Grabplatt lag schräg ein Propeller aus Bronze. »Wachet, stehet im Glauben, seid männlich und seid stark« – unser Trau spruch, der auch Viktors Konfirmationsspruch gewese war, hatte ihn zu seiner letzten Ruhe begleitet. Die Bron zebuchstaben waren gut erhalten. Darüber war ein lee rer Platz – er war für mich vorgesehen. Sporwitten ode Reckahn, dachte ich, das wird eine höhere Macht ent scheiden. Die Kapelle gab Schatten, sie war geöffnet Noch immer hingen die vergilbten Schleifen von der Ba lustrade herab. »Reichsmarschall Göring«, las ich. E hat unsere Soldaten in Stalingrad im Stich gelasser schoß es mir durch den Kopf. Viele Namen, die ich las waren durch den Krieg ausgelöscht. Oberst Kerste stand da auf einem Band. Ich drehte es um, wie ich es be reits bei Göring getan hatte.

Als ich zurückkam, wartete das Abendessen schor Urchen meinte, es sähe gefährlich aus in Ostpreußer Sie zweifelte daran, daß ich die Kinder zurückhole könne. »Wenn ihr Ostpreußen räumen müßt, komm ihr zu mir«, tröstete mich Urchen. Die Nacht schlief ic tief und ruhig, es war, als ob jemand einen Mantel übe

206

mich gebreitet hätte, so daß kein beunruhigender Gedanke mich berühren konnte. Als ich morgens aufwachte, hörte ich die Geräusche des Gutshofes. Das Scharren
der Pferde, die Erntewagen, die über das Kopfsteinpfla-
ster rollten.

Wieder fuhren wir den Sandweg entlang in leichtem
Trab. »Bald sind wir in Sporwitten«, dachte ich, »auch
bei uns wird die Ernte eingefahren.« Ich war erregt bei
dem Gedanken, bald wieder zu Hause zu sein.

Die Fahrt nach Schneidemühl war mühsam. Viele Züge
fuhren mit Soldaten in unserer Richtung gen Norden. Es
gab Verspätungen, aber wir fanden Plätze. »Gen Norden fährt keiner, der es nicht muß«, sagte der Schaffner.
In Schneidemühl wurden wir wieder mit Pferden abgeholt. Mein Schwager kam persönlich. Er war schweig-
sam, wie es immer seine Art war. Er bot mir etwas zum
Trinken an. Es war ziemlich stark. Es schien Wodka zu
sein. Dann sagte er: »Mein liebes Kind, es ist besser, du
bleibst hier. In Sporwitten geht es drunter und drüber.
Man hat euch den Inspektor fortgenommen, das Haus
ist voller Flüchtlinge, und man hetzt gegen dich. Ich
habe den Ortsbauernführer nicht sprechen können, er
hat es abgelehnt. Nach Sporwitten gehört der Besitzer,
hatte man mir gesagt. Jede Bauersfrau hat ihren Hof zu
versorgen, und das geht im Großen wie im Kleinen.
Wer fahnenflüchtig ist, hat kein Recht auf seinen Besitz.
Jetzt hat man die Idee, Geisteskranke im Herrenhaus
einzuquartieren. Das hat sich ein anderer hoher Partei-
funktionär ausgedacht«, fuhr Peter weiter fort. »Der
Ortsbauernführer wollte dich noch schützen, aber er
war machtlos.« – »Und wie läuft die Wirtschaft?« fragte
ich. »Es sieht alles gut aus, jeder tut sein Bestes«, antwortete Peter. »Die alten, pensionierten Leute fungieren
nun als Kämmerer. Krauskopf, der Stellmacher, ist mit
seinen siebzig Jahren wie ein Jüngling. Er teilt die Arbeit

207

in Sporwitten ein, und in Meludwiesen regiert der pensionierte Schmied.« – »Und unsere Schmiede?« fragte ich. »Die besorgt der Pole wie zuvor«, erwiderte Peter. »Und der Garten, die Bienen?« – »Louis verwaltet sein Revier wie sein eigenes.«

Ich hatte Glück. Das Telefon funktionierte, und auch der Ortsbauernführer war da. Ich hörte seine Stimme. »Sie sind verschwunden«, sagte er, »jeder muß seine Pflicht tun in dieser schweren Zeit.« – »Ich bin auf dem Weg nach Sporwitten, bitte verschaffen Sie mir einen neuen Inspektor, wir brauchen ihn, wie soll der Betrieb sonst laufen?« schrie ich ins Telefon, denn die Verbindung war sehr schlecht. »Sie kommen wirklich zurück?« klang es in mein Ohr. »Morgen bin ich da«, schrie ich aus Leibeskräften, dann verstand ich nichts mehr.

»Es sieht kritisch aus, bleib hier«, versuchte Peter mich zu überreden. »Du kannst die russische Armee auch nicht aufhalten, fast wäre sie in diesen Tagen durchgebrochen.« – »Peter, ich fahre, ich muß alles arrangieren. Fräulein Wippler ist allein, die Leute fühlen sich verloren. Wieviel Pferde kannst du zur Not unterbringen, und für wieviel Leute hättest du einen Posten?« Peter machte eine Liste und erklärte sich bereit, für die Unterbringung einiger der alten Leute zu sorgen, und er errechnete, wie viele Pferde er aufnehmen könnte.

Als wir aufbrachen, versuchte er plötzlich, mich doch zurückzuhalten. »Man muß mit allem rechnen, Swintha, bleibe wenigstens noch ein paar Tage hier«, versuchte er mich zu überreden. Aber ich war entschlossen, zurückzufahren.

Unser Zug kam mit Verspätung in Königsberg an. Es war unheimlich still. Vier Wochen waren vergangen, seitdem ich mit den Kindern fortgegangen war. Als wir in unserem »Lahmen August« Platz genommen hatten,

208

lieben wir im Halbdunkel sitzen, ohne uns in Bewegung zu setzen. Es war unerträglich heiß, wir drehten die Fensterscheiben herunter, aber kein Lüftchen regte sich. Aus der Ferne hörte man ein dumpfes Grollen, dann war es wieder still. Eine glänzende Leuchtkugel stieg in den Himmel, dessen dunkles Blau langsam schwarz wurde. Wir standen noch. Immer wieder eine Leuchtkugel, dann Scheinwerfer, die den Himmel abuchten. Nun war es ganz still. Endlich setzte sich der Zug in Bewegung. »In einer Stunde haben wir es geschafft, Versig wird schon auf uns warten, und morgen werde ich in Sporwitten aufwachen«, jubelte ich im stillen. Auch Lisbeth war voller Vorfreude. Unsere Reise dauerte länger als geplant. Wir blieben oft unterwegs stehen, und wieder sah man die leuchtenden Scheinwerfer über den Himmel streifen. Als der Zug endlich in Georgenau hielt, war es ein Uhr nachts. Wir hatten sechs Stunden von Königsberg gebraucht. Der kleine Bahnhof war wie ausgestorben im Dunkeln. Versig war nicht da, wir waren allein. »Warten Sie«, sagte ich zu Lisbeth, »ich werde in das Gutshaus gehen, vielleicht finde ich jemanden.« Es war alles so still, man hörte keinen Laut. Ich hatte meine Pistole in der Tasche, die mir Matthias dagelassen hatte. »Vielleicht sind sie alle fort«, dachte ich. Die Haustür war unverschlossen. »Hallo«, rief ich, aber keine Antwort. Ich wagte nicht, einen Lichtschalter anzuknipsen, wußte ich doch nicht, ob verdunkelt war. Ich tastete mich durch die Halle ins Wohnzimmer, durch den Salon, durch das Eßzimmer. Niemand – nun war ich wieder in der Halle. Von hier aus muß es nach oben gehen, überlegte ich, und richtig, ich fand das Treppengeländer. Ich ging nach oben. »Hallo«, rief ich – nichts regte sich. Ich hatte nicht daran gedacht, daß vielleicht Hunde im Haus sein könnten. Das hätte mir sicher Angst gemacht. Aber es rührte sich nichts.

209

Als ich wieder bei Lisbeth war, teilte ich ihr mit, daß das Haus wie ausgestorben sei. »Vielleicht ist der Russe durchgebrochen, und alle sind fort«, sagte ich leise. »Wir wollen warten, bis es hell wird, so lange werden wir im Freien bleiben, es ist eine herrliche Sommernacht.« Ich nahm Lisbeths Hand, wir spürten weiches Gras unter unseren Füßen. Man vernahm unsere Schritte nicht. »Hier werden wir warten«, flüsterte ich Lisbeth zu. Ich breitete meinen leichten Sommermantel aus, denn der Boden war feucht vom Tau. »Setzen Sie sich«, sprach ich kaum hörbar. »Nach der gnädigen Frau«, hörte ich Lisbeth flüstern. Wir setzten uns und verhielten uns ganz still. Der Himmel war fast schwarz, kein Stern, kein Scheinwerfer. »Atmen Sie tief, Lisbeth«, flüsterte ich wieder, »das ist Heimatluft, wir sind daheim.« Es war unheimlich still. Wir rührten uns nicht, als wir leichte Schritte hörten. »Vielleicht sind die Russen schon da«, hauchte ich in Lisbeths Ohr. »Rühren Sie sich nicht, ich habe die Pistole schußbereit.« Lisbeth zitterte und griff nach meiner Linken. Die Schritte kamen genau auf uns zu, obwohl man nichts sah. »Es sind zwei« flüsterte ich. Man hörte die weichen Schritte im Gras. »Es sind schwere Stiefel«, sagte ich ganz leise. Nun stand jemand vor uns. Auch meine Hand wurde unsicher. »Ich drücke nicht ab«, schwor ich mir. Dann fühlte ich etwas Weiches, es war wie ein Streicheln über meine Haare. An den raschgehenden Atemzügen über mir erkannte ich, es war ein Pferd. Eine weiche Pferdeschnauze, die mich beschnupperte. Ich stand auf, legte meine Arme um den Pferdehals und liebkoste das zutrauliche Tier. Dann trottete es davon und verschwand in der Dunkelheit. Wir warteten, bis der Morgen langsam anbrach. Als wir uns auf den Weg machten, konnten wir gerade die Straße erkennen. Wir stellten das Gepäck in die Halle des Gutshauses und begannen unsere Wanderung

Zwei Stunden werden wir rechnen müssen«, meinte Lisbeth. Wir waren jung, und die Freude auf zu Hause beschleunigte unsere Schritte.

Wieder zu Hause

Die Sonne erfüllte alles mit Licht, als wir in die Kastanienallee einbogen. Wir hörten die Glocke, die zur Arbeit rief. Wie ein Lauffeuer verbreitete sich die Nachricht von unserer Rückkehr. Die alten Frauen kamen aus ihren Häusern, sie küßten mir die Hände und weinen. »Nun wird alles gut«, sagten sie mir, »jetzt haben wir wieder Hoffnung.« Ich fühlte mich beschämt. Als ich ins Haus trat, schluchzte Fräulein Wippler: »Gott sei Dank, daß Sie gekommen sind, ich schaffe es nicht mehr alleine, hoffentlich habe ich alles richtig gemacht. Wir mußten das Eßzimmer frei machen, und auch im Saal sind Flüchtlinge mit Kindern von der Grenze. Unten im Flügel sind in einem Zimmer Wanzen, und jetzt wollen sie uns die Geisteskranken bringen.« – »Es wird alles gut«, tröstete ich Fräulein Wippler.

Ich ging in das Wohnzimmer rechts von der Halle. Es herrschte ein penetranter Geruch. Das Gleiche im anschließenden Musikzimmer, die Tür zum Saal war mit dem zweiten Flügel verstellt. Dann ging ich hinaus durchs Gartenzimmer auf die Terrasse. »Wie herrlich ist es hier, das Frühstück werde ich im Freien einnehmen«, sagte ich. Der Park lag in seiner ganzen Schönheit im Glanz der Sonne. Die Mädchen kamen mich zu begrüßen. Man hatte Kuchen für mich gebacken, und mein Schlafzimmer empfing mich voller Sommerblumen. Es hatte sich verändert. Die großen Sessel aus dem

211

Saal hatte man nach oben gebracht. Sie standen nun in einer Ecke, der Tisch davor sah aus wie ein Geburtstagstisch. Blumen, Kekse, Schmant-Bonbons, es war ein festlicher Empfang. Auch im Ankleidezimmer standen nun Möbel aus dem Saal. Hier schlief jetzt Fräulein Wippler. »Gott sei Dank sind die Kinder fort«, dachte ich, »und auch Marie, sie würde es nicht ertragen.« Als ich mich im Bad erfrischt hatte, ging ich auf die Terrasse, um zu frühstücken. Fräulein Wippler saß bei mir und berichtete. Sie erzählte mir, daß ein Hauptmann mit einigen Soldaten nun schon eine Woche bei uns sei. Der Hauptmann würde ihr beistehen, er wolle auch das Zimmer unten ausräuchern, damit keine Krankheit ausbräche. Die Wirtschaft liefe zufriedenstellend, und auch die Ernte sei gut. »Und Baron Buhl, was wissen Sie von ihm?« – »Ich höre nichts, die Baronin war auch nicht zu erreichen.« – »Ich werde hinüberfahren«, sagte ich, »heute gleich am Nachmittag.«

Erst ging ich in den Pferdestall. Versig war untröstlich, daß er mich verpaßt hatte. Als er mich in Georgenau nicht fand, war er nach Friedland gefahren, weil er glaubte, ich hätte einen anderen Zug genommen. Der Hof lag still in der Augustsonne, die Leute waren auf dem Felde. Mir begegneten Soldaten und Flüchtlingsfrauen, die sich ihre Milch holten. Dann ging ich in den Gemüsegarten. Louis und Petrus strahlten. »Jetzt macht das Arbeiten wieder Spaß, ich hatte schon keine Courage mehr«, meinte Louis, der inzwischen Deutsch gelernt hatte. Aber es war der ostpreußische Dialekt mit französischem Akzent. Ich konnte sein reines Französisch besser verstehen als diese Mischung. Und so erwiderte ich ihm auf Französisch. Er erkundigte sich nach den Kindern und sagte, er wolle Kisten packen mit frischem Gemüse und Tomaten, die rot in der Sonne glänzten. »Es ist alles wie immer und könnte nicht schöner sein, die Hauptsache ist die Natur, in der sich nichts geändert hat. Alles reift uns entgegen. Wenn die Unterbringung der Flüchtlinge geregelt ist, werde ich auch die Kinder wieder holen«, war mein Gedanke. Dieses ist nur vorsorglich, glaubte ich, ohne zu ahnen, daß die russische Armee die Grenze bereits erreicht hatte. Dann begrüßte ich unsere Flüchtlinge. Nun waren noch kleine Siedler von der polnischen Grenze gekommen. Zuerst ging ich ins Eßzimmer, es war ganz leer, nur eine Leine war gespannt, auf der Wäsche zum Trocknen hing. Man hatte einen großen Nagel in den eingelegten Barockschrank geschlagen und die Leine schräg gegen ein Fensterkreuz gezogen. Die Fenster waren geschlossen. Die Flügeltür zum Saal war offen. Hier liefen kleine Kinder herum, sie hatten nur kurze Hemdchen an und hinterließen kleine Seen auf dem Parkett. In einer Ecke lagen Kohlköpfe, mit denen die Kleinen spielten. Auch hier waren die Fenster geschlossen, und die Luft war zum Umfallen. Es standen Eisenbetten an den Wänden, und Matratzen lagen auf dem Boden mit Wolldecken. Im Kamin stand Kochgeschirr. Ich begrüßte die Leute, die einen hilflosen Eindruck machten, und fragte, ob sie etwas brauchen. Sie verneinten es. Ich erklärte ihnen, daß wir im Wirtschaftsflügel eine Küche für sie eingerichtet hätten und daß jeder seine Vorräte im Keller unterbringen solle. Sie aber wollten sich nicht von ihren Kohlköpfen und anderen Eßwaren trennen und beharrten darauf, sie neben ihrer Bettstatt zu behalten. Sie wollten wieder heim, sie hatten ein Pferd und einen klapprigen Wagen mitgebracht. Ihre Sorge war auch, ob das Pferd genug Futter bekäme. Sie wollten nach Hause auf ihre kleine Scholle, die ihnen ihr Leben bedeutete. Man hatte ihnen keinen Gefallen getan, als man sie in dem Saal mit den großen Spiegeln unterbrachte, zur Strafe für mich, der »Fahnenflüchtigen«.

213

Auf dem Vorwerk war noch ein kleines Backsteinhaus frei, dort brachte der Hauptmann sie unter. Er zeigte ihnen ihren Keller und übernahm selbst den Transport. Es gab auch einen kleinen Garten, wo sie ihr Gemüse haben konnten, es schien eine bessere Lösung.

Ich rief den Ortsbauernführer an, um ihm zu sagen, daß ich wieder zurück sei. Ich bat ihn dringend, mir einen neuen Inspektor zuzuteilen, was er mir versprach. Das Militär säuberte die freigewordenen Räume und räucherte sie aus. Ebenso das leerstehende Zimmer mit den Wanzen.

Als ich bei Baronin Buhl anrief, hieß es, sie sei abwesend. So blieb ich im Unklaren und war sehr beunruhigt. Abends war eine Versammlung von maßgebenden Parteifunktionären. Man beschloß, auch meine letzten mir verbliebenen Räume, auch das Schlafzimmer, zu beschlagnahmen. »Die ›Verräterin‹ hat kein Recht auf Besitz«, hieß es. »Aber der Betriebsführer ist doch da«, erklärte der Ortsbauernführer. »Wir haben heute morgen zusammen gesprochen, und ich habe sie vor zwei Stunden aufgesucht. Sie hatte auch einmal ein Recht auf Ferien, sie war bei ihrer Mutter.«

Nun bekam ich keine Zwangseinquartierung von Geisteskranken, man ließ mich in Frieden.

An diesem Abend schlief ich tief und traumlos. Ich war zu Hause, und kein anderer Gedanke bewegte mich. Als am nächsten Morgen die Glocke zur Arbeit läutete, stand auch ich auf dem Hof. Krauskopf teilte die Gespanne ein, die Schweizer kamen zurück von der Weide mit den gefüllten Milchkannen. Sie hatten ihre Arbeit bereits getan. Die Milchkannen kamen auf den Milchwagen und wurden zur Molkerei nach Schönbruch gefahren. Zu meinem Erstaunen fuhr Fräulein Wippler mit. »Heute kommt die wöchentliche Butterlieferung, ich nehme sie nun immer selbst in Empfang, es kommt jetzt viel abhanden«, sagte sie. »Das war bisher nicht so«, dachte ich. Versig hatte mir meine Russa gesattelt. Ihr schwarzes Fell glänzte. Sie war unruhig und konnte nicht erwarten, ins Freie zu kommen. Ich nahm die Richtung direkt durch den Park. Die Wege waren so gleichmäßig geharkt, und es tat mir fast leid, sie durch die Hufe des Pferdes zu zerstören. Der Silberkies funkelte in der Augustsonne. Ich ritt über die weite Rasenfläche und machte einen kleinen Umweg am Teich entlang. Die Seerosen waren verblüht, aber ein Teppich von breiten grünen Blättern bedeckte das Wasser. Der Kahn war halb versunken. »Man muß ihn reparieren«, beschloß ich. Die Wippe stand verlassen und auch die Schaukel der Kinder. »Sie werden bald zurückkommen«, beruhigte ich mich, »lange wird es bestimmt nicht dauern.« Meine Lieblinge fehlten mir.

Ich nahm den Weg am Erbbegräbnis entlang, Rita, unser Jagdhund, begleitete mich. Meine Russa war kaum zu halten, sie wollte den Trab in einen Galopp wechseln, aber ich erlaubte es nicht, der Boden war zu hart von der Trockenheit. Und so hielt ich sie fest am Zügel. »Warte, Russa«, unterhielt ich mich mit ihr, »wir werden den Sandweg nehmen, der zum Walde führt, und später geht es zurück über die abgeernteten Felder im Galopp.« Die Weizenfelder leuchteten golden, so weit das Auge reichte. Ein Teil war schon gemäht. Der Mähdrescher war im vollen Einsatz, und wir waren froh über jeden Tropfen Sprit, der uns vom Bürgermeister zugeteilt wurde.

> Wir haben das Korn geschnitten
> Mit unserm scharfen Schwert.

Mir kam das Lied wieder in den Sinn. Unsere Soldaten werden mit dem Schwert unser Land beschützen. Ihnen müssen wir danken, daß sie unsere Scholle verteidigen, daß wir hier leben können in diesem Frieden unserer ostpreußischen Heimat, so nahe der Natur, die uns zu trösten vermag, dachte ich. Wir müssen hier unsere Pflicht erfüllen, für die, die zurückkommen, für ihre Kinder, für uns alle, die wir dieses Land so lieben, war mein fester Vorsatz.

Wir hielten kurz in Talskeim, wo das Jungvieh stand und wo auch unsere Schule war. Die Kälber waren zahlreich, sie waren gut gehalten, die Schweizer waren stolz auf die jungen Tiere. Die Schule war geschlossen. Es waren ja Sommerferien, und so konnte der Lehrer sich bei seinen Bienen aufhalten. Die Leute waren auf dem Felde. Hier wohnte auch unser Förster mit seiner Familie. Ich begrüßte die drei kleinen Kinder und die junge Frau. Ihr Mann war Soldat und stand im Norden von Rußland. Man hatte einen Hilfsförster eingestellt, und bis jetzt war unser Urlaubsgesuch nicht angenommen. »Im Winter wird Ihr Mann sicher hier sein«, ermutigte ich seine Frau, »der Holzeinschlag ist zu wichtig.«

Dann ging es dem Wald entgegen. Die Birkenallee lag vor uns. Als wir den weichen Sandweg erreichten, eilten wir im Galopp dem Walde zu. Die hohen Bäume lockten mit ihrem Schatten, aber ich vermochte nicht, ihn aufzusuchen. Mich überfiel eine große Einsamkeit. Ich unterhielt mich mit meiner Rappstute. »Später, Russa«, sagte ich, »noch ist es zu früh.« Mein Pferd schien mich zu verstehen, und so sprach ich zu ihm. Dann ritten wir nach Meludwiesen. Überall sah man geschäftige Leute, auch die Gefangenen grüßten freundlich. Der alte Schmied, der nun Kämmerer geworden war, erklärte mir die Arbeiten und den Stand der Wirtschaft. Zum Mittagsläuten war ich wieder zu Hause.

Am späten Nachmittag fuhr ich zu Eulenburgs. Ich betrachtete das Herrenhaus, das »steingewordene Preußentum«, wie es der Graf Siegfried genannt hatte, mit Ehrfurcht. In der Halle traf ich Leute mit Kochgeschirren, es waren Flüchtlinge. Überall sah ich fremde Menschen. Man fand die alte Gräfin nicht, ich ging auf den Hof und fragte den Kutscher Klaus. »Die Gräfin ist einer Elchspur nachgegangen, in der Richtung zum Walde. Der Elch kommt sonst nicht hierher, er muß sich verirrt haben, seine Heimat ist die Romintener Heide«, erklärte er mir. »Ich werde ihr entgegengehen«, erwiderte ich, und so machte ich mich auf den Weg. Die fremden Leute verwirrten mich. Ich ging zwischen den Weiden entlang, die Kühe grasten friedlich und warteten darauf, gemolken zu werden.

»Wie schön, daß Sie zurück sind«, sagte die Gräfin Jeanne, als ich ihr entgegenkam. Sie schloß mich in ihre Arme. »Hoffentlich haben Sie Ihre Kinder nicht mitgebracht!« – »Leider nicht«, erwiderte ich. »Es ist besser so«, meinte sie. »Es wird immer schlimmer bei uns«, fuhr sie fort, »und diese Tragödie mit Buhl. Seine Frau ist in Berlin, sie geht zu den höchsten Stellen, um ihren Mann frei zu bekommen.« – »Wie ist es geschehen?« fragte ich. Ich erfuhr folgendes: Nach dem Attentat auf Hitler – man glaubte, er sei tot – hatte der fünfzehnjährige Neffe von Baron Buhl, der bei seinem Onkel in den Ferien weilte, spontan gesagt: »Dann wird es auch ohne Hitler weitergehen«, nicht ahnend, daß die Folgen verheerend würden. Einer der anwesenden Leute gehörte zur Partei, und nachdem bekanntgeworden war, daß der Führer lebte, hatte dieser Mann den Ausspruch des Jungen weitergegeben. »Das kann er nur von seinem Onkel haben. Endlich haben wir den Beweis, der Baron Buhl ist ein Reaktionär und ein Verräter«, behaupteten die Parteigenossen. So wurde unser guter Freund, ein aufrichtiger und unbestechlicher Mann mit vornehmster Gesinnung, als Verräter ins Gefängnis gesteckt. »Politisch unzuverlässig« wurde sein Steckbrief.

217

Eulenburgs baten mich, zum Abendessen zu bleiben. Wir hatten ein bescheidenes Nachtmahl eingenommen, aber es gab einen guten Tropfen Wein. Mein Blick fiel auf die Decke und blieb an einigen Löchern hängen, die wie Einschüsse aussahen. »Die sind noch aus Napoleons Zeit«, sagte Graf Eulenburg. »Man läßt sie als Erinnerung«, fügte er hinzu. »Das waren die Franzosen«, bemerkte ich, »die Russen werden Ostpreußen nicht erreichen.« – »Das gebe Gott.« Graf Eulenburgs Stimme klang nicht so überzeugend.

Der Krieg rückt näher

Nun hatten wir einen neuen Inspektor bekommen, er hieß Herr Bodsch. Er war schon älter und machte einen besonnenen, ruhigen Eindruck. Er war unverheiratet. Er mußte sich erst mit der Wirtschaft vertraut machen, denn es war ja niemand da, der ihn einführte. Fräulein Wippler und ich versuchten unser Bestes, ebenso die alten Leute vom Hof. Die wenigen alten Männer, die uns noch verblieben waren, und die ganz jungen, die noch zur Schule gingen, wurden nun oft für einige Tage zum »Schippen« eingezogen. Von den Polen waren viele verschwunden. Auch die Mädchen aus dem Hause mußten einige Stunden auf dem Felde arbeiten oder auf dem Speicher Futter ausgeben. Es schien ihnen eine willkommene Abwechslung.
Baron Buhl war wieder frei, aber er blieb auf seinem Gut Körpen im Kreise Braunsberg. Er schien erst Abstand gewinnen zu wollen zu alledem, was passiert war, bevor er nach Postehnen zurückkehrte. Er rief oft an und war zufrieden, daß wir ihm aus der Wirtschaft nur Gutes berichten konnten.

Ich mußte mich nun selbst sehr um die Wirtschaft kümmern, Herr Bodsch unterstützte mich, so gut er konnte.
Oft fuhren wir gemeinsam mit den zwei Rappstuten
über die Vorwerke. Ich lenkte sie und genoß diese Fahrten sehr. Elster wurde nun nicht mehr geritten, da Herr
Bodsch ziemlich füllig war und sich im Wirtschaftswagen wohler fühlte. Auch meiner Russa schien es zu
gefallen, wenn sie gemeinsam mit der Elster an der
Deichsel ging. Aber in unsere Fahrten mischte sich ein
Wermutstropfen. Überall war das Gelände abgesteckt
für Gräben zur »Verteidigung«. Auch der Wald war bereits vermessen. Herr Bodsch, der immer die Ruhe selber war, schien mir nervös. Einen Vertrag durfte ich mit
ihm nicht machen, er unterstand der Kreisbauernschaft,
so war ich ganz in den Händen der Partei. Der Kreisbauernführer war nun auch stellvertretender Landrat,
der eigentliche hatte sich an die Front gemeldet.
Ich konnte nicht fort, ich sehnte mich nach meinen
Kindern, aber ich wollte auch das Gut nicht im Stich lassen, so war ich in einem ständigen inneren Konflikt.
»Madame, fahren Sie zu Ihren Kindern«, sagte Louis,
»die Nachrichten sind schlecht.« Louis kam und machte
Pakete; Gemüse, Öl, das wir zurückgeliefert bekamen.
»Die Kinder müssen essen«, meinte er. Jeden Morgen
brachte er einen frischen Blumenstrauß. Die Front
schien sich beruhigt zu haben, wir hörten selten Kanonendonner, es war nur ein fernes, leichtes Grollen.
Doch Louis schien besorgt. »Madame, es ist besser, Sie
schicken Wertsachen fort«, meinte er. »Die Nachrichten, die ich höre, lassen wenig Hoffnung für Ostpreußen. Ich packe ein, was Sie wünschen, niemand wird es
erfahren.« »Louis, wenn Sporwitten verloren ist, ist für
mich alles verloren, ich brauche dann nichts mehr«, antwortete ich. Aber Louis bestand darauf, daß es notwen-
dig sei. »Gut«, erwiderte ich, »Sie können mit Fräulein

219

Wippler einpacken, was Sie wollen, mir ist es egal.« Wenn Mittagsstunde war und die Mädchen im Hause in ihren Zimmern waren, kam Louis und packte mit Fräulein Wippler. Sie nahmen Silber und auch etwas von dem kostbaren Porzellan, es wurde in Kisten verstaut und darüber Gemüse und Äpfel ausgebreitet. Man durfte ja nichts herausbringen. Einmal kam gerade der Ortsbauernführer, er sah die Kisten, die in der Halle standen. »Es gibt Leute, die Wertsachen ins Reich schicken, das wird nicht geduldet«, bemerkte er. Die Kisten standen offen, man sah nur Porree, Zwiebeln, Kartoffeln und Tomaten. »Die Kinder brauchen Gemüse«, erwiderte ich, »selbst Kartoffeln sind knapp, auch meine Mutter und meine Schwester müssen versorgt werden.« Der Ortsbauernführer schien zufrieden.

Als Baron Buhl wieder nach Sporwitten kam, war es bereits September. Er sprach kein Wort von dem, was hinter ihm lag. Herr Bodsch hatte zur Zufriedenheit die Wirtschaft geführt, und das Getreide war schneller eingefahren, als er erwartet hatte. Oft hatte man Überstunden gemacht.

Die Gräfin Eulenburg besuchte mich, sie war sehr niedergeschlagen. »Früher sagte ich immer, ich kann alles ertragen, wenn nur mein Sohn zurückkehrt«, meinte sie. »Ich habe mein Wort nicht gehalten, auch Wicken zu verlieren, würde mir das Herz brechen. Gestern trieben fünzig Reiter eine Herde von mehr als dreitausend Stück Rindvieh bei uns durch, es waren herrliche Tiere.« »Ich weiß«, erwiderte ich, »sie blieben auf unseren Weiden, die sehen nun furchtbar aus, unsere Mädchen waren draußen, sie halfen beim Melken.«

»Ich bin gekommen, um Sie zu fragen, ob Sie mir Ihren Franzosen Louis borgen können, er ist doch der einzig Zuverlässige, er könnte mir einige Kisten packen, die ich fortschicken möchte«, sagte Gräfin Eulenburg. So ging Louis für einen Tag nach Wicken. Das Gleiche geschah in Postehnen; Louis wurde so zum Vertrauten von allen. Obwohl er selber noch jung war, gab er hilfreiche Ratschläge. Er versorgte uns auch mit Nachrichten aus dem Ausland, die er nachts hörte. Was er uns mitteilte, war nicht ermunternd. »Louis wird noch der Schutzpatron«, sagte ich zu Fräulein Wippler scherzend. »Es ist besser, Sie schreiben in Ihren Briefen nichts von dem Franzosen Louis, die Briefe werden geöffnet. Nennen Sie ihn Schupa.«

Unser Hauptmann war mit wenigen Soldaten abgezogen, jetzt hatten wir fast nur noch Gefangene und sogenannte »Umsiedler«. Acht Mann wurden wieder zum »Volkssturm« eingezogen, sie kamen nicht zurück. Wir hörten den Geschützdonner plötzlich sehr deutlich. Da wir uns aber nicht vorstellen konnten, daß die Russen durchbrechen könnten, hatten wir auch keine Angst. Louis schlug vor, das kostbare Geschirr zu vergraben. »Auf dem Friedhof«, sagte er, »ich werde es in der Mittagspause hinbringen.« – »Das hat keinen Sinn, Louis«, meinte ich, »wie wollen Sie es denn dorthin schleppen, ohne daß es jemand sieht?« Am nächsten Tag kam er wieder. »Auf dem Boden ist ein toter Kamin, dort werde ich es verstecken«, erklärte er mir. Er brachte es tatsächlich fertig, das ganze Eßgeschirr für achtzig Personen im Kamin heimlich einzumauern. »Madame, fahren Sie zu Ihren Kindern, die Nachrichten sind schlecht«, warnte er mich. Als wir den Geschützdonner lauter hörten, gingen Fräulein Wippler und ich in den Weinkeller, wo der Ersatzbrunnen war, der uns mit Trinkwasser versorgte. Wir warfen viele Flaschen Wein in den Brunnen, ohne zu bedenken, daß die Etikette sich später lösen würden. »Dann können wir auch gleich den silbernen Tafelaufsatz versenken«, war meine Idee. Wir schleppten zu zweit den schweren Aufsatz in den Keller. »Er wird die

221

Weinflaschen zerschlagen, wenn wir ihn runterwerfen«, bemerkte ich. So nahmen wir zwei Speckhaken, die wir an ein Seil banden, hakten sie hinter die Säulen, die den Aufsatz trugen, und ließen das schwere Ding langsam herab. Es machte uns große Mühe, die Haken später zu lösen. »Das ist ja wie in einem schlechten Krimi«, rief ich lachend, dabei konnte ich meine Sorge nicht verbergen.

Baron Buhl rief an, um mir zu sagen, daß er erst in den nächsten Tagen nach Sporwitten kommen könne, er brauche mich nicht mehr zu sprechen, da ja Herr Bodsch da sei. »Holen Sie Ihre Kinder, sagen Sie es dem Kreisbauernführer, er wird zufrieden sein«, redete er hastig auf mich ein, dabei räusperte er sich bedeutungsvoll. »Haben Sie mich verstanden?« fügte er fast im Befehlston hinzu. »Ja, ich habe verstanden«, erwiderte ich, »ich fahre sobald wie möglich.«

Warum so schnell, überlegte ich mir, ich werde mir Zeit lassen. Als abends das Telefon läutete, war Sophie am Apparat. »Mortimer hat Lungenentzündung, es ist besser, du kommst«, sagte sie. Ich war zutiefst erschrocken, damit hatte ich nie gerechnet, ich war wie gelähmt. Mein festes Gottvertrauen hatte ich verloren, ich glaubte an nichts mehr. Mein Gott war die Natur geworden, mit der ich mich eins fühlte, in der ich lebte. War ich nicht auch wie die Ähre auf dem Felde, sie hatte geblüht und ihre Früchte getragen, nun wartete sie auf den Schnitter oder auf den Sturm, der sie knicken würde, noch jeden Tag der Sonne zugewandt.

Vielleicht gab es einen Gott für die anderen, der meine schenkte mir keine Güte. Eine furchtbare Angst kam über mich, sie schnürte mir die Kehle zu. So betete ich zu Gott, von dem ich mich verlassen fühlte, und bat ihn um Schutz für meinen geliebten Jungen.

Am nächsten Tag fuhr ich zurück zu meinem Sohn. Die

Reise war entsetzlich, und endlich, nach sechzehn Stunden Stehen, war ich bei meinen Kindern. Ich umarmte und küßte meinen kleinen Liebling immer wieder. Sophie war mit Recht besorgt, daß ich den Jungen zu sehr aufregen würde, aber ich folgte meinem Herzen und schaltete jede Vernunft aus.

Nur sehr langsam erholte sich mein Männlein, und es gab bange Tage und Nächte. Im Oktober machten wir die ersten Spaziergänge, aber der Husten war noch immer nicht ganz fort.

Sehnsucht nach Ostpreußen

Es quälte mich, daß ich mich nicht um Sporwitten kümmern konnte. Fräulein Wippler schrieb fast täglich und war recht verzweifelt. Herr Bodsch hätte völlig den Kopf verloren. Wieder waren fast zweihundert Personen bei uns untergebracht, sie trug allein die Verantwortung. Befehle von der Partei wechselten ständig. Einmal hieß es, man solle das Futter der Pferde mit dem der Flüchtlinge teilen. Wenn es alle wäre, würden große Reservedepots freigegeben. Der Ortsbauernführer erklärte das Gegenteil: »Gemeinsam hungern, wenn nichts mehr da ist.« Wenn die Kartoffeln alle wären, müßten die Saatkartoffeln herhalten. Jetzt gab es auch nur noch einen Achtel Liter Milch pro Person, Butter nur noch die Hälfte von den Karten. Dabei waren so viele Kinder da, die Hunger hatten. Zucker war nicht mehr aufzutreiben. »Am schlimmsten sind die Abende, stundenlang wird das Licht abgeschaltet, und dann hört man nur noch das Donnern der Geschütze«, schrieb Fräulein Wippler weiter.

Im nächsten Brief bat sie mich, ihr nur ehrlich zu sagen, ob ich noch einmal zurückkomme, damit sie sich nicht umsonst auf mein Kommen freue, es sei doch ihre einzige Hoffnung. Sie teilte auch mit, daß Baron Buhl nun nur noch einmal die Woche nach dem Rechten sähe, da die Kartoffel- und Rübenernte eingebracht sei und auch die Arbeiten im Walde vorangingen. Vier Russen seien entwichen, aber nach drei Tagen seien sie wiedergekommen, denn sie hätten gar nicht gewußt, wo sie in dem Chaos von Flüchtlingen und Soldaten hingehen sollten, und ihren Landsleuten wollten sie keineswegs in die Hände fallen. Herr Bodsch sei froh, die vier Mann wieder zur Arbeit zu haben und hätte den Vorfall dabei belassen. Im Grunde wisse man überhaupt nicht mehr, was vor sich ginge. Einige der Siedler von der Grenze seien zurückgefahren, um ihr Getreide auszudreschen, aber sie hätten nichts mehr vorgefunden und seien enttäuscht zurückgekehrt. Der Russe war tatsächlich durchgebrochen! »Die Leute fragen nach Ihnen, wie glücklich wäre ich, Sie kämen zurück«, schloß Fräulein Wippler ihren Brief an mich.

Ich entschied mich, Ende Oktober zurückzukehren und meine Kinder für einige Zeit wieder zu verlassen. Sophie sorgte treu für sie, außerdem war ja Marie da, und wir hatten jetzt ein »Pflichtjahrmädchen«. Diesmal funktionierte das Telefon, ich rief zu Hause im Büro an und kündigte meine Rückkehr nach Sporwitten an. Zufällig war auch Baron Buhl im Büro. Abends rief er mich an. »Sie kommen auf keinen Fall«, hörte ich seine befehlende Stimme. »Auf keinen Fall. Ich kümmere mich um das Gut, ich werde das Nötige veranlassen und Fräulein Wippler benachrichtigen.« Ich wagte nicht zu fahren.

Der Brief, der nach einer Woche von Fräulein Wippler kam, war sehr unglücklich, sie schrieb: ». . . als ich mit

Abfahrt von Sophie

Fahrt mit den Kindern
in den Wald

Tassilo hat zwei Doubletten
geschossen

Die Kinder hatten sich verkleidet

Wir saßen am Kamin

»Ich bin ein Junker«

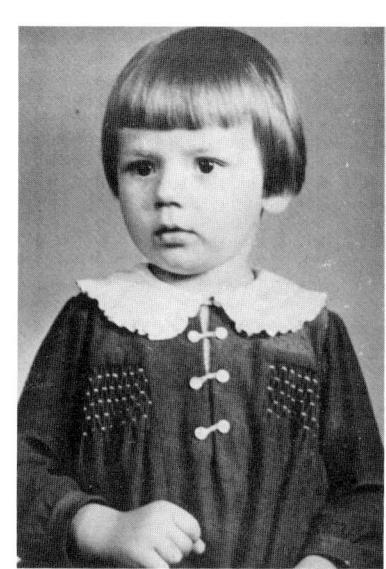

Weihnachten 1943 –
Männlein in
seinem neuen Auto

Der Birkenweg zum Wald

Damwild

dem Herrn Baron das Wirtschaftliche besprochen hatte, sagte er mir nur kurz, daß Sie vorläufig nicht kommen könnten, Mortimer habe einen Rückfall erlitten. Ich habe fast geweint«, schrieb die Arme. »Und nun auch noch die Sorge um den ›lieben Jungen‹. Nun werden Sie wohl nicht mehr kommen! Machen Sie sich keine Sorge um mich«, schloß sie ihren Brief, »ich werde meinen Mann stehen.« Und als auch Lisbeth schrieb, sie sei in Tränen ausgebrochen, daß ich nicht zurückkäme, war ich sehr verzweifelt.

Anfang November entschloß ich mich, zurück nach Ostpreußen zu fahren, ohne jemandem etwas mitzuteilen. Meine geliebte Mutter war ganz entsetzt, und auch Sophie war besorgt. Marie wollte noch einmal nach Pommern zu ihren Verwandten, was mir sehr willkommen war. Hatte sie doch gerade wieder eine höchst peinliche Katastrophe hervorgerufen. Da sie ihren »lieben, guten Jungen« oft »mein kleiner Junker« nannte und ihm erzählte, daß ihrem »Junker« nie jemand ein Leid antun dürfe und könne, war auch mein Junge fest davon überzeugt. Wahrscheinlich hatte Marie ihn beruhigen wollen, da er oft von den »bösen Russen und Fliegern« gehört hatte und ängstlich war, wenn er bei Alarm in den Keller mußte. Und als im Kindergarten die Lehrerin ihm drohte: »Wenn du nicht sofort gehorchst, bekommst du was hinten drauf«, antwortete mein Liebling in aller Ruhe: »Sie dürfen mich nicht anrühren, ich bin ein Junker!« Wenn Marie gewußt hätte, was sie heraufbeschworen hatte, sie hätte sich lieber die Zunge abgebissen. Es gab eine furchbare Auseinandersetzung – es wurde ja alles von der Partei geleitet – die damit endete, daß unser »Männlein« den Kindergarten nicht mehr besuchte und ich mit meinem »Hofstaat«, wie sie es nannten, eine schlechte Note bekam.

225

Marie ging nun sonntags mit ihrem Schützling an der Hand in den Kindergottesdienst. Auch das wurde nicht allzu gern gesehen. »Ich bereite alles vor«, hatte ich den Kindern gesagt, »vielleicht werden wir Weihnachten in Sporwitten verleben.« Ich fuhr zurück.

Die Reise war lang wie immer, aber man hatte sich an die Strapazen gewöhnt, denn man hatte ja immer, ob nach Norden oder Westen, ein Ziel vor sich, nach dem man sich sehnte. In Berlin hatte ich gerade noch Zeit, Marie in den Zug zu setzen, nach Pommern. Dann bestieg ich den meinen, Richtung Königsberg. »Ich hoffe, Weihnachten sind wir wieder alle vereint in Sporwitten«, sagte Marie unterwegs, und dann schwärmte sie von 1943, dem Jahr zuvor, als der »liebe, alte Junge« so glücklich war über das Auto, das der Polenschmied ihm gezaubert hatte. Sie zerbrach sich den Kopf, wo er wohl die Räder her hatte, wo es doch gar nichts gab. Und überhaupt, ein solches Kunstwerk, wo der Liebling sich hineinsetzen konnte und nur zu treten brauchte, um das Gefährt in Bewegung zu setzen. Und wie klug der Junge war, daß er alles sofort begriffen hatte und laut hupend durch den Saal gerast war! Marie ergoß sich in den schönsten Erinnerungen und merkte gar nicht, daß wir an Städten vorbeigefahren waren, deren Häuser restlos zerstört waren. Ihre Gedanken galten nur dem »Herzenskind«. Vergessen hatte sie auch, daß damals unser großer Weihnachtsbaum mit den brennenden Lichtern ins Schwanken geraten war und die Gardinen schon Feuer gefangen hatten.

Als ich Marie noch einmal zuwinkte, rief sie: »In Sporwitten Weihnachten, so Gott will!« Dann eilte ich zu meinem Zug nach Königsberg.

In Schneidemühl hatte ich eine Stunde Aufenthalt, mein Schwager Peter erwartete mich am Bahnhof. »Komm gleich zurück, mit den Pferden und dem Wagen, ladet auf, was Ihr könnt. Bring die Rendantin und den Franzosen mit«, sagte Peter eindringlich. »Verliere keine Zeit!«

Es war sehr spät, als ich endlich Georgenau erreichte. Der Morgen graute bereits. Es war ein häßlicher Novembertag, ein eiskalter Wind wehte, als ich mich zu Fuß auf den Weg nach Sporwitten machte. Überall begegneten mir Flüchtlinge, Frauen mit Kindern an der Hand, manche hatten Fuhrwerke, aber sie konnten nur im Schritt fahren, da die Straße verstopft war. Ich konnte es gar nicht fassen, so viel Elend begegnete mir.

Als ich endlich in die Kastanienallee einbog, begegneten mir viele Menschen, die mir fremd waren, überall standen Fuhrwerke, selbst der Park schien ein Heerlager. Wie ich in die Halle trat, kamen mir Fremde entgegen, keiner grüßte. Fräulein Wippler brach in Tränen aus, als ich sie überraschte, auch die Mädchen weinten. Herr Bodsch sah besorgt aus. »Hier kommen wir nicht mehr raus«, sagte er ganz verworren. Ich versuchte, allen Mut zu machen, dabei fühlte ich mich selbst ganz jämmerlich.

Am Nachmittag fuhr ich mit Versig nach Postehnen. Ich hatte mich nicht angemeldet. »Der Herr Baron ist im Walde«, hatte man mir gesagt, »und auch die Frau Baronin ist nicht da.« – »Ich werde warten«, erwiderte ich. Man führte mich in das Arbeitszimmer des Hausherrn, alle anderen Zimmer schienen besetzt. Es wurde schon dämmerig, als der Baron ins Zimmer trat. Man hatte kein Licht angezündet. »Sehe ich recht?« hörte ich Baron Buhls entsetzte Stimme. »Oder sehe ich bereits Gespenster?« – »Ja, ich bin es«, sagte ich etwas gedrückt. »Sind Sie von allen Göttern verlassen, wie konnten Sie so unüberlegt handeln? Ich habe meine Frau gestern fortgeschickt, Sie fahren morgen zurück, verstehen Sie?« – »Ja«, erwiderte ich, »es ist alles vorbereitet, mein

Schwager will uns aufnehmen. Wir werden mit dem großen Wagen fahren und nehmen auch die Reitpferde mit, mein Schwager hat Platz. Ich nehme den Franzosen Louis mit und auch Fräulein Wippler.« – »Das kann Sie alles kosten, Sie werden nicht weit kommen«, sagte mein Betreuer, nun etwas milder. »Außerdem ist seit heute strenger Befehl, niemand darf auf eigene Faust raus, nur im Treck.« – »Ich brauche Fräulein Wippler, man kann doch nicht einfach alles stehen und liegen lassen, die Wirtschaft muß weiterlaufen, Herr Bodsch würde restlos die Nerven verlieren.« – »Ich fürchte, Sie haben sie bereits verloren.« – »Bitte verstehen Sie mich«, erwiderte ich unglücklich, »ich hatte solche Sehnsucht nach Sporwitten und bin einfach meinem Impuls gefolgt. Ich wollte auch Fräulein Wippler beistehen, sie ist überfordert, sie sieht ganz elend aus!« – »Sie gehören jetzt zu den Kindern«, sagte Baron Buhl nun fast väterlich, »die Rendantin kann vier Tage Urlaub haben, ich werde mich um Sporwitten kümmern, aber gehen Sie sofort. Ich bin in Sorge um meine Frau«, fügte mein treuer Berater hinzu, »sie war sehr elend, als sie sich auf die Fahrt machte, ich hoffe, Sie treffen sie bald. – Nehmen Sie den Zug, gleich morgen«, hörte ich noch Baron Buhls Stimme, als wir davonfuhren.

Ich war völlig benommen, als ich ins Haus trat. »Wir werden nach Heringsdorf fahren«, sagte ich zu Fräulein Wippler, »ein paar Tage am Meer werden Ihnen gut tun.« Wir fuhren erst drei Tage später, ich hoffte nur, Baron Buhl würde nicht kommen, solange ich noch da war.

Graf Eulenburg war am Telefon, als ich in Wicken anrief. »Sie haben Mut«, meinte er, »ich habe meine Frau seit drei Tagen fortgeschickt, ich hoffe, Sie gehen zurück zu Ihren Kindern.«

Ich ging mit Fräulein Wippler in die Kleiderkammer,

wo die Pelze, Kutschermäntel und Emils Sachen aufbewahrt waren. Wir holten Pelzmäntel heraus und auch
den Kutschermantel von Versig, der innen mit hellro-
tem Tuch abgefüttert war. Wir hefteten an jeden der
Mäntel einen Zettel mit dem Namen der Mädchen aus
dem Hause. Es waren nur noch vier. Die Wirtin war zu
den Kraftfahrern eingezogen, an ihre Stelle war nun
Lisbeth gerückt. »Für alle Fälle; Versig hat seinen
Innenpelz, und für Sie ist der lange von meinem Mann«,
entschied ich. Ich gab Fräulein Wippler die Pistole von
Viktor und steckte mir selbst die von Matthias ein. »Wir
werden Schießen üben«, überzeugte ich Fräulein Wippler, »am Strand, Sie müssen es lernen.«

Neue Zuversicht

Die Tage am Meer waren herrlich, meine Schwägerin
Erika war voller Fürsorge. Die Luft war sehr frisch und
roch nach Salz und Seetang. Man hörte keinen Kanonendonner, und es kamen auch keine feindlichen Flugzeuge. Ich war wie benebelt von allem, und es schien
mir, ich sei aus einem bösen Traum erwacht. Ich konnte
mir gar nicht vorstellen, daß wir vielleicht Sporwitten
für immer verlassen müßten, der ganze Jammer und
das Elend des Krieges kam über mich, ich war in einer
solchen inneren Spannung, daß ich bitterlich zu weinen
begann. Es war wie mit dem Reiter über den Bodensee,
ich konnte mich gar nicht fassen.
Aber mein Wille siegte, und ich begann zu handeln. An
der Strandpromenade nach Bansin, hinter einer Düne,
lag ein entzückendes Haus mit einem schönen Garten.
Die Besitzerin wollte die obere Etage vermieten, und ich

nahm sie sofort. Vom Balkon sah man über das Meer, die Zimmer waren mit schönen alten Möbeln eingerichtet. Eins mit einer großblumigen, hellen Rosentapete, wie man es in Frankreich hat. Das ist für Viktoria, dachte ich, hier werden die Kinder wieder ihr eigenes Heim haben, die Seeluft wird ihnen guttun, besonders dem Jungen mit seinem Husten. Wir wurden schnell einig. Ein wenig Sorge machte mir nur, was wohl Baron Buhl dazu sagen würde, hatte ich doch großen Respekt vor ihm. Auch für Marie gab es ein Stübchen, ebenso für Fräulein Wippler. Und wir waren nah beim Haus der Großmutter, wenn sie auch nicht mehr lebte, so waren doch die Tanten da.

Ich zeigte Fräulein Wippler, wie man die Pistole handhabte, und wir schossen auf die Scheibe, die wir in den Dünen aufgestellt hatten. Es machte uns Spaß, wenn wir ins Schwarze trafen. Wir sahen nun alles wieder im rosigen Licht, auf alle Fälle hatten wir ein Ausweichquartier, was man ja auch für die Ferien benutzen konnte. Als Fräulein Wippler zurückfuhr, war sie zuversichtlich und guten Mutes. »Wenn alles still bleibt, geben Sie mir Nachricht«, sagte ich ihr beim Abschied, »dann komme ich zurück. Ich freue mich wieder auf Sporwitten und besonders auf Rita, sie bekommt bald Junge. Hoffentlich ist nichts passiert, in dieser Zeit!« erwiderte sie.

Es war bereits Mitte November. Voller Zuversicht fuhr ich zu meinen Kindern, die Sophie so liebevoll betreut hatte. »Wir haben wieder ein Heim, am Meer«, malte ich ihnen aus, »von dort sind wir auch schneller in Sporwitten. Ihr habt den Strand für euch ganz allein und auch einen Garten. Es ist nicht weit von Großmutters Haus«, fügte ich hinzu.

Bei meiner geliebten Mutter wurde es nun immer enger, sie war nach Breslau gefahren, um Elisabeth zu holen, die im September ein kleines Mädchen bekommen hatte. Elisabeths Mann stand an der Front – im Norden. Die Bombenangriffe auf Breslau häuften sich. Marie schrieb glücklich aus Pommern, ich hatte ihr vom Haus am Meer erzählt, und sie wollte gerne mit uns leben. Sehnsucht klang in ihren Zeilen, ihr fehlte das »Männlein«. »Der liebe, gute Junge ist mir so ans Herz gewachsen.« Sie könne es kaum erwarten, Weihnachten wieder mit uns zusammen zu sein. Marie, die nie eine innere Bewegung zeigte, schrieb weiter: »Erst jetzt kann ich meine liebe gnädige Frau ganz verstehen, wie schwer es für sie sein muß, sich immer wieder von ihren Kindern zu trennen.« Und wieder schwärmte sie von vergangenen Zeiten.

Die Weihnachtszeit begann mit allen bescheidenen Vorbereitungen. Meine Fröhlichkeit war gekünstelt, die Kinder, ja überhaupt niemand sollte merken, wie sehr ich mich nach Hause sehnte. Ich fühlte mich in der Verbannung und war wie besessen von dem Gedanken zurückzukehren.

Weihnachten 1944

Am 6. Dezember war ich wieder in Sporwitten. Ich konnte die Leute nicht im Stich lassen, sie waren in Angst und Bedrängnis. Das Haus war voller Flüchtlinge, oft hörte man schwere Geschütze. Trotz allem lief die Wirtschaft fast normal. Zwar wurde das Holz nun direkt vom Sägewerk abgefahren, und das Futter für die Tiere wurde immer knapper, aber man fand immer einen Ausweg. Zwölf Fohlen waren verladen, man hatte sie in die Uckermark bei Prenzlau zu Verwandten geschickt.

231

Auf einem Gut in Pommern bei einem Schwager hatte man Platz für zwanzig Kühe, die verladen werden sollten. In Pellklack war das Getreide ausgedroschen, der Roggen hatte zwölfeinhalb Zentner pro Morgen gebracht.

Diesmal war ich nicht allein gereist, ein alter Freund meines Vaters und Kamerad aus der Marinezeit hatte mich begleitet. Er hieß Admiral Zuckschwerdt und war der älteste kommandierende Admiral unserer Kriegsmarine. Jetzt, mit siebzig Jahren, war er in Pension. Seine Frau war eine Griechin und hieß Penelope. Wir nannten sie »Tante Lopi«, und der Admiral war »Onkel Lopi«. Es war eine auffallend große und stattliche Erscheinung, nicht gerade schlank. Da in Berlin die Bombenangriffe immer heftiger wurden, hatte er seine Frau bereits in unserem kleinen Badeort untergebracht, und seit kurzem lebte nun auch er dort. Er schien sich zu langweilen, und da er passionierter Jäger war, lockte es ihn sehr, in Ostpreußen auf Jagd zu gehen. Meine gute Mutter hatte ihm alles in glühenden Farben geschildert. Es war ihr eine Beruhigung, mich in seinem Schutz zu wissen. »Wir sind bestimmt zu Weihnachten zurück«, hatte ich Tante Lopi überzeugt, so willigte sie ein.

Versig war nach Friedland gekommen, um uns abzuholen. Es war sehr kalt, aber die Schneeflocken waren erst spärlich gefallen, und so wurde der Schlitten noch nicht hervorgeholt. Es war rührend, wie die Leute sich über meine Rückkehr freuten. Versig war sehr skeptisch. »Sie belügen uns, die Partei ist am Ende«, sagte er. »Nicht so laut«, beruhigte ich ihn, »sprechen Sie leise, sonst landen Sie im KZ. Wir haben unsere tapferen Soldaten, die Russen werden nicht nach Groß-Sporwitten kommen.« – »Und der Donner der Geschütze?« meinte er, »das ist kein Gewitter!«

Ich war glücklich, wieder daheim zu sein. Soldaten

hatten wir nicht mehr. Für eine Nacht kamen Flüchtlinge aus der Tilsiter Gegend, aber sie zogen gleich weiter. Unsere anderen, aus Insterburg und dem Memelland, blieben da. Sie waren still und rücksichtsvoll. Abends hörte man sie singen, wenn sie ihre Andacht hielten.

Onkel Lopi war in der »Kastanie« untergebracht, der Hauptmann, der sie vorher bewohnt hatte, war weitergezogen. Obwohl ich nur noch das kleine Wohnzimmer unten hatte und im Hause nun alles ganz anders war als früher, war ich froh, wieder zu Hause zu sein. Der Admiral ging auf Jagd, er war fast den ganzen Tag im Freien und begeistert von unserem schönen Wald. Er erfüllte den Abschußplan, der uns freigegeben war, und erlegte viel Dammwild. Abends saßen wir oben in meinem Schlafzimmer, wo man die eine Ecke mit den Sesseln aus dem Saal eingerichtet hatte, dort war es am wärmsten. Eigentlich hatten wir uns wenig zu sagen, der Admiral schrieb seine Kriegserinnerungen noch aus »Kaisers Zeiten« und las mir vor. Mich langweilte es entsetzlich, ich mochte auch gar nichts mehr vom Krieg hören, aber ich konnte dabei so gut meinen eigenen Gedanken nachhängen. Ich überlegte mir, daß im nächsten Jahr, wenn alle Flüchtlinge wieder zu Hause wären, ein ganz neues Leben mit den Kindern beginnen würde, und wir für jeden Tag dankbar sein würden, den wir daheim waren. Ich war auch sehr froh, daß ich den Vertrag nicht unterzeichnet hatte, mit dem ich die Einwilligung gegeben hätte, Sporwitten für zehn Jahre zu verpachten, an eine staatliche Einrichtung. Zwar hätte ich ein Wohnrecht im Flügel zum Park erhalten, aber ich hätte nichts mehr zu sagen gehabt. Es war reiner Zufall gewesen, daß die Übersendung des Vertrages sich um eine Woche verspätet hatte, so gab ich meine Zustimmung nicht mehr. Man hatte mir eine sehr hohe Summe

geboten, aber ich brauchte das Geld ja nicht und empfand es auch als Verrat an den Leuten.

Wenn Onkel Lopi endlich aufgehört hatte zu lesen, erwartete er große Begeisterung von mir, und da ich ihn
nicht kränken wollte, bestätigte ich ihm, wie faszinie-
rend er seine Erinnerungen geschrieben habe. Manchmal zog ich mich auch ins Büro zurück und unterhielt
mich mit Fräulein Wippler.

Die Flüchtlinge hatten Pfefferkuchen gebacken und
brachten mir eine große Schüssel. Sie hatten den Mädchen beim Sirupkochen geholfen und bekamen auch
ihren Anteil. Die Kuchen schmeckten köstlich, nach viel
Butter. »Wir haben sie von zu Hause mitgebracht«, sagten die aus dem Memelland. Sie hatten ganze Fässer mit
Lebensmitteln aufgeladen, und das war auch gut so,
denn alles drehte sich ums Essen. Es schien das Wichtigste.

Baron Buhl war auf seinem Gut in Körpen, und auch von
den übrigen Nachbarn sah ich niemanden. Es war mir
ganz lieb, es brauchte keiner zu wissen, daß ich zurückgekommen war, während die anderen sicher froh
waren, ins »Reich« gelangt oder wenigstens auf dem
Weg dahin zu sein.

Im Gemüsegarten war alles für den Winter vorbereitet,
Louis hatte die Bienenkörbe gut verpackt und den Bienen flüssigen Zucker in einer Art Glaskolben für den
Winter in ihre Behausung gestellt. Den Zucker hatten
wir geliefert bekommen, als wir unsere Abgabe von
Honig erfüllt hatten, für die Küche konnte man ihn nicht
verwenden. Die Fenster für die Frühbeete waren ver-
glast – der Winter konnte kommen. Ich versprach Louis,
im Frühjahr das Gewächshaus instand setzen zu lassen.
»Madame«, sagte er, »fahren Sie zu Ihren Kindern, die
Russen werden durchbrechen, auch Petrus möchte Sie
warnen. Ich werde Sporwitten bis zum letzten verteidi-

gen, aber wir werden Sie nicht schützen können, auch
der Admiral nicht. Es sieht schlimmer aus, als Sie
ahnen«, fuhr er fort. »Weihnachten werde ich bei meinen Kindern sein«, antwortete ich ihm, »ich hoffe, auch
Sie kommen bald nach Hause.« – »Für mich wird es zu
spät sein«, erwiderte er.
Unser Franzose packte Pakete für die Kinder, für meine
Mutter und Sophie. Sie wurden auch angenommen,
aber nun mußte man sie geöffnet bringen, damit sie auf
der Post kontrolliert werden konnten, ehe man sie ab-
sandte. Jetzt schickte man Schwarzwurzeln, Karotten
und Rotkohl, ein Stück Wild wurde dazugelegt, auch
Honig. Marie schrieb aus Pommern, sie wollte nach
Sporwitten kommen, sie brauchte Schürzen und Wasch-
kleider, sie wollte sehen, was von ihrer Habe noch vorhanden war, den man hatte ihr bereits vieles geschickt.
Im Grunde hatte sie Sehnsucht nach Sporwitten. »Und
Weihnachten bin ich wieder bei meinem lieben, alten
Jungen«, schrieb sie. Fräulein Wipper rang die Hände,
und auch die Mädchen hatten Bedenken. »Wenn Fräulein Marie kommt und sieht, wie sich alles bei uns verändert hat und daß auch ihr Zimmer mit Flüchtlingen
belegt ist, wird sie es nicht überleben«, meinten sie.
Marie war schon sechzig und hing an allem Altherge-
brachten. Sie glaubte noch immer, ihr warmes Stübchen
wartete auf sie. »Ich könnte mich auch im Hause nützlich
machen«, schrieb sie, »wenn die Mädchen zum Schippen gehen müssen.« Man begann bereits, Gräben zu
ziehen, und oft mußten auch die Mädchen helfen. Ich
schrieb Marie, sie solle lieber direkt zu meiner Mutter
fahren, ich würde ihr die Sachen mitbringen.
Langsam fielen die Flocken, und unsere Felder, deren
Furchen vor kurzem noch dunkel und traurig aussahen,
leuchteten nun in hellem Weiß. Mit dem Schnee kam
auch die Weihnachtsstimmung. Im Radio hörte man

nun oft Weihnachtslieder, und dann »Lili Marleen«. Das Grollen der Kanonen vernahm man kaum noch, es war, als warte man nun auf das große Wunder. In den Nachrichten wurde Ostpreußen nur am Rande erwähnt, die Front schien still zu stehen. »Ist das vielleicht die Ruhe vor dem Sturm?« fragte Fräulein Wippler.

Ich fuhr mit Versig in den Wald, zum ersten Male in diesem Winter nahmen wir den kleinen Schlitten. Ich lenkte Russa und Elster, ihr schwarzes Fell glänzte, es erschien mir noch dunkler gegen den leuchtenden Schnee. Wenn ich malen könnte, welch schönes Bild würde es geben, dachte ich, als wir in den Wald einbogen. Alle Fichten waren mit Schnee bedeckt, man hörte nur den Atem der Pferde und empfand die Stille wie Musik. Wir sahen Damwild an der Futterstelle. Auch die Gräben, die man auszuheben begonnen hatte, erschreckten uns nicht, sie waren von Flocken zugedeckt. Ich überließ mich meinen Träumen, die in die Vergangenheit gingen. Weihnachten! Die Kinder fehlten mir.

Wie gut konnte ich nun folgende Strophen aus Nietzsches Gedicht »Vereinsamt« nachempfinden:

Die Krähen schrein
Und ziehen schwirren Flugs zur Stadt;
Bald wird es schnein –
Wohl dem, der jetzt noch – Heimat hat!
Nun stehst du starr,
Schaust rückwärts, ach! Wie lange schon!
Was bist du Narr
Vor Winters in die Welt entflohn?
Die Welt – ein Tor
Zu tausend Wüsten stumm und kalt!
Wer das verlor,
Was du verlorst, macht nirgends Halt!

236

»Nicht kleinmütig sein, Sporwitten ist nicht verloren«, sagte ich mir, als wir zurück über die Vorwerke fuhren. In Pellklack, bei den Schafen, hielten wir. Einige Lämmer waren schon geboren. Im Januar würden die Schafscherer kommen. Der Schäfer berichtete, daß es einige Schafe weniger seien als wie es in dem großen Buch eingetragen sei. »Ich mußte sie notschlachten«, sagte er. Ich tat, als ob ich es glaubte, aber es schien mir, sie seien in seinem Kochtopf gelandet.

Als ich ins Haus kam, war ich guten Mutes. »Wir bleiben noch eine Woche«, sagte ich zu Onkel Lopi. »Es wird zu spät«, meinte er besorgt, »wir werden Weihnachten nicht mehr nach Hause kommen.« – »Wir kommen früh genug«, antwortete ich ihm, »wir werden am 24. dasein.« Dem guten Admiral, der Gehorsam gewohnt war, gefiel es nicht, daß das Fest immer näher rückte und ich keine Anstalten machte abzufahren. Aber er fügte sich und tröstete sich mit der Jagd.

Am 20. Dezember ging ich zu den Flüchtlingen, um ihnen ein »gutes Weihnachtsfest« zu wünschen. Lisbeth hatte eingeteilt, wie lange sie noch mit den Vorräten der eingeweckten Fleischgläser auskommen mußten, den Rest gaben wir den Frauen im Hause. Die alten Frauen hatten mir eine große Einkaufstasche gehäkelt und boten mir von ihrem Weihnachtsgebäck an. Abends nahm ich an ihrer Andacht teil. »Im Januar komme ich zurück«, ermutigte ich sie und war überzeugt davon, daß es so werden würde. Und dann hatten wir am nächsten Abend unsere Weihnachtsfeier im kleinen Wohnzimmer, das mir verblieben war. Fräulein Wippler, Herr Bodsch und die Mädchen nahmen daran teil, Marie und die Kinder fehlten. Ein kleiner Baum stand auf dem Tisch, ich hatte ihn geschmückt, aber die Kerzen waren spärlich. Die Mädchen sangen »Stille Nacht«, aber sonst war nichts wie früher. Ich hatte für jeden ein Tischchen hergerichtet, in der Mitte prangte ein »bunter Teller«. Die Geschenke hatte ich aus meinen Schränken herausgesucht. Ein Mokkaservice wurde aufgeteilt und alle möglichen Nippsachen, über die sie sich freuten, dann gab es Strickwolle, weiße und graue, die wir zurückgeliefert bekommen hatten. Für Fräulein Wippler hatte ich eine sehr hübsche Goldkette mit einem großen Topas. Herrn Bodsch konnte ich mit Rotwein erfreuen, wir hatten ja nur einen Teil im Brunnen versenkt. Alle schienen zufrieden – ein stiller Abend ging zu Ende.

Noch einmal ging ich hinaus in den Park, die Wege lagen im hellen Schnee, unberührt von Fußspuren. Ich nahm die Richtung zur Rotbuche, den Rabatten entlang, ihre Äste waren leicht mit Schnee bedeckt, wie auch die der Linden. Hier war das Käuzchen im warmen Sommer zu Hause. Alles stand ganz deutlich vor mir, der Ruf des Vogels, vor dem ich mich fürchtete und den Georg Wilhelm mir als Liebeslied deutete. Unser Sohn, der friedlich in dem alten Wagen mit den hohen Eisenrädern ruhte, meine Viktoria, zusammen mit Dorchen. Mit roten Kapuzen verkleidet ritten sie gemeinsam auf dem alten Milchwagenpferd Ulla die Lindenallee entlang. Vor mir lag der Futterplatz, wo wir den weißen Damhirsch beobachtet hatten.

Ich erinnerte mich, wie Enno den Flügel zugeklappt hatte und auf die Terrasse trat. Er nahm Theda bei der Hand und verschwand mit ihr im Park, wo die Malven und Stockrosen blühten. Und dann sah ich den breiten Kiesweg vor dem Flügel zum Park, der nun von Schnee zugedeckt war, den ich mit Matthias entlangging, als er mir Mut machte und mir sagte, daß alles im Leben einen tiefen Sinn habe, daß unser Leben eine Ganzheit sei, in der nichts sinnlos und negativ zu bleiben brauche. Das sei entscheidend: In der Bejahung liege die Kraft. Ich war ganz gefangen von all den Erinnerungen. Als ich nach oben ging, dachte ich an den letzten Sommer in seiner Schönheit, gemeinsam mit Georg Wilhelm, und ich schrieb.

Spürst du noch den süßen Duft der Linden,
Schnitter kamen ihre Kränze winden,
Durch den dunklen Park das Käuzchen schrie:
»Niemals, nie
Werdet ihr euch wiederfinden«,
Doch mir schien es süße Melodie.

Abschied

Große Reisetaschen wurden gepackt, als wir uns für die Abfahrt vorbereiteten. Der Admiral, der eine ganze Flotte befehligt hatte, war in starker Anspannung, er fürchtete, Weihnachten nicht mehr bei seiner Frau zu sein, vielleicht aber auch war es die große Sorge um einen verlorenen Krieg. »Ich komme zurück, im Januar«, hatte ich zu Fräulein Wippler gesagt.

Für die Flucht hatten wir auf jeden Fall alles vorbereitet, die Gespanne waren eingeteilt; es waren ja vor allem Frauen und Kinder, die wenigen alten Männer würde man ja zur Verteidigung zurückbehalten, beim »Volkssturm«. »Wenn es dringend wird, fahren Sie mit den Mädchen«, hatte ich Fräulein Wippler geraten, »vor allem, nehmen Sie Louis mit, Sie brauchen einen Mann, der Ihnen bei den Pferden hilft. Herr Bodsch muß sich um die anderen Leute kümmern, und Versig will auf keinen Fall mit seiner Familie fortgehen. Sie wissen, bei meinem Schwager, nahe Schneidemühl, finden Sie Aufnahme«, fügte ich hinzu.

Endlich ging unsere Reise los. Wir wollten in Königsberg den Abendzug nehmen, weil die Bombenangriffe jetzt häufiger am Tag waren und man sich nachts im Zuge sicherer fühlte. Versig brachte uns zum Zug in Georgenau. Da wir niemanden mehr hatten, der unser Gepäck tragen konnte, nahmen wir Louis mit. Es war strengstens verboten, einen Gefangenen alleine reisen zu lassen, er brauchte einen Wachmann. Diesen aber gab es nicht für einen einzigen Franzosen. So hatten wir beim Ortsbauernführer die Erlaubnis erhalten, daß Fräulein Wippler den Wachmann ersetzen dürfe. Wir waren eine komische Reisegesellschaft, als wir den »Lahmen August« bestiegen. Der Admiral mit seinen Koffern, Louis mit einem Berg von Gepäck von mir, hatte ich doch noch tausend Spielsachen mitgenommen. Fräulein Wippler hatte das Steckenpferd für Sophies kleinen Jungen in der Hand, und ich trug einen Hasen und Fasanen in der Tasche.

Versig fuhr zurück, und unser Züglein kam auch ziemlich pünktlich in Königsberg an. Um vier Uhr war es schon fast dunkel, wie immer im Dezember. Wir waren viel zu früh, unser Zug ging erst in zwei Stunden. Im Wartesaal erster Klasse fanden wir einen Platz und saßen nun alle erleichtert um einen Tisch. Der Admiral unterhielt sich mit dem Franzosen, Fräulein Wippler und mir fielen noch tausend Dinge ein, die wir zu besprechen hatten. Überall saßen Menschen auf den Koffern und Rucksäcken, alles wartete. Als zwei Stunden vergangen waren, bestellte Onkel Lopi eine Suppe. Er teilte seine Marken, die er noch hatte, mit Louis. Wir hatten die unsrigen. Die Graupensuppe war eine willkommene Abwechslung. Obwohl sie nach nichts schmeckte, war sie wohltuend warm. Ich holte für jeden ein Wurstbrot heraus, und wir waren alle zufrieden.

Als es fast sieben Uhr war, schrillte die Sirene. »Fliegeralarm!« Wir rannten alle mit dem ganzen Gepäck in einen Unterstand, er war wie ein langer Graben mit einem Dach darüber. Man hörte das Einschlagen der Bomben, ich hatte Angst. Der Admiral war am anderen Ende des Unterstandes, er war vorausgegangen, ich hielt mich an Louis und Fräulein Wippler, da sie mein ganzes Gepäck hatten. Ich zitterte wie Espenlaub, ich konnte es mir selbst nicht erklären, aber es war schrecklich im Dunkeln das Einschlagen der Bomben zu hören. Dann war es wieder still, aber es kam keine Entwarnung. Wir hörten eine Bombe niedersausen, ganz nahe. »Wir müssen sterben«, sagte ich zu Louis, ich zitterte am ganzen Leibe. Louis nahm meine Hand und sagte: »Soyez tranquille – le bon Dieu vous protège.« Fräulein Wippler hielt sich fest an meiner anderen Hand. Dann hörte ich eine Stimme, immer lauter, »Swintha, wir müssen raus, wir verpassen den Zug!« Ich meldete mich nicht und hörte immer wieder »Swintha, Swintha!« Aber ich verhielt mich still und gab auch dem Franzosen und Fräulein Wippler ein Zeichen. Alle waren still. Als die Entwarnung kam, stürzten wir alle heraus. »Unser Zug«, rief Onkel Lopi, »keiner hat geantwortet!« »Wir haben nichts gehört«, erwiderte ich, völlig verstört. Dann bestiegen wir unseren Zug, in dem noch niemand saß – wer hätte sich auch schon bei Fliegeralarm in einen stehenden Zug gesetzt!

Als wir abfuhren, winkte ich noch einmal hinaus. Unser zierliches Fräulein Wippler stand bleich neben dem großen Franzosen, den sie bewachen sollte, damit er nicht entweichen konnte. Bei dem Gedanken mußte ich doch lächeln, sonst wäre ich wohl in Tränen ausgebrochen. »Swintha, zum Lachen ist, glaube ich, kein Grund«, meinte Onkel Lopi. Dann gingen auch schon die spärlichen Lichter auf dem Bahnhof aus, wir hörten wieder Flieger und fuhren ab. »Zu den Kindern«, dachte ich, und so wurde mir der Abschied nicht so schwer. »Wir werden ja auch bald wieder zurückkommen«, tröstete ich mich.

Es war ein Abschied für immer, und es war gut, daß ich es noch nicht wußte.

Das große Warten

Weihnachten war ein wehmütiges Fest, aber die Kinder waren vergnügt, und unsere Mutter hätte es nicht schöner für uns machen können. Sie hatte eine Krippe unter den Weihnachtsbaum gestellt, die uns schon als Kinder begeisterte. Statt Schokoladenkringel hingen Apfelpasten am Baum, und diesmal spielte die Großmutter das Weihnachtslied. Viktoria trug ein reizendes Gedicht vor, das sie selbst verfaßt hatte. Es handelte nur von unserem Landleben in Ostpreußen und der Hoffnung zurückzukehren.

Nur nicht nachgeben, sagte ich mir, noch ist kein Feind in Sporwitten. Briefe kamen von Fräulein Wippler und auch von den Mädchen. Herr Bodsch sei gar nicht mehr ansprechbar, aber die Wirtschaft liefe trotz aller Schwierigkeiten. Fräulein Wippler berichtete von allem, sie war stolz, daß wir einen Teil der Kälber gut verkauft hatten. Auch die Kühe, die nicht mehr genug Milch gaben, waren nach Königsberg verladen. Doch aus ihrem Brief klang Sorge. Ein Bataillonsstab sollte bei uns untergebracht werden, aber es gab keinen Platz mehr. Auch nicht auf einem der umliegenden Güter. Sie fragte sich voller Beunruhigung, ob es nicht wichtiger sei, die Offiziere mit ihren Soldaten bei uns unterzubringen und lieber die Flüchtlinge weiterziehen zu lassen. »Die Flüchtlinge bleiben da«, bestimmte die Partei. Auch Lisbeth schrieb und die Mädchen. »Es ist alles besser, wenn

242

unsere gnädige Frau da ist«, schrieb Anna. Man berichtete von den täglichen Sorgen, die mir Kleinigkeiten zu sein schienen, die aber für sie so wichtig waren. Daß sieben Hühner gestohlen worden seien und auch der prächtige Hahn. Es seien sicher die Polen gewesen, sie würden jetzt sehr viel stehlen. »Zum Frühjahr wollen wir den Hühnerhof verdoppeln«, schrieben sie. Die lächerlichen kleinen Dinge des Lebens füllten sie ganz aus, und immer wieder ging es um das »Essen«. Die größte Sorge von Lisbeth war, daß die Partei verboten hatte, wie gewöhnlich zwei schwere Schweine zu schlachten, da wir im Jahr zuvor einhundertzwanzig Zentner zuwenig abgeliefert hatten. »Wie sollten wir denn«, schloß sie den Satz, »es war doch nicht mehr genug Futter da, um mehr zu mästen.«

Fräulein Wippler war voller Zweifel: »Jetzt werden Sie wohl nicht mehr kommen?« Louis hätte vier Hufeisen besorgt, aber man könne ja nur noch Schritt fahren, die Straßen seien alle verstopft von Flüchtlingen mit ihren Gefangenen, Russen, Franzosen, Italiener, keiner wollte zurückbleiben. »Wir dürfen hier nicht raus, erst kommen die, die schon unterwegs sind.« Herr Bodsch sei nun ganz besonnen geworden, er habe sie sogar zu einer Flasche Sekt eingeladen, er schiene sich in das ergeben zu haben, was kommen könne.

Am 17. Januar schrieb mir Lisbeth. Sie berichtete, daß in Sporwitten noch alles sehr gut ginge und hoffentlich auch so bliebe. Dann schrieb sie nur noch vom Schlachten. Sie hatten die Genehmigung bekommen und nun, nach einer Woche Arbeit, sei alles fertig, und sie glaube zu meiner Zufriedenheit. Achtzig Würste hingen im Rauch, zwei ganze Seiten handelten nur davon, wie sie die fetten Schweine verwertet hatte. Sie war so in ihrem Element, daß sie vom Krieg und von dem ständigen Kanonendonner gar nichts schrieb.

Am 22. schrieb Fräulein Wippler noch einmal, ich gebe den Brief im Originaltext wieder, denn ich habe ihn aufbewahrt, mit den wenigen anderen, die mir teuer sind:

Gutsverwaltung
Gr. Sporwitten   *Gr. Sporwitten*
Post Schönbruch Ostpr.   *den 22. 1. 45*

Sehr verehrte gnädige Frau!
Ob Sie mein Brief überhaupt erreicht, bezweifle ich sehr, denn unsere Lage in Ostpreußen hat sich sehr verschlechtert. Wir alle rechnen nicht mehr, aus dem Hexenkessel herauszukommen, ich seit heute auch nicht mehr. Zwei sehr aufregende Tage habe ich hinter mir. Es schießt von allen Seiten, es ist zum Verzweifeln. Heute habe ich mit Louis, ich bin sehr froh, daß ich ihn habe, man kann wenigstens noch vernünftig mit ihm sprechen. Herr Bodsch schreit jeden an, ich sage schon gar nichts mehr. Ich wollte eben schreiben, daß ich mit Louis alles eingepackt habe. Lisbeth versagt vollständig. Sie sagt, sie wäre vor Aufregung krank. Die anderen drei sind ruhig. Die Gerüchte jagen einander, aber immer ist etwas Wahres daran. Wie die Russen stehen, wissen Sie ja selbst, und ich möchte nichts mehr darüber schreiben, es ist zu schrecklich.
Sie werden vielleicht lächeln, wenn ich Ihnen jetzt sage, daß das mein letzter Brief sein wird, den ich vielleicht schreiben werde. Wie ich schon schrieb, rechnen wir alle nicht mehr mit dem Wegkommen. Meine Sachen habe ich alle in einen Sack gepackt und bin reisefertig. Der gute Schupa will für uns vier bis acht Hufeisen besorgen, wenn wir gut durchkommen, bin ich ihm sehr zu Dank verpflichtet. Ich wüßte nicht, was ich ohne ihn machen sollte. Nun sitze ich in meinem Zimmer, noch schön warm, aber ich habe Angst vor der Nacht, wenn es überall ziemlich laut schießt. Am liebsten möchte ich, daß Louis hier im Hause wohnt, aber es hat ja alles keinen Zweck. Die Pisto-

244

le ist startbereit, in der höchsten Not soll sie mir selbst hel-
fen, das nahm ich mir vor, ob ich aber den Mut dazu habe?
Man hat doch, und wenn es noch so schlecht geht, die
Hoffnung auf etwas Besseres.

Da ich genug Geld hier habe, überweise ich Ihnen heute
1000,– und morgen noch einmal 1000,–. Hoffentlich erhalten Sie sie, die Post kommt ganz unregelmäßig.

Gleichzeitig möchte ich Ihnen noch einmal danken für die
schönen Stunden, die ich mit Ihnen verleben durfte. Wie
Sie ja selbst wissen, war ich recht gern, trotz mancher
schwerer Stunde, hier in Sporwitten, ich hatte eine zweite
Heimat hier gefunden. Viel habe ich von Ihnen lernen dürfen und werde bis zum letzten nach Ihren Grundsätzen
versuchen zu leben. Ob wir uns je einmal wiedersehen
werden? Wenn ja, dann durch ein Wunder, ich kann leider
nicht recht daran glauben.

Heute kam wieder Militär. Sie wollten wieder vierzig
Mann hier unterbringen, aber wohin mit den Flüchtlingen?

Ihre Kette habe ich mir eben mit dem Wunsch umgebun-
den, daß sie mir Glück bringen soll und daß ich die schweren Stunden überstehen möge. Ich weiß, daß Sie mit Ihren
Gedanken viel hier sein werden, das gibt mir etwas Mut,
den man so nötig braucht.

Das Fernamt nimmt nur Militärgespräche an, also völlig
abgeschnitten. Herr Baron ist schon lange in Körpen, er
hat sich nicht wieder gemeldet. Was die Nachbarn
machen, weiß ich nicht.

Liebe gnädige Frau, leben Sie für immer wohl, ich wünsche Ihnen, ebenso den Kindern, alles Gute. Wenn wir fahren müssen, werde ich versuchen, ein Lebenszeichen von
mir zu geben, ich weiß, daß Ihre Gedanken bei mir sind
und sende Ihnen in großer Dankbarkeit die herzlichsten
Grüße

Ihre Christa Wippler

245

Vorbereitungen

Nach Ostpreußen ging kein Zug mehr, ich war sehr unglücklich. Nun kam nichts mehr, alles blieb stumm. Der Wehrmachtsbericht war niederschmetternd: »Harte Kämpfe in Ostpreußen, der Russe ist durchgebrochen.« Sie waren abgeschnitten. Ich sagte mir, daß ich mich nun für die einsetzen müsse, denen ich nicht mehr hatte beistehen können, wenigstens mußte ich denen, die nun auf der Flucht waren, ein Quartier bereithalten. Ich schätzte, daß vielleicht acht Gespanne kommen würden und die entsprechenden Familien. So klapperte ich verschiedene Bauernhöfe in der Umgebung ab, und es gelang mir tatsächlich, Platz für sechzehn Pferde, die entsprechenden Fuhrwerke und für die Leute zu finden. Ich malte den Bauern aus, wie prächtig die Pferde seien, die sie zur Arbeit einsetzen könnten. Aber niemand kam, meine Unruhe wurde immer größer.

Sie müssen ja auch alle ernährt werden, war mein Gedanke, jetzt ist es Februar, aber im Frühjahr könnte man die Kartoffeln in die Erde legen und auch Gemüse anbauen. Ich ging zum Kurdirektor. Als ich ihn bat, mir ein Stück vom Kurpark zu verpachten, sah er mich sehr erstaunt an, ich glaube, er zweifelte an meinem Verstand. Ich redete ihm zu, mir doch ein Stück von dem neuen Teil, der den alten Kurpark vergrößern sollte, zu überlassen, es seien doch bisher nur Wiesen und Bäume. Ich beschwor ihn, unsere Leute kämen mit Pferden, es sei doch auch nur vorübergehend. Schließlich willigte er ein und machte mir auch noch einen guten Preis, um den ich ihn nicht gebeten hatte. Ich war glücklich. Ich werde den Kurdirektor und auch die Bauern nie vergessen, die so nett zu mir waren. Sie hatten ein Herz, was ich ganz besonders dankbar empfand, nach anderen unfreundlichen Erfahrungen. Man war ja nun Flüchtling, und die Partei regierte noch, denn der Krieg war noch nicht zu Ende. Jetzt wurde nur noch von dem »Kessel Ostpreußen« gesprochen. Mein einziger Gedanke war, ob alle, die ihr Leben mit uns geteilt hatten, noch herausgekommen seien.

Ich erhielt einen Brief von Baron Buhl. Er war am 4. Februar geschrieben worden.

4. II. 45
Feldpost 00699

Sehr verehrte gnädige Frau!
Seit vierzehn Tagen, als alles zusammenbrach, bin ich Soldat in einem Stabe. Sporwitten, Kuggen, Postehnen in Feindeshand, die beiden letzteren wohl zerstört. Ich weiß nichts Näheres, konnte niemand mehr sprechen, ein Teil der Menschen ist wohl geflüchtet und jetzt in großem Elend, die anderen bei den Russen. Meine Frau, hoffe ich, ist unter erträglichen Verhältnissen in Wilmersdorf Uckermark gelandet, meine Schwester war noch einen Tag bei mir, hoffe, es ist ihr geglückt, bis Danzig zu kommen. Habe keinerlei Nachricht, werde auch kaum in dem Kessel Ostpreußen welche bekommen, mir, hoffe ich, glückt es, doch ab und an was herauszubekommen. Lassen Sie nichts unversucht, mit meiner Frau in Verbindung zu bleiben, so daß man sich nicht ganz verliert. Körpen ist noch unversehrt, ich liege nicht weit davon. Richten Sie sich innerlich so ein, nie wieder von Sporwitten etwas zu sehen.
Das Elend hier ist unbeschreiblich, Hungersnot nicht fern. Ich hoffe, daß es gelingt durchzubrechen.
Leben Sie wohl, der Herr behüte Sie und Ihre Kinder.
In Dankbarkeit für all Ihr Vertrauen küsse ich Ihnen die Hand
Ihr sehr ergebener Buhl

Viel später erfuhr ich, daß Baron Buhl am 5. Februar 45 von einer feindlichen Bombe tödlich getroffen worden war.

Und dann, am 14. Februar, erhielt ich einen Brief aus Danzig, von Fräulein Wippler. Sie war mit Soldaten geflüchtet, unser Haus war plötzlich voll von Militär. Alle waren sie aufgebrochen. Man hatte ihr angeboten, mit den Soldaten zu ziehen, und sie durfte sich eines der Mädchen mitnehmen. Sie wollte Lisbeth bewegen, aber unsere Jungwirtin weigerte sich, sie wollte bei den anderen bleiben. So waren sie alle aufgebrochen, mit Pferd und Wagen, jeder hatte den für ihn bestimmten warmen Mantel genommen, denn es war bitterkalt. Einen Wagen hatten sie vollgepackt mit meinen Sachen, um sie zu retten, selbst mein Porträt, das damals der Maler Matthei gemalt hatte, wurde aus dem Rahmen geschnitten und mitgenommen. Herr Bodsch hatte den Treck angeführt, im Wirtschaftswagen, mit meiner Russa, es war am 25. Januar 1945.

Fräulein Wippler zog mit den Soldaten, Rita begleitete sie. Sie kamen in Feuergefechte und waren nun mitten im Krieg. Die Soldaten kämpften, konnten aber der Vielzahl von Russen nicht standhalten. Fräulein Wippler marschierte allein weiter, Rita hatte sie verloren. Sie traf unterwegs ein anderes Mädchen, so kamen beide ans »Frische Haff«. Es war furchbar kalt, und ein scharfer Wind wehte, Tausende von Menschen suchten den Weg über das Eis. Russische Flieger kamen und schossen in die flüchtende Menge. Es war ein Inferno. Fräulein Wippler verbrachte die Nacht stehend auf dem zugefrorenen Haff, in das von den russischen Fliegern große Löcher geschossen wurden, in denen die Flüchtenden mit den Wagen versanken oder durch die Kugeln ums Leben kamen. Dank des langen Pelzmantels von Georg Wilhelm waren die Füße von Fräulein Wipp-

248

ler geschützt und so vor dem Erfrieren gerettet. Auch das andere Mädchen konnte sie mit unter den weiten Pelz stecken, und so wanderten sie beide am nächsten Morgen weiter, aber ein entsetzliches Elend sahen sie auf ihrer Wanderschaft. Sie erreichten Danzig und fanden auch Unterkunft in einer netten Familie. Von dort aus erhielt ich den vorhergehenden Bericht:

»Wie herrlich ist es, wieder ein richtiges Bett zu haben und an einem gedeckten Tisch zu sitzen«, beendete sie ihren Brief. »Zu lange werden wir nicht bleiben können, auch Danzig ist nicht mehr sicher. Wir werden versuchen, uns über Heringsdorf-Neuhof durchzuschlagen.«

Ich wartete voller Bangen auf eine weitere Nachricht, von den anderen hatte sich noch niemand gemeldet. Endlich, im März, kam Fräulein Wippler bei uns an. Müde und noch ganz elend von allem, was sie durchgemacht hatte. Sie legte mir als erstes eine große Summe auf den Tisch, sie hatte die Gehälter nicht mehr auszahlen können, alles war so überstürzt gegangen. Ich war tief gerührt – sie selbst hatte alles während der Gefechte verloren. Fräulein Wippler war für mich der teuerste und verläßlichste Mensch, der mir in meinem wechselvollen Leben begegnet ist.

Ein neues Leben beginnt

Wir blieben nun beieinander, ich bekam durch den Bürgermeister zwei Zimmer in einem Landhaus zugeteilt, Fräulein Wippler bezog eine Mansarde, in der meine Mutter für sie Platz geschaffen hatte. Die gute Mutter hatte nun keinen Winkel mehr frei, denn auch Ursula war mit ihrem Sohn gekommen, und die Mutter teilte ihr Zimmer mit ihr. Wir führten nun unseren eigenen Haushalt. Zuerst aßen wir noch gemeinsam, wir waren nun immer dreizehn Personen bei Tisch. Ich hätte gerne meine eigene Ménage gehabt, aber der neue Hausherr hatte mir den Eintritt in seine Küche versagt; später durfte ich sie dann eine Stunde benutzen. Wenn die anderen fertig waren, eilte Fräulein Wippler zum Kochen, aber oft war die Zeit sehr knapp, denn wir durften kein Kochgeschirr, gar nichts in der Küche stehen lassen. Trotzdem empfand ich es sehr gemütlich, wieder einen eigenen Haushalt zu haben. Ich dachte immer an unser schönes Heim, das ich in Heringsdorf gemietet hatte, aber das blieb nur noch ein Traum. Wir arrangierten uns und warteten auf unseren Treck, der ja nun jeden Tag eintreffen mußte. Fräulein Wippler hatte auch nichts mehr von allen gehört, nachdem sie aufgebrochen war. Langsam wuchs unsere Sorge.

An dem Teil des Kurparks, den ich gepachtet hatte, ließ ich ein großes weißes Schild anbringen: Mit schwarzen Buchstaben stand darauf: »Eintritt verboten – Privat«. Am nächsten Morgen war das schöne Schild mit Kuhmist beworfen, so daß man nichts mehr lesen konnte. Trotzdem gehörte es uns, ich sagte den Kindern, daß sie nach Herzenslust herumtoben könnten. »Und bald haben wir unsere eigenen Kartoffeln«, rief ich freudig. Der gute Bauer hatte mir Saatkartoffeln gegeben, es wurde Frühling, und sie sollten in die Erde kommen, aber niemand von unseren Leuten kam.

Ich klagte meinem netten Bauern mein Leid, und er tröstete uns, indem er versprach, mir das Land von seinem russischen Gefangenen umpflügen zu lassen, damit die Kartoffeln in die Erde kämen. »Übermorgen früh«, sagte er, »seien Sie pünktlich da.« Wir waren da und warteten den ganzen Morgen, aber niemand kam. Ich wollte nicht drängen und den nächsten Tag abwarten, vielleicht hatte ich ja auch nicht richtig verstanden. Nachmittags ging ich in die Stadt und traf zu meinem Erstaunen den jungen Russen, mit anderen jungen Leuten. Sie schienen sehr fröhlich. »Mischa«, redete ich ihn an, »Sie sollten doch mein Land umpflügen, bitte kommen Sie!« – »Nix Arbeit«, erwiderte er lachend, »Krieg aus, nix plügen.« Ich konnte ihn nicht mehr überreden. Zu Hause hörte ich dann, daß der Krieg bei uns beendet sei und die Engländer unsere Zone verwalten würden.

»Wenn unsere Leute kommen«

Fräulein Wippler war auch ganz begeistert, als ich ihr unser Kartoffelfeld zeigte. Der Bauer war selbst gekommen und hatte das Land umgepflügt. Nun legten wir die Kartoffeln in die Furchen und harkten sie zu. »Wenn unsere Leute kommen, können Sie sich besser darum kümmern, aber sie sind wenigstens in der Erde.«
Zufällig hörte ich, daß eine alte Gärtnerei zu verpachten sei, erst einmal für ein Jahr, der Besitzer war noch nicht zurückgekehrt. Ich pachtete die Gärtnerei, wir waren ganz angetan von dem Gedanken, daß die Leute hier doch ihr Auskommen finden konnten. Aber wir warteten weiter vergeblich – niemand erschien.
Nun war es bereits Frühling, wir kauften Samen und Pflanzen und fingen an, den Garten selbst zu bearbeiten. Aber der Boden war hart und trocken, wir brauchten Stallmist, stellten wir fest, sonst würde nichts wachsen. Ich hatte bei meinen langen Spaziergängen mit den Kindern eine Schäferei entdeckt, dort gab es auch Kühe. Der Schäfer und seine Frau waren immer sehr nett und

verkauften mir manchmal Milch. Man ging ungefähr eine Stunde, um zu diesem Hof zu kommen, aber immer brachte man ein paar Eier und Milch mit. Ich klagte dem Schäfer mein Leid, in meinem Garten wolle nichts wachsen. Der gute Mann versprach, mir eine Fuhre Stallmist zu verkaufen, er wolle mir einen Ackerwagen und zwei Pferde leihen. Aufladen würde er die Fuhre, aber mit dem Abladen müßten wir selber fertig werden. Es ginge auch nur am Sonntag.

Wir waren guten Mutes. Ich zog mir meine Reithose und die Reitstiefel an, die ich aus Sporwitten mitgebracht hatte, und so machten Fräulein Wippler und ich uns auf den Weg. Es war ein herrlicher Sonntagmorgen, auf den Wiesen blühten gelbe Blumen und wilde Margeriten, die Sonne schien bereits, wir waren in Hochstimmung. Wir rechneten nun jeden Tag damit, daß der Treck einträfe und wollten unsere Gärtnerei bestens vorbereiten.

Der Wagen mit der Ladung Mist stand schon auf dem Hof, unser guter Schäfer spannte die Pferde an, und ich versprach, sie bis mittags zurückzubringen. Wir nahmen auf der Holzbank Platz, die solide und fest war. Wir bekamen noch ein Glas Milch, und dann fuhren wir sehr zufrieden mit dem Klapperwagen durch die Felder zurück. Natürlich ging es nur im Schritt. Als wir am Elternhaus vorbei kamen, machten wir eine kleine Rast. Wir waren müde. »Fräulein Wippler, gehen Sie herein und trinken Sie eine Tasse Kaffee, bringen Sie uns ein Frühstücksbrot mit, wir haben eine schwere Arbeit vor uns. Ich bleibe bei den Pferden und gehe später«, forderte ich sie auf. Wir hielten neben dem Haus unter einer Kastanie, die in unserem Garten stand, aber die Zweige waren so breit, daß sie über die Straße hin Schatten spendeten. Als ich den Pferden zu trinken gab, fingen die Kirchenglocken an zu läuten, die Kirche war ganz in der Nähe. In diesem Moment kam der Pfarrer vorbei, ein junger, hitzköpfiger Diener der Kirche und des Staates. Er musterte mich streng, mein Reitdreß schien ihm nicht zu gefallen. Er blieb stehen und wies mich zurecht: »Es wäre besser, in den Gottesdienst zu gehen, als sich mit Pferden zu vergnügen«, meinte er in wenig freundlichem Ton. Ich sagte gar nichts und dachte dabei an den netten, alten Pfarrer, der mir vor vielen Jahren, genau an derselben Stelle, ganz etwas anderes gesagt hatte. Damals war ich noch ein Kind, wir hatten unter der Kastanie in unserem Garten einen Vogelfriedhof. Oft fanden wir einen toten Vogel im Garten, dann legten wir ihn in eine Zigarrenkiste, die wir mit Blumen geschmückt hatten, und begruben den Vogel unter der Kastanie. Es gab schon viele Vogelgräber, auf jedes setzten wir einen Stein, den wir bunt bemalten und dem wir einen Namen gaben. Ich läutete eine kleine Kuhglocke, die an der Kastanie hing, mit einer Kutte verkleidet hielt ich die Abschiedspredigt. Wie ich geendet hatte, hörte ich die freundliche Stimme unseres gütigen Pfarrers, der auch an der gleichen Stelle vorbeikam: »Wie schön, daß ihr auch an die Tiere denkt, alle sind Geschöpfe Gottes.« Ich erinnerte mich hieran, als ich die bösen Worte des Pfarrers vernahm, und strafte ihn mit Nichtbeachtung.

Fräulein Wippler kam bald zurück, und wir setzten unsere Fuhre fort, es war nicht mehr weit. Als es ans Abladen unserer wertvollen Fracht ging, waren wir doch sehr erschrocken, so schwer hatten wir uns die Arbeit nicht vorgestellt. Es war mir immer so leicht erschienen, wenn ich sah, wie unsere Arbeiter mit regelmäßigem Schwung den Mist über die Felder ausbreiteten. Es war uns unmöglich, die schwere Arbeit zu verrichten. Aber wir hatten Glück. Ein Mann kam vorbei, er trug verschlissene Kleider, vielleicht ein Soldat, der seine Uniform gegen Zivil vertauscht hatte. Er sagte, er käme aus dem Osten, er nahm die Mistgabel in die Hand und lud uns die ganze Fuhre im Garten ab. Glücklich traten wir die Rückfahrt zur Schäferei an, bei der wir auch die Kinder mitnahmen. Es war für uns alle das reinste Vergnügen. Nun konnten unsere Leute kommen. Aber niemand kam, wir warteten weiterhin vergeblich.

Wir begannen, Karotten zu säen und setzten junge Tomatenpflanzen in die Erde. Es war eine mühsame Arbeit, aber wenn wir morgens in der Stille unseres Gartens die ersten Frühlingstage genossen, waren wir zufrieden und voller Hoffnung.

Wieder einmal gingen wir zu unserem Schäfer, um etwas Milch zu holen. Der Schäfer war nicht zu Hause, seine Frau schien bedrückt. Schließlich berichtete sie, daß ihr Mann im Gefängnis sei, er habe schwarz ein paar Hammel geschlachtet und sie verkauft (sicher sehr teuer). Ich hatte großes Mitleid, mir hatte der gute Mann nie Überpreise abverlangt, im Gegenteil, er hatte mir nur Gutes getan. »Was kann ich für ihn tun?« fragte ich. »Wenn Sie ihn einmal besuchen würden«, meinte die Frau schüchtern. »Natürlich werde ich ihn besuchen«, erwiderte ich der Armen.

Das Gefängnis lag nicht weit von unserer neuen Bleibe, es hatte hohe Mauern, auf denen Eisenspitzen eingelassen waren, und auch mit Eisenstäben vergitterte Fenster. Wenn wir als Kinder dort vorbeigingen, überfiel uns immer ein unheimliches Gefühl, wir schauten voller Neugierde und Angst auf die vergitterten Fenster. Das Gefängnis lag sozusagen eine Etage unter unserer Wohnung, das Haus unseres Vermieters stand auf einer Anhöhe, man sah auf Felder und Obstbäume, an die Felder schloß sich der Kerker an.

Als ich am Portal klingelte, spürte ich mein Herz heftig

klopfen. Der Aufseher musterte mich etwas erstaunt. »Sie wollen sicher zum Schäfer«, fragte er mich, bevor ich einen Ton herausbrachte. Er begleitete mich zur Zelle neun, sie war offen. Die Gefangenen machten ihren Rundgang im Hof, er war gerade beendet, und schon kam unser Schäfer strahlend auf mich zu, um mich zu begrüßen. »Darf ich Ihnen meinen Kollegen Pieper vorstellen«, sagte er ganz stolz. Ich begrüßte auch den »Kollegen«. Dann gingen wir in Zelle neun. Zum ersten Mal war ich in einer Gefängniszelle mit vergitterten Fenstern. Ich nahm auf einer Holzpritsche Platz. »Meine Frau hat mir frische Reibekuchen gebacken, sie sind noch warm«, sagte er und forderte mich auf, mit ihm zu essen, aber meine Kehle war wie zugeschnürt. Obwohl mich der frische Reibekuchen sehr lockte, lehnte ich dankend ab. Der Schäfer erzählte mir von seinem Pech, er hoffte, mit einer Buße davonzukommen. Ich ermutigte ihn, dann machte ich mich bereit heimzugehen. »Schauen Sie bitte einmal durch mein Fenster«, bat er mich. Durch die dicken Eisenstäbe sah ich direkt auf die Fenster des Hauses, wo wir jetzt wohnten. »Ich habe immer gewinkt«, sagte der gute Mann, »wenn Fräulein Wippler das Staubtuch ausschüttelte, aber niemand hat mich bemerkt.« – »Ich werde zurückwinken«, sagte ich beim Abschied.

Einer kam zurück

Als unsere ausgesäten Karotten die ersten Büschel Grün zeigten und unsere Kartoffeln im Kurpark in weißer Pracht blühten, kam Elisabeths Mann zurück. Er war gesund und allen Gefahren entronnen, plötzlich war er da.

255

Elisabeth strahlte vor Glück, seine kleine Tochter lachte ihm entgegen. Sie blieben bei meiner Mutter. »Wie schön«, sagte sie, »daß ihr die Gärtnerei habt, jetzt wird der Professor für Landwirtschaft auch eine gute Stütze sein und gleich eine Aufgabe finden.« Unsere Begeisterung schwand bald.

Unsere Saat war nicht gut ausgerichtet, die Reihen waren schief. Die Kartoffeln waren ein wüstes Feld. Ich war voller Sorge, warum unsere Leute nicht kämen, und die ganze Gärtnerei machte mir keinen Spaß mehr. Elisabeths Mann war in einem schönen, hellen Sommeranzug gekommen, ein Kamerad aus dem Rheinland, dessen Schrank voller Anzüge hing, hatte ihn ihm geborgt, unter der Bedingung, ihn schnellstens zurückzusenden. »Das Wort eines deutschen Offiziers gilt«, sagte der Professor und sandte den Anzug zurück. »Aha, die Schlotbarone«, dachte ich und gab dem Heimgekehrten die einzige Reithose und das Jackett von Georg Wilhelm, das ich »für alle Fälle« gerettet hatte. Mir schnitt es jedesmal ins Herz, wenn ich unseren Professor in Georg Wilhelms Kleidung hereinkommen sah.

Wie bereits gesagt, meine Begeisterung für unsere ländliche Arbeit ließ immer mehr nach, und so ging ich, fast täglich, zu Tante Lopi, um meine Englischkenntnisse aufzufrischen.

Kurz nachdem Fräulein Wippler nach ihrer abenteuerlichen Flucht zurückgekommen war – der Krieg war ja damals im Westen noch nicht beendet – erschien bei uns einer von der Partei, um Fräulein Wippler zur Arbeit einzuziehen. Damals hatte Fräulein Wippler bitterlich geweint und sich geweigert, uns zu verlassen. Ich hatte sofort reagiert und mich bereit erklärt, an ihrer Stelle eine Arbeit anzunehmen, da ich ja meine Familie ernähren müsse und auch Fräulein Wippler und Marie.

»Was können Sie?« fragte mich der von der Partei. »Ich

kann Schreibmaschine und spreche englisch«, antwortete ich selbstsicher. »Wir werden sehen«, murmelte der Beamte und zog ab. Wir hatten den Vorfall vergessen. Als dann aber, Monate später, ein englisches Regiment in unseren kleinen Ort einzog, bekam ich einen Gestellungsbefehl.
Auf unsere Leute warteten wir immer noch vergebens.

Ausklang

Im August 46 erreichte mich endlich ein Brief von unserem Mädchen Käthe, er kam aus Mecklenburg. Ein Fortkommen schien aussichtslos, aber sie schaffte es nach mühseliger Wanderung, die Zonengrenze zu überwinden, und im Herbst war sie bei uns. Ihre Beine waren offen von Hungerödemen, aber in wenigen Wochen hatte sie sich körperlich sehr erholt, doch alles, was hinter ihr lag, beschattete ihr Leben. Sie berichtete mir folgendes:
Am 25. Januar 45 waren alle im Treck aufgebrochen, mit Pferd und Wagen. Weit waren sie nicht gekommen. Auf einem Gut in der Nähe von Landsberg machten sie Rast. Der eisige Wind hatte sich gelegt, plötzlich schien die Sonne. Käthe öffnete den dicken Kutschermantel, der leuchtend rot gefüttert war, und sagte voller Galgenhumor: »Wenn jetzt die Russen kommen, trage ich ihre Farbe, und sie werden mich gut behandeln.« In diesem Moment waren sie bereits von den Russen umzingelt, man jagte sie von den Wagen und raubte ihnen alles. Unser guter Herr Bodsch wurde hinter die Scheune geführt und dort erschossen. Käthe meinte, es sei von den Polen ausgegangen. Auch meine Russa mußte ihr

Leben lassen, ihr Fohlen sollte im Februar zur Welt kommen.

Man schickte sie alle zurück nach Sporwitten. Unterwegs gerieten sie in ein Feuergefecht, Lisbeth wurde durch Granatsplitter verwundet, man lud sie auf einen Wagen, auf dem die Gebrechlichen saßen. Die übrigen mußten zu Fuß laufen, man hatte alle Pferde erschossen.

Als sie nach langen Strapazen endlich in Sporwitten ankamen, wehte dort bereits die rote Fahne, auch auf den anderen Gütern. Die Gebäude standen noch, aber die Möbel und alles Inventar waren in den Park geworfen worden, die modernen Maschinen hatte man im Dorfteich versenkt. Es herrschte ein furchtbares Chaos, die Mädchen mußten arbeiten. Auch Lisbeth kam irgendwie an, langsam erholte sie sich.

Eines Tages fuhr ein russisches Militärauto vor, die Mädchen hatten gerade noch Zeit, sich warme Jacken mitzunehmen, alle wurden auf einen Lastwagen gepfercht und zur Kommandatur nach Schönbruch gebracht. Von dort aus wurden sie in Waggons verladen und bis hinter den Ural verschleppt, nicht weit von Sibiriens Grenze.

Anna, Lisbeth, Dorchen, keiner blieb zurück. Viele starben an Hungertyphus, so auch unser Dorchen. Von Lisbeth sowie von vielen anderen hörte man nie mehr etwas. Fast alle wurden krank und konnten wegen Entkräftung die Arbeit unter Tage nicht mehr verrichten.

Im Oktober kam Käthe als einzige von der Sporwitter Gemeinschaft mit einem Transport nach Mecklenburg. Die zweiundzwanzig Tage im Viehwaggon erschienen ihr in dem Bewußtsein, dieser Höile entronnen zu sein, immer noch erträglich. Käthe blieb jahrelang bei uns, bis sie ihre Familie wiederfand.

Als ich Ende Dezember 1947 noch einmal eine Nachricht aus unserer ostpreußischen Heimat bekam, war es ein Brief aus Rostock, von der Frau unseres Lehrers aus Talskeim.

Ihre Flucht war mißlungen; aller Habe beraubt, arbeitete sie auf einer Kolchose, dem früheren Gut Klingenberg. Ohne ärztliche Hilfe überwand sie den Typhus, der vielen ihrer Leidensgenossen das Leben kostete. Von Heimweh getrieben, zum Skelett abgemagert, kam sie zurück nach Talskeim. Sie fand Unterkunft bei einer der alten Familien, die auch zurückgekehrt war und für die Russen arbeiten mußte. Obwohl das Schulgebäude noch stand, durfte sie nicht wieder in ihre alte Wohnung. Auch die anderen Gebäude waren unversehrt, nur das Haus des Kämmerers war abgebrannt. Von dem Inventar war nirgends mehr etwas vorhanden.

Bald wurden neue Grenzen gezogen, und Talskeim mußte geräumt werden, da es zum »Niemandsland« erklärt worden war. Ein Teil wurde polnisch, und der Rest blieb bei den Russen als Kolchose.

Die Talskeimer waren fast alle an Typhus gestorben, ebenso die, die noch in Sporwitten waren. In Pellklack blieb keiner am Leben, der Schäfer verblutete nach einer Verwundung.

Ende Dezember 1947 kam unsere Lehrersfrau mit einem Transport in die russische Zone, zusammen mit den wenigen, die noch am Leben waren.

Onkel Lopi starb an Entkräftung, ausgehungert im »Sennelager«, einem amerikanischen Gefangenenlager. Man hatte ihn aus seiner Wohnung abgeholt; es war ihm keine Zeit geblieben, auch nur das Geringste einzupacken. Tante Lopi erfuhr nur durch Zufall und erst nach Monaten von seinem Tode, obwohl sie nur dreißig Kilometer vom Lager entfernt lebte.

Fräulein Wippler kehrte zu ihrer Mutter zurück. Louis blieb verschollen.

Deutsche gab es nun nicht mehr auf unserem Gut und also auch keinen Zeugen von einer Vergangenheit, die für alle, die mit uns lebten, eine sehr glückliche war.

Somit wurde ein fruchtbares, von Tradition und Kultur geprägtes Land, die »Kornkammer Deutschlands«, vernichtet.

Und nun wartete ein ganz anderes, wechselvolles Leben auf mich, das mir neu und unbekannt war.

Die Briefe, die ich gerettet hatte und die, welche ich an meine Mutter und Sophie aus Sporwitten geschrieben hatte, schloß ich sorgsam in eine Kassette. ›Ich werde sie nie mehr lesen‹, beschloß ich, ›sie werden den Kindern einmal Zeugnis sein aus der Zeit, an die sie sich nur noch fern erinnern und die für meine Generation so bedeutend war. Ich muß ein ganz anderer Mensch werden, ich werde auch Swintha verbannen‹, war meine Entscheidung.

Und wieder kam alles anders, als ich es glaubte, ich wußte nicht, daß die Jahre, die hinter mir lagen, noch nicht die Hälfte des Lebens waren, das auf mich zukam.

Viele Jahre später saßen wir mit Freunden auf unserer Terrasse in Italien, die Grillen hatten, wie immer um diese Stunde, ihr Konzert begonnen. Der Duft von Jasmin, der blühenden Zitronen und Rosen, erfüllte die Luft.

Wir sprachen von dem, was »später« sein könne, was wohl auf uns warten würde, »nachher«. »Die Natur erneuert sich immer wieder, wir alle haben eine Bestimmung, nichts geht verloren«, sagte ich. »Die, welche man liebt, werden uns wieder begegnen.«

»Wie stellst du dir denn das vor«, meinte einer, fast ein wenig spöttisch, »mit deinen vier glücklichen Ehen, mit wem wirst du dann später wieder vereint sein?«

Ich sah ihn verständnislos an, dann antwortete ich: »Es könnte sein, wir würden alle zu einer Wolke, wir gleiten der Sonne entgegen, die den Abendhimmel vergoldet. Und nachts werden wir uns als Tau auf die schlafende Erde senken, vielleicht in Ostpreußen, vielleicht aber treibt uns der Wind über die weiten Steppen Rußlands. Es könnte aber auch sein, daß wir den lieblichen, mit Weinreben bedeckten Hügel erfrischen, den ›fresco ombroso fiorito e verde colle‹, den Petrarca schon vor sechshundert Jahren in seinem berühmten Sonett besungen hat. Der Dichter fand dort seine letzte Ruhe. Wir sind ihm hier ganz nahe, auch mir wurde diese Erde Heimat.«

Inhalt